LES ENQUÊTES

PRATIQUE ET THÉORIE

PAR

PIERRE du MAROUSSEM

PARIS

ANCIENNE LIBRAIRIE GERMER BAILLIÈRE ET Cⁱᵉ

FÉLIX ALCAN, ÉDITEUR

108, BOULEVARD SAINT-GERMAIN, 108

—

1900

LES ENQUÊTES

PRATIQUE ET THÉORIE

LES ENQUÊTES

PRATIQUE ET THÉORIE

PREMIÈRE PARTIE

POINTS DE REPÈRE ET POINTS DE VUE

CHAPITRE PREMIER

LA LEÇON DE CHOSES : LES ENQUÊTES TERMINÉES ET LEUR MÉTHODE

Le mouvement se prouve en marchant. Il semble qu'il en soit de même d'une méthode, d'un ensemble de pratiques efficaces pour l'exécution d'un travail.

Aussi le lecteur voudra-t-il nous pardonner, si nous plaçons en vedette, dès ce chapitre premier, l'énumération de nos enquêtes terminées jusqu'à ce jour. L'organisateur d'une bibliothèque ne doit pas évidemment réserver les rayons les plus en vue à ses œuvres complètes. Mais ici nous avons pour excuse la peur des « dissertations sur la méthode en général », ces préfaces ou ces accessoires obligés des ouvrages de philosophie.

Les enquêtes, dont le procédé de construction va servir de thème au présent volume, sont au nombre de dix :

1° *Les Charpentiers de Paris*, 1 vol. in-8°, 300 pages. (Arthur Rousseau [1].)

2° *Les Ébénistes du Faubourg Saint-Antoine*, 1 vol. in-8°, 311 pages. (Id.)

3° *Le Jouet Parisien*, 1 vol. in-8°, 304 pages. (Id.)

---

(1) Chacun de ces volumes, sauf le n° 7, est le résumé d'un cours libre, professé à la Faculté de droit de Paris.

4° *Les Halles centrales de Paris*, 1 vol. in-8°, 304 pages. (Id., en collaboration avec Camille GUÉRIE.)

5° *L'Alimentation à Paris*, 1 vol. in-8°, 300 pages. (Édité par l'Office du Travail.)

6° *Le Vêtement à Paris*, 1 vol. in-8°, 721 pages. (Id.)

7° *Les Associations ouvrières de Production*, 1 vol. in-8°, 613 pages. (Id., en collaboration avec Arthur FONTAINE [1].)

8° *La Viande* (en manuscrit, à peu près 300 pages d'impression.)

9° *Le Sucre* (id.)

10° *L'Alcool* (id.)

A ces dix enquêtes doivent se joindre six fascicules de la collection des *Ouvriers des Deux Mondes* [2], représentant environ 430 pages in-8°. Trois d'entre eux (les n° 70, 74, 76) reprennent en les développant certaines parties des trois premières enquêtes. Les numéros 65, 80 et 89 ont trait aux *Métayers en communauté du Confolentais*, aux *Fermiers montagnards du Haut-Forez*, et au *Piqueur sociétaire de la Mine aux Mineurs de Monthieux*.

Tous ces fragments se rattachent à un tout formé par quatre « séries » de problèmes :

1° Les questions ouvrières ;

2° Les questions agraires ;

3° Les questions coloniales;

4° Les questions financières.

Les « questions ouvrières » sont exposées par les enquêtes n° 1 à n° 7 inclus, et par les monographies 70, 74, 76, 89.

Les « questions agraires » se retrouvent dans les enquêtes 8, 9, 10 et dans les monographies n°ˢ 65 et 80.

Les « questions coloniales » et les « questions financières » n'ont pas été abordées encore. L'œuvre est inachevée.

(1) « L'Association ouvrière » a été exposée en quatre conférences, dans le grand amphithéâtre du Conservatoire des Arts et Métiers, à la demande de la *Chambre consultative des Associations de production.* (Voir le journal *l'Association ouvrière*, 27, boulevard Saint-Martin, décembre 1895, janvier février, mars 1896.)

(2) Société d'Economie sociale, 54, rue de Seine.

Toutefois, que recouvre cette étiquette de « questions coloniales » sinon les « questions industrielles (ouvrières) et agricoles (agraires) », qui surgissent sur une terre séparée de la métropole par un certain nombre de lieues marines [1] ?

Et que signifie l'expression large de « questions financières », sinon le fonctionnement de l'industrie et du commerce des métaux d'échange — ainsi que des titres représentatifs de ces métaux d'échange — dans la vie des métiers et la vie agricole, sur le continent et les territoires annexes, par les entreprises libres et les institutions d'État ?

Les quatre catégories se réduisent donc en réalité aux deux premières, surtout au point de vue des « procédés », des tours de main, si l'on préfère.

Ainsi s'explique cet enseignement de l'art d'édifier les enquêtes, avant le couronnement même de l'édifice. La « base », le système des fondations, demeure l'objet primordial. Une fois acquises, les règles qui y ont conduit permettront d'achever, en se jouant, l'exécution du plan d'ensemble, le tableau de la « plus grande question sociale », dont les quatre sous-titres constituent les compartiments, commodes et un peu factices, comme les « règnes de la nature » pour le tableau physique du globe.

(1) La séparation par des espaces maritimes est le fait ordinaire — et c'est pour cette raison que le problème de la marine marchande relève du domaine des questions coloniales. (Voir séance de la Société d'Economie nationale de mars 1898.) Mais la *séparation seule* est un élément nécessaire pour constituer une colonie. Les régions peuplées par juxtaposition (l'au-delà de l'Elbe pour l'Allemagne, la Sibérie pour la Russie), ne portent pas le nom de « colonies ».

CHAPITRE II

EN ÉCONOMIE POLITIQUE L'ÉCOLE FRANÇAISE MODERNE EST PLUTOT
UNE ÉCOLE « D'OBSERVATEURS », L'ÉCOLE MODERNE ALLEMANDE
EST PLUTOT UNE ÉCOLE « D'HISTORIENS ».

Les écoles, même déductives, s'inclinent aujourd'hui devant
« l'observation » et « l'expérimentation », autrement dit l'expérience. Le « Collège libre des Sciences sociales » qui a installé
côte à côte l'orthodoxie et le marxisme, le positivisme économique et l'économie chrétienne[1], nous a permis de constater
l'unanimité du respect à l'égard du « fait », que l'on estime du
moins comme un argument.

Mais, en supposant la tendance expérimentale pure, — la
préoccupation exclusive de se plier à l'enseignement des
choses — il est possible de concevoir deux « manières » d'étudier ces problèmes ouvriers, agraires, coloniaux, financiers. Le
« passé » peut prendre le devant de la scène, parce qu'il est la
raison d'être du « présent ». Le « présent », au contraire, le
« moment actuel », peut masquer le passé — sa préface — au
nom de l'intérêt pratique, très supérieur à l'intérêt d'érudition.
L'école allemande est dite « école historique ». L'école française monographique, notamment les diverses sections sorties
de l'initiative de Le Play : Société d'économie sociale, École de
Tourville, sans parler des enquêtes dont le présent volume
fournit le commentaire, peut être dite « école d'enquêteurs ».

Remarquez que l'école allemande, si brillamment représentée
par le « Verein für Socialpolitik » (Association pour la poli-

(1) Voir la *Science sociale*, par Th. Funck-Brentano, directeur-fondateur du
« Collège libre » (1897, éd. Plon). Voir également « l'Enseignement social
à Paris », par Dick May (secrétaire général).

tique sociale) — celle de Schmoller, Brentano, Bücher, Knapp, Sering, Wagner, etc., etc., — oscille peu à peu vers « l'observation », sans cesser de s'appuyer sur la base historique. Les « séminaires » allemands, ceux de Bücher à Leipsig, de Brentano à Munich, de Schwiedland à Vienne, ont multiplié eux aussi des enquêtes, notamment sur les diverses formes de la petite industrie [1]. Il suffit de jeter les yeux sur certaines publications, comme celle intitulée la « Répression du travail en chambre [2] » du Dr Schwiedland, pour se convaincre du progrès réalisé dans ce sens par nos voisins. Que l'on n'oublie pas en même temps que notre *école historique* a bien souvent franchi la limite de l'économie politique, pour ne parler que de Guérard et de Léopold Delisle ; et que les économistes historiens peuvent revendiquer parmi les leurs Cauwès et d'Avenel. Les deux tendances opposées semblent donc devoir se confondre en un point plus ou moins éloigné.

Quoi qu'il en soit, les enquêtes énumérées plus haut relèvent toutes sans exception du domaine de « l'actualité », si l'on peut dire. Leur objet a toujours été le « document » contemporain, l'instantané du présent. Leur lien est la vie économique actuelle d'un seul point du monde, la France et surtout la ville-tête qui entraîne la France, c'est-à-dire Paris.

Bien souvent, le petit groupe des collaborateurs, dont les noms se retrouvent dans les divers volumes de la collection, se sont comparés à des *chartistes*, découvreurs de petits détails minutieusement précis, non dans les vieux textes, mais dans ce que les vieux auteurs appelaient « le livre de la vie ». Ce qui prouve le bien fondé de la comparaison, très glorieuse pour « l'école monographique », c'est la symétrie de recherches. Matériellement, rien ne ressemble moins à un enquêteur qu'un « chartiste ». D'un côté, c'est la vie d'archives, de l'autre, c'est la vie d'activité et de « plein air » — un peu celle du « reporter » et du « détective ».

(1) Voir la collection des documents du « Verein für Socialpolitik ».

(2) *La Répression du travail en chambre* (Congrès international de législation du travail. Bruxelles, 1897), par le Dr Eugène Schwiedland, agrégé à l'Université de Vienne.

CHAPITRE III

STATISTIQUE ET ENQUÊTE, LEUR INDISSOLUBILITÉ

« Accumuler le plus grand nombre de faits sur la plus vaste
surface possible » tel est le premier devoir de l'enquêteur.
(Ce qui va sembler à certains lecteurs en contradiction complète avec l'idée monographique primitive.)

Deux procédés permettent d'arriver à cette amplitude d'accumulation : la statistique, l'enquête, QUI SONT INSÉPARABLES.

La « statistique », dont M. Rümelin comptait dès 1863
soixante-trois définitions [1] et qui est l'art de réunir et de grouper de puissantes masses de faits exprimés en grands nombres,
par exemple des dénombrements, semble plutôt un attribut
des rouages publics. L'État, en effet, mieux que tout autre,
semble pouvoir imposer la généralité de réponses nécessaire
à ces relevés d'ensemble : et parmi ces relevés, les plus exacts
sont ceux des administrations financières, que l'établissement
et la perception de l'impôt astreignent à une attention continue
(douanes, compte rendu de la production de l'alcool ou des
sucres indigènes [2]). Les communes, les villes surtout, — autonomies historiques que l'État actuel domine — imitent naturellement l'État ; rien n'est plus soigné à cet égard que les rapports
annuels du bureau de l'Approvisionnement de la ville de Paris
(Halles centrales, Marché de la Villette, Bercy, etc., etc.). Toutefois on aurait tort de croire que certaines organisations

(1) Voir *Traité théorique et pratique de statistique,* par Maurice Block.
(Guillaumin.)

(2) Voir *Bulletin de statistique et de législation comparée du Ministère
des Finances.*

privées ne puissent pratiquer, dans leur cercle spécial, la statistique. Les Trade-Unions anglaises, les « Propagations de la
Foi » ou les Études Financières de telle grande société de Crédit
— si l'on veut — en fournissent la preuve palpable. L'individu,
livré à ses propres forces, a naturellement moins de prise sur
les « grands nombres ». Cependant, la statistique possède toute
une section (construction des tables de mortalité) qui est due à
l'effort isolé d'arithméticiens, « puisque la première de ces tables
fut faite à Londres par Halley, qui avait fait venir les renseignements de Breslau, en Silésie [1] ».

L'enquête apparaît au contraire comme le triomphe de l'initiative des simples particuliers ; nous entendons l'enquête
directe, non par un « questionnaire » distribué çà et là (feuilles
de dénombrement ou de statistique agricole), ni par un jury
d'interrogateurs faisant comparaître les intéressés (enquête parlementaire de 1884 sur la situation des ouvriers), mais l'exploration immédiate du « questionneur », qui se transporte dans
le milieu à étudier. Il est possible de citer dans ce sens, le
Tableau de l'état physique et moral des ouvriers (mission de
Villermé et Benoiston de Châteauneuf, éditée en 1840) dans les
industries du coton, de la laine et de la soie ; les essais de Louis
Reybaud — l'humoriste de *Jérôme Paturot* — sur les industries du fer, du coton, de la laine et de la soie ; enfin les *Monographies professionnelles* de M. Barberet, chef du bureau des
Sociétés de secours mutuels au ministère de l'Intérieur, qui
dans un volumineux recueil sous forme de lexique, a commencé
à classer les résultats de sa longue expérience au point de vue
du mouvement syndical [2]. Les signes distinctifs de l'enquête,
telle que nous la concevons, ressortent nettement de ces trois
œuvres : 1° interrogatoire personnel sans entremise ; 2° sujet
ample et concret.

La *statistique* ne peut se passer de l'*enquête*. L'État, les communes, les groupements privés peuvent relever les surfaces
topographiques avec leurs grands nombres. Mais les chiffres

____

(1) *Traité théorique et pratique de statistique*, p. 186.

(2) Voir *Ebénistes du faubourg Saint-Antoine*, p. 282 et suiv., l'analyse
de ces différents ouvrages.

flottent comme des abstractions vaines jusqu'à ce qu'une analyse plus rapprochée du réel vienne leur donner le sang et la
chair. Les totaux accumulés par les plus consciencieux statisticiens, M. Jacques Bertillon par exemple, font défiler dès armées
innombrables d'*unités* mathématiques, dont nos souvenirs,
empruntés aux enquêtes des voyageurs, font des peuples. Au
moins à titre de « photographies pittoresques », les statistiques actuelles admettent des « aperçus », des « descriptions »,
qui constituent des enquêtes « non organisées » : ainsi la
« *Statistique des salaires et heures de travail dans la grande
industrie* », publiée par l'Office du travail français. Parfois
même chaque unité visée par la statistique est devenue un sujet
de description d'enquêteur, comme dans les « Associations
ouvrières » du même Office. C'est le maximum de fusion.

Est-il nécessaire d'affirmer que « l'enquête » ne peut se
passer de la statistique. La monographie — enquête sur un
seul point — ramène les éléments constitutifs du sous-sol :
mais où a été choisi le point exploré en profondeur ? Dans toutes
les descriptions de la moyenne et petite industrie (bâtiment,
meuble, jouet, vêtement) [1], l'observateur se sent désemparé
par l'absence de statistique sur le nombre des ateliers et des
effectifs utilisés.

On a dit, pour exprimer cette indissolubilité de deux procédés également nécessaires, que la « statistique était la monographie d'un état (groupe réuni par la contrainte publique) et
que la monographie la plus réduite, celle de l'agrégat familial,
était la statistique d'une famille ».

Nous préférons dire que la statistique est le travail d'arpentage et que l'enquête monographique est le coup de sonde. Au
point de vue social, comme au point de vue matériel, l'homme
est forcé de recourir à ces deux outils pour achever la conquête
de la Terre.

---

[1] Voir les différents volumes cités au chapitre i, p. 1.

CHAPITRE IV

DIFFÉRENCES PROFONDES QUI SÉPARENT L'ENQUÊTE AINSI COMPRISE
DE LA MONOGRAPHIE DE LE PLAY

L'enquête « monographique » rappelle la monographie de
Le Play. Elle en est sortie et ne renie pas son origine. Mais
entre le procédé de 1855 et celui de 1899, des différences profondes ont surgi, que l'examen de l'initiative du célèbre sociologue va permettre de placer sous leur vrai jour.

Le lecteur n'ignore pas que Fr. Le Play, — le commissaire
général (1855-1862-1867) des Expositions universelles de Paris
et de Londres — publia en mai 1855 un recueil (in-folio à cette
époque), intitulé « les Ouvriers Européens ». Ce recueil était
constitué par 57 descriptions de familles ouvrières, *urbaines*
ou *rurales*, choisies au cours des longs voyages de l'auteur, des
steppes de l'Oural à Sheffield, des mines norvégiennes au plateau de Castille, avec des arrêts de prédilection à Paris, « la
Cité des émeutes de 1830-1848 » et sa banlieue. Du premier
coup, la monographie de famille — « le microscope social », a
écrit M. Paul Leroy-Beaulieu — était exposée à l'état d'outil de
précision. Il ne restait plus qu'à en multiplier l'usage parmi
les catégories variées du prolétariat international. L'Académie
des sciences — nous disons des sciences — décerna à la *mono-*
graphie de Le Play le grand prix de *statistique*, par suite
d'une confusion spontanée et toute naturelle. J.-B. Dumas
exprima le vœu qu'une Société d'enquêteurs fût fondée, afin de
prolonger la voie nouvelle. Cette Société porte toujours son
nom de « Société internationale des études pratiques d'écono-

mie sociale ». Elle date de 1856 [1], a été reconnue d'utilité
publique en 1859 et — toujours distincte *théoriquement* d'une
autre association de propagande : les *Unions de la Paix
sociale* (1871) — elle persiste vers la poursuite de son but primitif : l'accumulation des « monographies de familles ouvrières »
dans une collection en quelque sorte *sans fin :* les *Ouvriers des
Deux Mondes.* Cette collection, au mois de juillet 1899, en est
à sa 91° monographie : le Métayer de la Corrèze.

La monographie de Le Play doit être examinée : 1° comme
instrument d'observation ; 2° comme méthode.

L'instrument d'observation est un cadre *immuable,* d'une
minutie extrême, qui est pour ainsi dire appliqué sur la famille
à décrire [2]. Ce cadre se compose : au centre, d'un budget (recettes
et dépenses) : au début et à la fin, d'un certain nombre de paragraphes en style ordinaire. Rien à dire du budget, charpente
mathématique de la monographie : ses quatre sections de
recettes, ses cinq sections de dépenses ont été combinées de
façon à se plaquer sur le Bashkir de l'Oural comme sur le
Décapeur d'outils du Doubs, par exemple. Les 13 paragraphes
de tête (état du sol, de l'industrie, état civil, habitudes
morales, etc., etc.) ont plus particulièrement trait à la famille
elle-même : c'est le commentaire descriptif du budget. Les
paragraphes de queue (du n° 17 à *n*) visent le milieu économique et social, de la famille, la région, le métier, la culture, etc.

Deux reproches ont été formulés contre la monographie,
considérée comme instrument : l'un regarde l'emploi du chiffre ;
l'autre le luxe des détails infiniment petits.

Le premier de ces reproches est facile à réfuter : le chiffre
est le seul procédé qui permette de noter l'intensité et la proportion des actes économiques ; — sans lui, on se trouve réduit
à utiliser les adverbes vagues : beaucoup, davantage et pas
du tout. Reconnaissons qu'ici comme dans la plupart des sta-

---

(1) Statuts du 11 avril ; première séance 27 novembre. Secrétariat actuel,
54, rue de Seine.

(2) Voir *Instruction sur les Monographies de famille,* par Ad. Focillon
(1887).

.tistiques, il précise des rapports plutôt qu'une réalité rigoureuse, à cause des chances d'erreur (comparez la statistique de la production des alcools, viciée par la « fraude »).

Le luxe des détails épouvante la plupart du temps les jeunes observateurs. L'essai de « Séminaire » que nous avons tenté à une certaine époque nous a permis de le constater.

Comme méthode, la monographie de famille, telle que Le Play l'a conçue, a prêté à des critiques plus graves. La monographie, appliquée à une seule famille, n'est qu'un instrument, — un cadre d'interrogatoire et d'exposition — lorsque l'observateur entend se borner à l'analyse de la famille seule, sans aucune induction sur les groupes d'alentours. Mais lorsque la monographie — et Le Play l'a toujours comprise en ce sens — ne recueille les éléments de cette organisation minuscule, que pour les attribuer à toute une surface plus ou moins vaste, en vertu du principe : « *ab uno* (monos) *disce omnes*, » il y a intervention d'une « méthode », d'un moyen de découvrir la vérité en allant du connu à l'inconnu. Cette méthode est-elle justifiable ? Tout dépend de la manière dont les « échantillons » sont choisis. Voyons comment Le Play les choisissait. ·

Si nous ouvrons le premier volume de la nouvelle édition des *Ouvriers européens* (l'édition in-8°), intitulé les Ouvriers de l'Orient (est de l'Europe), nous pénétrons dans de vastes espaces « stables », les steppes de l'Oural, les steppes d'Orenbourg, les montagnes bulgares, les plaines hongroises, les pâturages du Haouran (en Turquie d'Asie). Surtout à cette époque (1856) l'Orient est l'immobilité sociale : il est en même temps l'*homogénéité* sociale. Un groupe semble calqué sur l'autre. La « cellule organique », la famille, se répète, identique à elle-même jusqu'à l'infini. Encore aujourd'hui, au centre de la France, dans la région boisée et semi-montagneuse du Limousin, les communautés paysannes, offrent ce caractère d'uniformité de structure [1]. « Qui en a vu une en a vu cent », affirment tous les agriculteurs de la région, grands propriétaires ou régisseurs.

Mais, dans le 6e volume de la collection (Ouvriers de l'Occi-

---

(1) Voir les *Métayers en communauté du Confolentais.*

dent : *populations désorganisées*), la diversité des occupations,
des influences, sans parler des origines, vient renverser la simplicité d'emploi du cadre, ainsi que la justesse du raisonnement d'induction.

Supposez-vous un instant transporté au « Marais », dans
cette ville de l'article de Paris, qui s'est installée sur l'emplacement de l'ancien enclos du Temple. Réduisez-vous à un seul
métier, le jouet ; à une seule spécialité, celle des *personnages à
musique, sujets habillés* (clowns, musiciens, etc., articles de
haut luxe de 90 à 1 200 fr.). Choisissez dans ces *petits* ateliers
(car le domaine de haut luxe défend mieux que tout autre
l'atelier réduit des anciennes corporations) une catégorie d'ouvriers bien définie : les horlogers par exemple. N'admettez,
parmi ces horlogers, que des ouvriers de la région Besançon-
Montbéliard. Toutes ces éliminations n'auront pas supprimé
le problème capital du choix de l'échantillon. En présence de
ces « familles ouvrières », de ces groupes (il s'agit toujours
de groupes, jamais d'*individus*)[1], « Le Play choisit sans
hésiter ce qu'il appelle la « famille prospère ». Qu'est-ce
que la famille « prospère » ? « Celle qui a atteint cet état
d'équilibre, essentiellement relatif, entre les jouissances et
les besoins que l'on appelle le bonheur. » S'il est, dans une
zone donnée, une seule famille heureuse, il suffit de l'analyser
et de généraliser à la fois ses conditions d'existence et le parti
qu'elle en tire. Mais le défaut de la liaison d'idées transparaît à
cet endroit. Le « bonheur » est un état d'équilibre ; c'est un *état
relatif*. Du « bonheur », état relatif, vous avez fait le « Bonheur »
état absolu, général à tous les groupes de la zone d'étude, à tous
les hommes ensuite. Ce choix des familles « types » contenait
en germe toute la déviation de la pensée de Le Play, qui est
allée se perdre dans les éléments du « Bonheur Absolu », extraits
de l'observation des « bonheurs relatifs » et désignés du nom
de « Constitution essentielle de l'humanité ».

En résumé, dans nos civilisations à compartiments très
diversifiés, la « monographie de famille » — méthode sociale de

---

[1] Les critiques de la « monographie » ont trop négligé ce *postulatum*.

Le Play [1] — présente deux défauts assez faciles à saisir pour les praticiens.

1° Elle est insuffisante pour déterminer les zones « homogènes » ou, si l'on préfère, les petites surfaces composées de familles analogues. Les démarches recommandées auprès des « autorités sociales », autrement dit les hommes d'expérience du métier ou de la région, font intervenir des « cadres plus vastes » correspondant à des masses humaines importantes, parce qu'il faut déterminer l'aire de la zone observée, avant d'approfondir le forage monographique, qui doit révéler la nature de cette zone. Une enquête est nécessaire, aidée de documents statistiques, parce que le chiffre doit toujours constituer l'ossature de l'enquête, comme de la monographie elle-même.

2° Elle fonctionne à faux, au point de vue du choix du « type »? D'abord, qu'est-ce que le « type »? L'idée d'échantillon, beaucoup plus simple, puisqu'elle est utilisée dans tous les marchés de grains, farines, huiles, alcools, etc., peut se définir *la partie donnant la notion du tout*. La « famille prospère » n'est pas un échantillon, c'est un « bon exemple », par suite une exception. Son état « d'équilibre » ne permet de rien inférer de « l'état d'équilibre » que réclameraient les familles voisines. Si l'on joint à ces remarques la difficulté du diagnostic de la prospérité, on constate que le « coup de sonde » est donné le plus souvent au hasard, au milieu d'une zone non précisée.

Le lecteur possède ainsi l'explication de ce phénomène déconcertant du fossé immense qui sépare les deux extrémités de l'œuvre de Le Play : les *Ouvriers Européens*, affirmation de l'observation pratique qui revient toujours à Le Play, un peu comme au Lavoisier « de la Sociologie » : la *Réforme sociale*, résumé des remèdes, qui n'est adoptée que par une école assez réduite, malgré son éclat.

(1) Voir *Méthode sociale*, volume Ier de la collection des Ouvriers Européens.

CHAPITRE V

POURQUOI DONNER A CETTE ENQUÊTE TRÈS DIFFÉRENTE DE LA MONO-
GRAPHIE DE LE PLAY LE NOM « D'ENQUÊTE MONOGRAPHIQUE » ?

Le lecteur va formuler ici une objection. « Si l'ensemble des
procédés que vous utilisez est une combinaison de statistique
et d'enquête, pourquoi ne pas recourir à une étiquette nouvelle,
au lieu de s'embarrasser d'un vieux qualificatif, qui rappelle les
polémiques anciennes de Fontenay, Rümelin et Block contre
Le Play[1] ? »

C'est que la statistique et l'enquête réunies ne fournissent pas
l'équivalent rigoureux de l'enquête monographique. Celle-ci
contient *quelque chose de plus*, que l'étiquette monographique
seule peut exprimer.

Qu'est-ce que ce « quelque chose de plus » ?

Ce n'est pas seulement, ainsi que quelques auteurs allemands l'ont prétendu, une illustration de l'enquête. « L'individu n'est pas typique, disent-ils (toujours la même confusion entre l'individu et le groupe), mais sa silhouette, au
retour d'un voyage d'excursion, devient suggestive par l'impression concrète. Le récit (enquête) et le chiffre (statistique)
risquent d'être secs par eux-mêmes. Les « Miniaturbilder », les
figurines monographiques, les rehaussent. *Enquête illustrée*,
voilà la caractéristique de votre procédé. »

Nullement. L'idée monographique domine notre système
d'enquête, comme l'idée de Papin commande les types de loco-
motives les plus modernes. Et cette idée se compose de trois
éléments primordiaux.

(1) Voir *Traité théorique et pratique de statistique*, p. 108.

1° Unité d'objet (monos) ;

2° Objet concret (toujours des *groupes* humains plus ou moins vastes).

3° En cas de pluralité de sous-groupes analogues, induction des « échantillons » à l'ensemble (postulatum de Le Play modifié).

1° Unité d'objet. — C'est le seul moyen de ne pas laisser éparpiller l'attention, ce qui constitue un principe élémentaire en matière scientifique. Ajoutons que sans unité d'objet, la statistique *additionne des éléments qui ne sont pas de même ordre*, et que la description brouille les rapports réels, en attribuant, par exemple, l'estomac d'un ruminant à un équidé.

2° Objet concret. — L'objet concret est toujours un *groupe*, une réunion d'individus plus ou moins nombreux (de préférence nombreux) considérés dans leurs relations réciproques, Hors du concret, rien que des idées incomplètes, des chances d'erreur et des sophismes : la supériorité de l'homme d'expérience, contre-maître, procédurier, homme d'affaires, sur le mathématicien, le professeur de droit, l'économiste, tient à son contact avec le concret. Cette séparation d'avec le concret, causée par l'abus du « livre » chez les plus hautes intelligences des peuples civilisés, amène les faillites politiques.

Nous verrons plus tard dans la dernière partie de ce volume comment une « question » à forme abstraite, le *Sucre*, l'*Alcool*, l'*Article de Paris*, le *Meuble*, etc., etc., se ramène à un objet concret.

3° Induction des échantillons a l'ensemble : choix des échantillons. — C'est le point vif du procédé. Un exemple en fera toucher du doigt l'originalité et la raison d'être.

Une escadre est devant vous. L'unité d'objet *concret* est complète. Statistique et enquête vous permettent d'y distinguer trois catégories : 1° cuirassés, 2° croiseurs, 3° torpilleurs.

Bornez-vous à l'une de ces trois sections, celle des cuirassés, par exemple. Si vous voulez décrire à la fois ces « unités », également concrètes, ces groupes d'hommes hiérarchisés dans une enveloppe de bois et de fer, vous n'arriverez qu'à une exposition peu cohérente.

Au contraire, établissez entre ces unités *une série par ordre d'importance* : le plus faible des navires portant le n° 1, le plus fort (au point de vue du tonnage) marqué du $n1 + n$.

Maintenant, prenez dans cette série (non pas le navire type, qui n'existe pas) mais *trois échantillons* : le $n1$ (le plus petit), le $n1 + n$ (le plus gros), et un n° intermédiaire.

N'est-il pas de toute évidence que vous tenez *l'amplitude d'oscillation de la variabilité des détails ?*

Telle est la nouvelle induction monographique, qui peut se résumer dans le schéma suivant (schéma d'échantillonnage des sous-groupes) et qui peut s'exprimer dans cet aphorisme « *A tribus* disce omnes ».

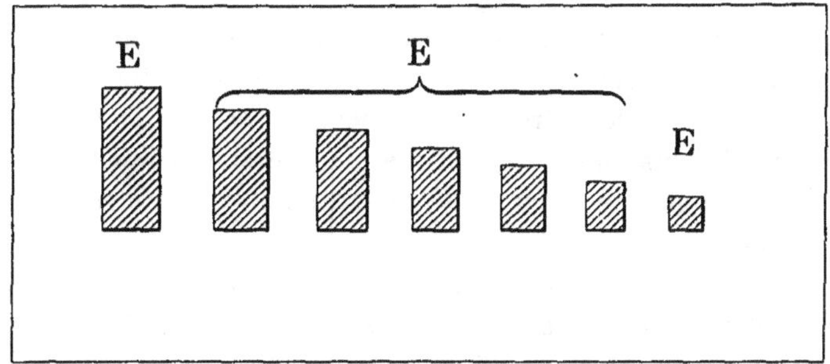

La série et le triple échantillonnage.

La construction de la série des sous-groupes (par la statistique et l'enquête) est la chose importante. C'est grâce à elle que les *trois échantillons déterminent la surface à étudier comme trois points déterminent un plan.*

Ce procédé est l'application de la méthode « d'identité des extrêmes » pour la recherche des éléments permanents et, par suite, des causes [1].

(1) Voir Funck-Brentano.

CHAPITRE VI

APPLICATION DU PROCÉDÉ AU PLAN GÉNÉRAL DU VOLUME

Le chapitre premier rapproché de l'exposé qui précède, a
déjà convaincu le lecteur que *notre enquête dans son ensemble*
(documents parus et documents à paraître) obéissait au point
de vue fondamental que nous avons exposé.

L'objet est *un* : la France. Il nous a toujours paru extraordinaire de choisir comme objet de début la Russie, l'Allemagne,
l'Angleterre, les Etats-Unis. Que peut rapporter une « recon-
naissance » de trois, quatre, cinq mois dans ces milieux, aussi
compliqués que le nôtre et déconcertants par leur nouveauté
même? Depuis douze ans d'analyses ininterrompues, nous
avouons ne pas posséder dans sa plénitude la « conscience » du
seul Paris[1].

L'objet est un *groupe concret :* une nation *continentale* de
38 millions d'êtres, enserrés dans des limites précises. Les
quarante millions de coloniaux restent en dehors, parce qu'ils
constituent à eux seuls une ethnographie complète, une sorte
de revue des quatre autres parties du monde. Mais dans cette
masse vivante et nettement concevable, l'œil ne tarde pas à
distinguer des sous-groupes tranchés. Les beaux travaux statistiques de M. Turquan, nous ont permis de suivre les différences de l'agglomération sur les diverses parties du territoire[2].

---

(1) Celui qui a démonté pièce à pièce son pays d'origine peut entreprendre avec utilité des observations à l'étranger. Le connaisseur en chevaux, par exemple, — bien que son expérience soit localisée sur un seul
point — se met vite au fait de la valeur et du prix des races nouvelles
pour lui.

(2) Voir Turquan.

De ces points denses et de ces éparpillements intercalaires, les enchaînements historiques variables suivant les provinces, (Bretagne, Lorraine, Picardie, Languedoc), ont fait un damier multicolore, pour ainsi dire, une juxtaposition de zones opposées dans leurs détails et emportées cependant dans un même mouvement général.

Parmi ces *sous-groupes* (concrets également) les deux groupes *extrêmes* doivent passer au premier plan et fixer tous les efforts de l'analyse. L'un est le point de tendance, l'autre le point de départ.

D'un côté, c'est la « cité moderne » non pas celle que M. Izoulet s'efforce de reconstruire, mais la cité réelle : Paris *vers lequel évolue le reste de la France.*

De l'autre, c'est la « région rurale » fort vaste sur cette terre de paysans, qui est loin d'être devenue, comme l'Angleterre, une cité unique coupée de cultures.

Cité moderne, région rurale ; vie urbaine, vie agraire, les deux termes de l'antithèse englobent plus que la France, mais bien l'humanité tout entière, depuis les aouls des pasteurs mongols jusqu'aux villes de la meunerie et de la viande, Minneapolis et Chicago.

Il ne s'agit pas d'une classification, dont on démontrerait facilement l'absence de netteté, puisqu'il est des formes d'activité mi-urbaine, mi-agricole, laitiers-nourrisseurs de Paris, ouvriers des sucreries du nord, tisserands des montagnes lyonnaises, maraîchers-jardiniers et horticulteurs de Toulouse ou de Bordeaux. Il s'agit de deux *points de repère*, de deux signes de ralliement précisant les deux extrémités d'une évolution.

Déterminons avec soin ces deux points, comme dans une excursion géographique. Ce sera un jeu de calculer la distance qui les sépare, c'est-à-dire l'arc de méridien.

DEUXIÈME PARTIE

LA CITÉ MODERNE

CHAPITRE PREMIER

LA CITÉ CONSIDÉRÉE COMME UNITÉ, ET SES SOUS-GROUPES

Paris — cette unité de 2.500.000 êtres parqués dans l'intérieur des fortifications de 1840 (on peut compter 3 millions pour la zone du camp retranché dans son ensemble) — a souvent tenté la synthèse. Il est difficile de rencontrer, sur un aussi faible espace, une nation supérieure à la Norvège, au Danemark, même à la Suisse, pour ne pas parler de la plupart des républiques espagnoles, sans être saisi d'une tentation de la décrire.

Jadis Maxime du Camp (précédé de Mercier de la Rivière), l'a examiné dans ses « organes, ses fonctions, sa vie ». Le côté de l'ossature administrative l'a surtout attiré : la Monnaie, la Banque de France, les Tabacs, la police, les hôpitaux, les égouts, l'éclairage, etc.

De nos jours, E. Zola a entrepris la même tâche, sous forme de fictions romanesques et en suivant cette idée assurément scientifique d'une race (les Rougon-Macquart) qui évolue dans ce milieu absorbant et diversifié. Il suit sa « monographie de famille » — ce rapprochement avec Le Play est inattendu, mais justifié — à travers les degrés, « les couches » successives de la masse. Et après avoir ainsi visité le peuple des ateliers (*L'Assommoir*), le monde du commerce (*Le Ventre de Paris* et *Le Bonheur des Dames*), la bourgeoisie (*Pot-Bouille*), la haute classe — ce qu'il appelle la haute classe — (*La Fortune d'Eugène Rougon*), etc., etc., il arrive lui aussi au panorama général, vu

de Montmartre, au dernier volume de la collection, c'est-à-dire
Paris.

La « Cité moderne » — la cité française par excellence,
centre d'attraction de toutes les autres villes du territoire qui
gravitent autour d'elle, même les plus résistantes, Lyon, Toulouse, Marseille — ne tarde pas à se décomposer devant
l'observateur-excursionniste en compartiments, en cités absorbées et cependant individualisées d'une façon nette.

La « Ville du Meuble » vous apparaît, avec son aspect à part,
ses coutumes, son langage, à l'Est, le long de la voie qui unit
l'emplacement de l'ancienne Bastille au Donjon de Vincennes :
c'est le « faubourg Antoine », terre révolutionnaire jadis des
« ébénos » [1].

La « Ville de l'Article de Paris » — et l'article de Paris que
ne comprend-il pas ? depuis le « Jouet » jusqu'au « Bronze »,
depuis les « cannes et parapluies » jusqu'à la bijouterie en doublé » — a colonisé l'ancien enclos de l'Ordre militaire du
Temple, débordant du « Marais » et de ses vieux hôtels parlementaires jusque sur les hauteurs de Belleville.

La « Ville de la Mécanique » a installé son vacarme et ses
mœurs spéciales autour de Saint-Ambroise. Le *Sublime* de
Denis Poulot l'a fait connaître dans ses manifestations de la fin
de l'Empire. Il serait utile d'en tirer un cliché nouveau.

La « Ville du Vêtement » est fragmentaire. Le cœur est rue
de la Paix pour les grands couturiers de femmes [2], au Boulevard pour les tailleurs d'école française ou de genre anglais.
Les infinis « ateliers en chambre » sont installés dans l'espace
annulaire compris entre les anciennes barrières [3] et les fortifications, de Plaisance au belvédère de la « Butte ». La catégorie de la « Lingerie » a son centre rue du Sentier, et sa
circonférence dans les mêmes quartiers, sans parler des cou-
vents et des campagnes provinciales.

La « Ville de l'Alimentation » est formée par les agrégats,
toujours les mêmes dans chaque quartier, des boulangers, bou-

(1) Voir les *Enquêtes* citées au chap. i.
(2) Voir le *Figaro* (supplément illustré du 19 août 1897).
(3) Boulevards intérieurs (Montparnasse, Port-Royal, la Villette, etc.).

chers, charcutiers, débitants d'espèces variées, tous placés à portée de la clientèle dont ils visent les besoins immédiats et quotidiens.

La « Ville du Bâtiment » viendrait ensuite, constituée par tous les chantiers épars, chantiers de charpente — surtout dans la zone annulaire déjà indiquée — : bureaux de maçonnerie avec leurs terrains annexés pour la taille des pierres, ateliers de peinture-vitrerie, de serrurerie, etc., etc.

Et jusqu'ici le côté *fabrication* a écrasé le côté *commerce* proprement dit, où cependant l'enquêteur découvre :

Les *Halles Centrales*, un « marché » gigantesque, ramifié en toute une série de foires distinctes : le Carreau (surtout légumes); les Fruits; la Viande; le Poisson (la Marée); les Beurres et Œufs ; les Gibiers et Volailles (Vallée) ; sans compter le pullulement d'établissements libres bâtis tout autour : les Maisons de Consignation (Omer Decugis et autres).

Les *Grands Magasins*, les « grandes Compagnies de commerce au détail», dont la caractéristique est d'aligner cinquante spécialités sous le nom de « rayons » et de les faire manœuvrer, pour ainsi dire, contre la concurrence spécialisée, à l'aide des « jeux de banque » et de la « compensation de bénéfices » que permet la Caisse centrale.

Le *Marché aux Bestiaux*, la Villette, tout proche des Abattoirs, dans l'éventail formé par la rue de Flandre, la rue d'Allemagne et les « fortifs », quadruple foire presque permanente des bœufs et vaches, veaux, moutons, porcs, avec l'annexe de l'importation étrangère : le *Sanatorium*.

L'ancienne *Halle aux Blés* remplacée par la coupole de la Bourse de Commerce (et aussi par une petite section ignorée du pavillon 6 aux Halles). Là, dominées par le « *Syndicat central* » (ancien Cercle du Louvre), se réunissent les diverses sections du marché de spéculation de Paris, blés, farines, sucres, alcools, huiles, instruments souvent maudits des « jeux sur différence ».

La *Bourse des Valeurs* enfin, le péristyle classique, que Proudhon jadis avait analysée avec sa perspicacité trop logique, la « Corbeille » et la « Coulisse » récemment réglementée,

autour desquelles évoluent toutes les banques, grands magasins ou petit commerce des métaux d'échange et des titres
représentatifs de ces métaux, depuis la banque Rothschild et le
Crédit Lyonnais jusqu'au changeur en boutique des quartiers
divers.

Enfin, le défilé ne serait pas complet sans ces *organisations*
d'intérêt général, privées, publiques ou mixtes, qui avaient surtout frappé Maxime du Camp, et qui forment la charpente
administrative de Paris :

La Compagnie des Eaux ;

La Compagnie du Gaz ;

L'Hôtel de Ville et ses bureaux ;

La Police et les Tribunaux ;

Les Prisons;

L'Assistance publique et privée (avec le côté réservé aux
Églises, surtout à l'Église nationale).

Et tous ces rouages — au moins les derniers — offrent cet
intérêt capital qu'ils nous permettent de relever les « déchets
sociaux » tombés des mécanismes déjà vus :

Le monde du vice [1] ;

Le monde du crime [2] ;

Le monde des pauvres [3].

Mais ce que notre esprit cherche avec anxiété, au milieu de
ce fouillis déconcertant, ce sont les « points de repère » toujours indispensables pour déterminer les *sous-groupes*.

Or, la Cité moderne permet d'établir trois de ces sous-
groupes, de ces compartiments faciles à isoler, et servant à
classer empiriquement la masse des détails :

1° LE MÉTIER ;

2° LE MARCHÉ ;

3° L'ORGANISATION D'INTÉRÈT GÉNÉRAL.

La « bonne ville » du moyen âge les contenait en germe :

(1) Voir Parent-Duchatelet, Yves Guyot, etc.

(2) Voir Georges Grison, Macé, Goron.

(3) Voir M. Du Camp, d'Haussonville, les publications de l'*Office central
de bienfaisance*.

jurandes, foire, maison de ville et églises. L'organisme embryonnaire s'est agrandi et compliqué.

Aussi trois cadres d'observations (trois « monographies »), leur correspondent-ils : la *monographie de métier,* — de *marché* — et d'*organisation d'intérêt général.*

Il s'agit de démonter successivement ces trois instruments d'optique, tels qu'ils sont constitués pour le moment.

CHAPITRE II

LA MONOGRAPHIE DE MÉTIER

(ENQUÊTE ET STATISTIQUE D'ENSEMBLE, ÉCHANTILLONNAGE)

La *Ville du Meuble* — le faubourg Saint-Antoine — va nous servir d'exemple.

Vous en connaissez la silhouette. Comme artère centrale, la grande rue du « Faubourg », incessamment remontée et descendue par une population à uniforme spécial (la veste à manches et la casquette de « l'ébéno »), par des porteurs auvergnats à grand chapeau, par des « charabaniers » ou conducteurs de chars-à-bancs (tapissières). Sur les deux trottoirs — les deux rives de cette sorte de fleuve — une exposition permanente en de superbes vitrines : c'est le grand commerce du « Meuble », intercalé de débits de vins et de cafés-liqueurs : les maisons Dienst, Zwiener, Roll et tant d'autres, Schmit (en retour sur la rue de Charonne), enfin, l'orgueil du Faubourg, la grande usine Kriéger. Derrière ce décor luxueux de dorures, de marqueterie et de sculptures, la cité industrielle bruit en retrait, en tout un amas d'impasses noires, de ruelles cachées, de cours ignorées, où apparaissent tout à coup à l'œil étonné de gigantesques ruches de travailleurs. De longues voies, le long de la Seine, sont encombrées de dépôts de bois : noyer, acajou, ébène, et çà et là retentissent les usines banales de force motrice, les agences de location de machines-outils, qui sont devenues comme l'ossature de la Ville du Meuble, en apportant la collaboration du mécanisme moderne à l'amoncellement des antiques « ateliers en chambre ».

Quel plan allons-nous suivre ? Une monographie de métier est formée de trois enquêtes superposées :

1° Enquête bibliographique ;

2° Enquête personnelle ;

3° Enquête *monographique* (proprement dite).

I. — Enquête bibliographique

C'est la préface, la préparation du « départ ». Avant de s'embarquer pour le continent africain, Livingstone ou Stanley durent se familiariser avec certaines sciences particulières : astronomie, topographie, médecine; puis ils relurent l'histoire — très brève, très incomplète — des peuplades du littoral où ils devaient aborder ; enfin, ils lièrent la connaissance la plus étroite possible avec les œuvres des voyageurs qui les avaient précédés dans la même direction.

La « monographie de métier » est une exploration : les trois modes de « préparation » se retrouvent : ils visent ici la technologie du métier, son histoire, les vues d'ensemble ou croquis de détail rédigés par des observateurs *contemporains*.

a. Technologie. — Dans cette industrie d'art, où se sont illustrés tant d'*artistes*, les Ducerceau au xvie siècle, les Stabre, les Macé, les Boulle, les Dominico Cucci au xviie siècle, les Caffieri au xviiie siècle, les Jacob Desmalter, les Fourdinois et autres au xixe siècle, la technologie du métier se subdivise en *esthétique* spéciale du Meuble, et en *technologie* proprement dite, comprenant tous les procédés d'exécution matérielle.

L'esthétique du métier, où la rencontrer? Il serait aisé d'enfler outre mesure le catalogue bibliographique. Mais ce serait envelopper d'érudition un mauvais conseil : la préparation de l'œuvre risquerait d'épuiser les forces du travailleur. Le *Dictionnaire du Mobilier*, de Viollet-le-Duc, vous conduira jusqu'au xvie siècle : l'*Art du Mobilier*, un grand album de dessins, sans texte — de M. Verchère, directeur des études à l'école Boulle[1], — vous

---

[1] Ecole municipale d'ameublement (Voir *Ebénistes du faubourg Saint-Antoine*, ch. vii, p. 235).

prendra à partir du xvie siècle et, à travers la classification des styles, vous amènera jusqu'à nos jours. Les deux petits volumes de M. de Champeaux, intitulés : *le Meuble*, vous permettront d'acquérir une science plus approfondie[1], que rien ne vous défend de développer encore à l'aide des quatre in-folio du *Dictionnaire d'Ameublement* de M. Havard. Vous savez la nécessité du fil conducteur, « du fil rouge ». Ces lectures vous le fournissent. Grâce à elle, vous pouvez visiter musées, expositions, magasins, ateliers, sans faire sourire les hommes pratiques et sans les décourager par la distance qui vous sépare d'eux intellectuellement.

Pour la technologie — dont l'utilité est identique — vous avez à choisir entre deux recueils : un Littré et un dictionnaire de poche. Le Littré, c'est : « l'Art du Menuisier » de Ronbo le fils (1772), œuvre de haute valeur qui prophétisa l'histoire future du métier et découvrit, quatre ans avant Adam Smith (1776), les conséquences de la division du travail dans l'industrie du Meuble. Le dictionnaire de poche, c'est simplement le *Manuel de l'Ébéniste* de la Collection Roret, signé par MM. Norban et Maigne.

b. Histoire. — L'histoire accaparerait un « Socialpolitiker » allemand. Elle n'est que l'avant-propos des faits contemporains pour un « explorateur » de l'école française.

Ici nous avons la bonne fortune de posséder une « monographie de métier » historique, rédigée par M. Franklin, bibliothécaire à la Mazarine, qui a publié en tout dix-huit brochures sur dix-huit métiers parisiens. Cette histoire des ébénistes est malheureusement fort courte : elle débute par les armoiries du métier : la varlope d'or sur fond d'azur, et continue par la publication *in extenso* des statuts successifs, avec un bref exposé des faits. L'abrégé ne fournit qu'un cadre, et ce cadre a besoin d'être rempli. Il vous faudra donc rassembler les traits épars dans les divers ouvrages d'esthétique que nous avons cités. Viollet-le-Duc a écrit en annexe une très curieuse visite chez un « huchier » ou menuisier du xiiie siècle. M. Havard

(1) Chez Quantin.

s'est complu à accumuler un très grand nombre de documents inédits : anecdotes puisées dans les livres oubliés, contrats d'apprentissage et de compagnonnage du XVIe siècle, tirés des minutes de notaires. Ajoutez-y quelques chapitres des historiens de Paris, parce que le métier étant localisé a un peu mêlé son évolution à celles de différents quartiers ; environs de Saint-Gervais, galeries du Louvre, Gobelins, faubourg Saint-Antoine : à cet égard, Félibien, l'abbé Lebœuf, Dulaure et Lefeuvre feront l'affaire. Il ne restera plus à feuilleter que l'*Histoire des classes ouvrières* avant et après 1789, de M. Levasseur, où certaines parties sont fouillées avec une attention toute particulière ; le *Traité de la Police* de De La Mare, si précieux pour l'histoire des corporations ; enfin les biographies d'artistes, Ducerceau, Boulle et tant d'autres publiées dans l'*Office de l'Ameublement*, un journal technique qui parut de 1884 à 1888. Vous arriverez ainsi à reconstituer les trois étapes de l'industrie : le moyen âge féodal et corporatif — le XVIIe siècle, âge des manufactures royales, — l'époque moderne où apparaît le luxe bon marché des classes moyennes, et la liberté systématique des ateliers.

c. Ouvrages précédents. — Sous peine de retomber dans l'histoire, il ne peut être question ici que des « voyageurs » ayant pris les devants depuis très peu d'années. Parmi ces « voyages » on peut citer :

L'enquête administrative de 1883 sur les Associations ouvrières de production. Elle contient les dépositions de plusieurs Sociétés d'ébénistes : l'Association générale d'Ébénisterie encore vivante, l'Avenir, la Société des menuisiers en fauteuils, morte depuis ; — puis les éclaircissements fournis par un patron, M. Fourdinois, sur une tentative de participation aux bénéfices, essayée dans un atelier qui d'ailleurs n'existe plus[1] ;

L'enquête législative de 1884 (enquête des 44 sur la situation des ouvriers de l'industrie et de l'agriculture). Les patrons y sont représentés par MM. Lemoine, Damon, Perol et Soubrier ; les ouvriers par l'*Association générale d'Ébénisterie ;*

---

(1) Actuellement cette enquête a comme complément obligatoire le livre déjà cité des *Associations ouvrières.*

L'enquête plus récente sur la réglementation du travail et la limitation de la journée de huit heures, dirigée par M. Ricard (réponses des ébénistes);

Les rapports des délégués ouvriers aux expositions étrangères, entre autres le rapport du délégué Machiels sur l'Exposition de Philadelphie (1876), considéré comme œuvre classique dans le métier[1], et celui du délégué Lamothe, du meuble sculpté, sur l'Exposition anglaise de 1886;

Une étude intitulée : « La Crise de l'Ameublement », par M. Charles Mayet (Dentu, 1883), transformation en volume d'articles publiés dans le journal le *Temps;*

Puis l'armée des brochures sur toutes les spécialités, parmi lesquelles la conférence de M. Fresson, secrétaire de la Chambre syndicale patronale, aux enfants du patronage de l'Ébénisterie, et celle de M. Fourdinois sur l'Avenir de l'industrie du Meuble.

Est-il besoin de mentionner les statistiques officielles : statistiques des douanes, Annuaire de la Ville de Paris, dénombrement de la population (où se trouve une classification professionnelle); enfin les publications de deux rouages relativement nouveaux : l'*Office du Travail* (ministère du Commerce) et le *Musée social*[2], sans oublier la bibliothèque de l'Union centrale des Arts décoratifs[3] (mouvement artistique), et celle de la Chambre de Commerce (rapports sur les différentes expositions)[4].

II. — Enquête personnelle

L'enquête personnelle constitue le début de « l'action », c'est-à-dire de la tâche véritable ·de « l'explorateur ». Elle a

(1) Il est publié avec un autre travail « La Question sociale », exposé très remarquable du prud'homme-ouvrier Chausse (aujourd'hui conseiller municipal).

(2) Rue Las-Cases, 3.

(3) Place Royale, 7.

(4) Maintenant, il n'est pas permis d'oublier l'*Office du Commerce*, rue Feydeau, ni surtout le bureau de » l'Inspection du Travail », au ministère du Commerce, qui recèle les véritables éléments de la statistique des métiers (Voir son *Bulletin*).

été la raison d'être de ces formidables lectures qui suffiraient à certains économistes de « cabinet », mais qui ont eu ici pour résultat de fournir la langue technique et l'esquisse sommaire du métier, l'équivalent d'un manuel de conversation et d'un « Guide Joanne ». Elle va devenir « l'affaire capitale », se prolonger pendant des mois, des années (l'enquête personnelle du volume des *Halles Centrales* a duré deux ans) ; elle va promener « l'interrogateur direct » dans les coins et recoins de toutes les spécialités, de toutes les sous-catégories, à travers le fouillis jusqu'alors inaperçu des associations, des ateliers, des familles. On sait l'effet produit par les itinéraires, ces lignes brisées, ou courbes, que les voyageurs ont entre-croisées sur les parties vides de la carte d'Afrique. Il faudra que les itinéraires marqués sur la carte du faubourg Saint-Antoine (centre du métier avec les annexes de la place Royale, de Montmartre, de Montparnasse, et même de Montreuil), ne laissent en dehors de leur tracé aucune section importante, et que leur filet saisisse jusqu'au plus petit îlot de la Ville parisienne du Meuble.

a. **Quel est le point de vue directeur de cette enquête ?** — C'est qu'il existe dans chaque métier des « enquêtes vivantes » : les hommes pratiques d'une intelligence et d'une moralité supérieures, auxquels Le Play avait donné le nom « d'autorités sociales ». Ces hommes, chefs de syndicat, de sociétés de secours mutuels, grands patrons, petits patrons, hauts ouvriers, etc., ont photographié peu à peu dans leur esprit, avec la sincérité qui est gênée chez les « intellectuels » par la trop grande cohésion des « systèmes[1] », tous les faits journaliers de leur milieu étroit à coup sûr, mais plus net à leurs yeux par cela même. Pourvu que vous ne demandiez que « l'impression » vraie de ce milieu restreint — car ce sont des monographistes instinctifs que ces hommes pratiques, voyant des choses réduites d'un observatoire à peu près unique, — vous serez émerveillé de

---

(1) Cela ne veut pas dire que chez les chefs de syndicat par exemple, le « système » ne se rencontre pas ; tout au contraire. Mais, très souvent, il y a simple « superposition » entre l'expérience quotidienne et la « théorie apprise » chez le travailleur marxiste ou comtiste (positiviste d'Auguste Comte).

l'exactitude et de la précision du « cliché ». Il ne s'agit que d'ajouter, par ce procédé, la vision d'un petit cercle à un petit cercle, de proche en proche. L'ensemble se construira par la juxtaposition. *La science économique se trouve dans le cerveau des hommes pratiques de chaque ordre d'activité.* L'enquête a pour but de l'en extraire.

b. **Quelles sont les autorités sociales à interroger?** (dans une industrie comme celle du Meuble). — L'énumération précédente, en effet, ne saurait suffire. Le volume des « Ébénistes » nous fournit une réponse plus précise. « Pas un groupement patronal ni ouvrier ne doit être négligé, de quelque nature qu'il puisse être ; pas une Société de bienfaisance, pas une école d'apprentissage. Cette revue vous fera toujours connaître les individualités supérieures dont le nom est synonyme de science ou de « respectabilité ». Ces individualités seront visitées, « interviewées ». Les « interviews » *au hasard* seront finalement multipliées.

Voici l'application du précepte à la « Ville du Meuble » :

1. Mouvement syndical. — La Chambre patronale (15, rue de la Cerisaie), continuation de l'ancien « rang des marchands » qui depuis le coin de la Bastille jusqu'à la rue Saint-Nicolas représenta si longtemps le métier, est révélée tout d'abord par « l'Annuaire des Syndicats professionnels » publié par le bureau des Syndicats, au ministère du Commerce[1]. Le document officiel lui attribue 180 membres (en fait, mi-patrons de haut luxe, mi-commerçants). Les chefs de la partie artistique de l'industrie s'y trouvent groupés en majorité. Le bureau et le secrétariat d'un syndicat patronal fournissent toujours un certain nombre « d'autorités » fort intéressantes à consulter.

Les Chambres syndicales ouvrières de l'Ameublement sont énumérées également par « l'Annuaire des Syndicats » : la page 417 de la dernière édition nous en offre un certain nombre, à la *Bourse municipale du Travail* et ailleurs.

La *Bourse du Travail*, devenue une organisation dépendante

(1) Chez Berger-Levrault.

de la préfecture de la Seine, demeure à cet égard le centre d'information par excellence, car elle constitue une sorte de zone neutre, encore administrative, mais d'où l'on devine les syndicats *affranchis de toute déclaration* et non signalés par l'Annuaire. Souvent ces syndicats sont les véritables rouages moteurs du « prolétariat ». En 1890-91, au moment de notre enquête, la Chambre syndicale ouvrière (collectivisme allemaniste) était installée au n° 36 de la rue de Montreuil. Un autre syndicat, plutôt anarchiste[1], émigré successivement au n° 30 de la rue des Boulets, au n° 79 boulevard de Picpus, publiait deux curieux périodiques : « le Pot à colle » et « le Riflard ». Tous ces agrégats se sont modifiés. Mais leurs modifications sont surtout aperçues de la « Bourse du Travail ».

Les « Syndicats à rites secrets », autrement dit les « Compagnonnages[2] » (Gavots ou Devoirants, Enfants de Salomon et de Maître Jacques, « l'Union » enfin) seront découverts à l'aide des groupes similaires de « Charpentiers » (les plus puissants) ou de « l'Union compagnonnique de Lyon ».

2. MOUVEMENT DES ASSOCIATIONS OUVRIÈRES (Coopératives de production). — Le centre est ici la « Chambre consultative des Associations ouvrières de France », 27, boulevard Saint-Martin. Son organe est le journal intitulé : « L'Association ouvrière ». Les « Associations » sont formées d'une élite ouvrière qui cherche à réunir le « capital » et le « travail » entre les mêmes mains. « Association générale d'ébénisterie », « Toilette anglaise », « Labeur », « Spécialité des meubles inodores », etc.[3], chacune d'elles vous met en présence de « directeurs », d'administrateurs, de délégués, à mi-chemin entre les deux camps extrêmes (patrons et ouvriers), et par suite bien placés pour voir, comparer et juger.

3. MOUVEMENT COMMERCIAL. — Ce mouvement commercial est

(1) Voir le *Monde Économique*, n° 30, mai 1891.

(2) Voir l'organisation des compagnonnages et « les rites » dans le volume des « Charpentiers ».

(3) Voir les adresses de ces différentes Sociétés, dans le volume de l'*Office du Travail* déjà cité, page 338.

double : 1° commerce des matières premières de l'industrie (marchands de bois, de serrures, de vernis, mercières de quartier pour les ouvrières de l'aiguille); 2° commerce du produit fabriqué (marchands de meubles, commissionnaires, etc.).

Les syndicats du commerce sont précisés par « l'Annuaire des Syndicats ».

La « Ligue contre les Grands Magasins » (jadis 99, rue Montmartre, aujourd'hui 19, rue du Faubourg-Saint-Denis), qui publie le journal « La Revendication », peut vous fournir le signalement de petites « unions » éphémères, comme celles qui en 1890 s'étaient formées pour et contre le « Trôle » (la vente en plein vent du Meuble, le samedi, avenue Ledru-Rollin) : la « Revendication des Ouvriers du Meuble », 12, passage Ranson, et la « Ligue de l'Ameublement », 11, rue Saint-Bernard.

4. ÉCOLES D'APPRENTISSAGE. — En 1891, les écoles d'apprentissage, étaient au nombre de quatre : *Patronage des enfants de l'Ébénisterie* (79, avenue Ledru-Rollin, cours du Syndicat patronal); Enseignement professionnel du Syndicat ouvrier (alors rue de Charonne) ; section de l'*Institution Saint-Nicolas* (frères de la Doctrine chrétienne, rue de Vaugirard) ; enfin *École Boulle* (école de la Ville de Paris, rue de Reuilly). Le personnel des « professeurs » ne peut manquer de fournir au nouveau venu dans le métier la plus large somme d'expérience accumulée.

5. INSTITUTIONS DE BIENFAISANCE. — Elles sont utiles surtout lorsqu'elles ont pour objet le placement des apprentis. Dans cet ordre d'idées, on pouvait citer en 1891 les « patronages » catholiques (Amis de l'Enfance, 12, rue de Crillon) et protestants (Bon Secours, 99, rue de Charonne).

6. MOUVEMENT MUTUALISTE. — Les Sociétés de Secours mutuels sont énumérées par les publications du bureau de M. Barberet, au ministère de l'Intérieur. Il convient de les distinguer en Sociétés spécialisées (au métier d'ébéniste) et en Sociétés de quartiers.

7. MOUVEMENT COOPÉRATIF DE CONSOMMATION. — Au « Faubourg »

la grande « Moissonneuse » est administrée fort souvent par des « ébénistes ». En tout cas, elle permet de lier connaissance avec les « meneurs » — « les bons meneurs » — de toute une série de petits groupes de l'industrie (Voir l'*Annuaire de la Coopération*, de M. Ch. Gide).

8. Petit commerce d'Alimentation. — Nous disons : alimentation, parce que ce petit commerce est très nettement informé de l'état moral et matériel des divers quartiers de Paris. Les Chambres syndicales de l'Alimentation sont reliées par une fédération présidée par M. Marguery (27, boulevard Bonne-Nouvelle). Par ces chambres syndicales, il est possible de s'aboucher avec tel détaillant, tel débitant par exemple, qui dépasse comme informateur les chefs nominaux du métier. M. Leyrat, le publiciste-marchand de vin, a montré l'importance du « Comptoir » comme tribune « d'observation ». « L'autorité sociale » est ici remarquable surtout par la perspicacité. Nous n'en disons pas davantage.

9. Groupements politiques. — C'est toute l'énumération des « cercles d'études », comités de combat, avec leur gamme compliquée.

10. Groupements religieux : la paroisse, le temple, la synagogue.

11. Individualités éparses : les plus grands patrons qui peuvent n'être pas syndiqués, les « architectes d'ameublement », les commerçants, les patrons retirés des affaires, les prud'hommes, les juges au tribunal de Commerce, etc., « tous ceux en un mot qui sont désignés par le suffrage public ».

c. Quel ordre suivre dans cette série d'interrogatoires? — Il faut « aller du simple au composé », en suivant le conseil le plus élémentaire de la méthode. Il faut commencer par les plus proches des « choses », ouvriers, contremaîtres, petits patrons, pour s'élever peu à peu vers les ingénieurs, les grands patrons, les négociants. Cet ordre correspond d'ailleurs, *du moins en principe*, à celui de la sincérité. Le travailleur parisien, sur-

tout, et aussi la petite classe moyenne, ont la coquetterie de la
pose photographique. L'habitude des « congrès » et des
« ligues », motivée par la crise sociale ou commerciale, les a
inclinés peu à peu vers cette franchise et même cette ostentation du Moi. Les « grands chefs » de l'industrie ou du commerce se méfient volontiers : ils gouvernent des organisations
auxquelles le « secret » est nécessaire : très souvent, soit qu'ils
comprennent mal l'objet des recherches, en y soupçonnant une
« information » d'homme d'affaires, soit qu'ils aient eux-
mêmes l'esprit vicié par un système philosophique ou une idée
a priori, ils égarent l'observateur qui les a pris pour guides de
ses premiers pas. Comme contrôle de conclusion, il convient
de réserver les groupements latéraux par rapport aux métiers
(mutualité, bienfaisance, etc.).

d. **Comment établir la critique des témoignages?** — La
« critique » — analogue à la critique historique — ne doit pas
se séparer un instant de la « récolte » des témoignages. C'est
une question de « confiance » et de « confrontation ». Les
antiques moyens de l'instruction judiciaire se retrouvent
éternellement.

e. **Comment se procurer les relations nécessaires?** — Pas de
règles à cet égard. La présentation *directe* sans entremise
réussit parfois. A certains jours, les « recommandations » sont
indispensables. L'art de l'enquêteur offre un côté *matériel*, qui
échappe aux préceptes. La gaieté, l'entregent, l'activité, assu-
rent le succès, là où la timidité, le sérieux outré, la lenteur,
entraîneraient le plus complet des échecs. Comment apprendre
le coup d'œil, qui fait distinguer « l'interrogé » — l'interviewé
— de toute complaisance et de tout repos, avant même de s'être
engagé à fond vis-à-vis de lui? « La greffe des relations »,
l'habileté à échafauder les présentations les unes sur les autres,
reste toujours la partie difficile de cet art assez délicat, qui doit
maintenir comme premier principe la marche en avant, de
proche en proche, sans discontinuité.

f. **Résultats de l'enquête personnelle.** — Le résultat de

l'enquête personnelle est l'établissement de la « carte topographique » du métier, en quelque sorte à vol d'oiseau.

Choisissons toujours pour exemple la « carte de la Ville du
Meuble ».

Quelles sont les idées d'ensemble qui ressortent de cette
carte ?

Tout d'abord, son seul examen nous précise la réponse à cette
question capitale : « L'industrie est-elle homogène ? ou bien se
subdivise-t-elle en zones distinctes, en quartiers tranchés si
l'on tient à poursuivre la métaphore ? »

Ici la division TRI-PARTITE éclate au regard. Le « Meuble de haut
luxe » — les jardinières à 7.000 francs, les bureaux Régence
à 25.000 francs, les armoires sculptées même à 70.000 francs
— forme une zone. Le « Meuble courant » — faux luxe et meuble
bourgeois, salle à manger vieux chêne, salon velours rouge, etc.,
— en constitue une autre, dite « catégorie de la commande ».
La « Trôle » — le meuble fabriqué d'avance sans savoir à qui
il sera vendu, l'article à peu près analogue, mais plus came-
loté — clôt la série. Les *trois petits mondes* sont bien à part.
Commerçants, patrons, ouvriers, y changent d'aspect et de sens,
aussi bien au point de vue économique que social.

En second lieu, dans chacun de ces compartiments, dont la
réunion représente à nos yeux un « tout » qui vit cependant
d'une vie commune, sommes-nous en présence (problème non
moins grave) du progrès, du *statu quo*, du recul? Il suffit de
remarquer, pour démontrer l'importance de cette préoccupation
préalable trop négligée, que tout change dans une industrie
selon qu'elle se crée (progrès), qu'elle reste stationnaire ou
qu'elle décline. Voyez par exemple à l'heure actuelle l'essor de
la fabrication des automobiles, la fixité de la boulangerie,
l'anéantissement de la fabrique d'Elbeuf par rapport à Roubaix.
Or ces trois exemples n'ont trait qu'à l'allure commerciale,
celle des débouchés, qui grandissent, s'équilibrent, se resser-
rent. Et le triple mouvement doit être considéré non pas seulement au point de vue commercial (précisément les débouchés), mais au point de vue industriel (transformation des
ateliers ou des procédés techniques) et au point de vue social

(lutte du commerce, de la fabrique et des deux moitiés de la fabrique : les patrons et les ouvriers).

Telle est la raison pour laquelle le volume des « Ébénistes du faubourg Saint-Antoine », après avoir adopté comme base de structure : le haut luxe, le courant et la trôle, passe en revue les trois sujets nécessaires : la crise commerciale, la crise industrielle, la crise sociale. Ici il y a crise sur toute la ligne. On peut concevoir l'absence totale de crise, ou l'apparition de la crise sur un point, la non-apparition sur un autre[1].

III. — Enquête monographique

Cette expression désigne la description de chacune des zones déterminées, de chacun des petits cantons *si nombreux qu'ils puissent être*, par l'analyse individuelle des échantillons, choisis parmi les sous-groupes.

En effet, toute zone d'une industrie, toute zone réduite à sa spécialité maîtresse[2], par exemple la *zone du meuble de haut luxe, spécialité des ébénistes*, se résout en petits sous-groupes appelés ateliers, en petits sous-groupes appelés *familles*.

Au-dessous de ces ateliers, au-dessous de ces familles, il n'y a plus que l'*homo œconomicus*, l'individu considéré économiquement, c'est-à-dire *dans ses rapports avec les autres*. Or pour examiner un individu dans ses rapports avec les autres, il n'est qu'un procédé de photographie, c'est la photographie de la réunion, du groupe lui-même. Sinon, la limite du concret est franchie.

L'analyse des ateliers correspond au point de vue *économique* (production de la richesse).

L'analyse des familles correspond au point de vue *social* (constitution de la famille, moralité, épargne, propriété, transmission des traditions et des biens d'une génération à l'autre, etc., etc.).

---

(1) Il est possible que la structure du métier conduise l'enquête personnelle à distinguer dans chaque zone une spécialité-tête (ébénistes), et des spécialités annexes (sculpteurs, mouleurs, découpeurs, etc., etc.). Mais le fait n'est pas normal, quoique fréquent.

(2) Voir la note précédente.

a. **Point de vue économique : les ateliers**. — La zone du meuble de haut luxe, spécialité des ébénistes, apparaît donc, sous l'angle économique, comme une juxtaposition de sous-groupes producteurs, de rouages dits ateliers.

La première préoccupation de l'enquêteur est de fixer le nombre de ces ateliers. Son enquête bibliographique lui a permis dans certains cas de relever une constatation — une statistique — officielle. Si les ateliers sont soumis à une surveillance fiscale (sucreries, distilleries) ou à une surveillance de police (boulangeries, boucheries), rien n'est plus simple. Mais fort souvent la statistique professionnelle — la *berufsta-tistik* — reste dans le domaine du vague, malgré les fiches d'atelier des inspecteurs du travail, et les fonctionnaires du ministère du Commerce eux-mêmes sont contraints de recourir à l'enquête personnelle, à l'interrogatoire des chambres syndicales, groupes corporatifs, etc. L'explorateur « libre » n'a donc pas à reculer devant cette extrémité.

Supposons qu'il ait obtenu la réponse consignée pages 51 et 52 du volume des « Ébénistes ». « Il faudrait compter 145 patrons (c'est-à-dire ateliers) de *haut luxe* : 115 catégorie Lemoine, Kriéger (Damon), Schmit, etc., faisant exécuter d'après commande dans leurs ateliers sur plans et croquis, et 40 environ, genre Dasson et Zwiener, employant les mêmes procédés, mais spécialisés dans la marqueterie et le bronze. » Il s'arrête à la série des 115. Comment va-t-il se diriger ?

Il est certain que s'il était possible d'obtenir 115 « instantanés » des 115 rouages producteurs, la description serait aussi précise que colorée. Malheureusement 115 instantanés sur un cercle de rayon aussi réduit, anéantissent, par le temps qu'ils exigent, tout espoir de jamais aboutir à un ensemble. Il faut se réduire à des *échantillons*. Brièveté, telle est la raison d'être de l'échantillonnage [1]. Mais où prendre les échantillons ?

A première vue, les mathématiques fournissent une réflexion assez simple. Les 115 unités considérées, comme autant de billes mélangées dans une cuvette, peuvent être soumises au

(1) Il ne s'agit pas de « types ». L'atelier-type n'existe pas. C'est une abstraction. (Voir 1re partie, chap. v, p. 15.)

calcul des probabilités. Que l'on tire dix, vingt, vingt-cinq billes. Il y aura une échelle croissante de probabilités, à supposer que les « inconnues » soient analogues aux « connues ».

Les circonstances de fait nous permettent d'atteindre une exactitude tout autre. Ces 115 ateliers forment une *série* (nous avons déjà prononcé le mot). En admettant pour les 115 la même *forme* [1], l'habitude des patrons et des ouvriers du métier les a classés dans un certain ordre, et cet ordre, toujours le même, empiriquement déclaré le meilleur, c'est l'*ordre d'importance*. Les maisons de premier rang occupent le haut de la série ; puis viennent les établissements de second ordre, et la suite décroissante des degrés nous mène enfin aux plus petites. Or, il est aisé de comprendre que la variation des détails d'organisation sera comprise entre les deux extrêmes, comme les positions successives du pendule entre les deux extrêmes de l'oscillation. Ajoutez donc aux deux descriptions *extrêmes* la description d'une maison intermédiaire, comme complément, comme spécimen de la phase intermédiaire. Vous aurez fixé les trois points qui déterminent le plan économique, application de l'axiome tri-monographique, développé dans le chapitre V de la première partie.

D'ailleurs, une contre-épreuve empruntée à l'enquête sur le *Vêtement*, démontre l'*inutilité* des échantillons au-dessus du nombre 3. La spécialité du vêtement pour hommes, qui porte le nom de *confection* (fabrication d'avance), est représentée à Paris par un chiffre total de 40 entreprises. Sur ces 40 entreprises, 15 ont été monographiées : ce qui représente le rapport élevé de 38 p. 100. Or si après avoir lu avec attention la monographie n° 1 (35.000 francs d'affaires), la monographie mise en vedette page 217 (2 millions d'affaires) et une monographie intermédiaire, par exemple n° 5 (300.000 francs d'affaires), vous continuez à relever les détails des numéros intercalaires, vous êtes très vite convaincu de la surabondance des répétitions. Les « mêmes causes produisent les mêmes effets »; les coutumes

____

(1) Nous verrons plus tard, en étudiant la monographie d'atelier, qu'il faut distinguer : le grand atelier (usine) ; la fabrique collective (travail en chambre) et le petit atelier patronal.

s'équilibrent entre ateliers voisins comme les liquides dans les vases qui se communiquent ; toutes ces « fabriques collectives » rappellent le même modèle général, exactement comme les « complets » de la petite taille et de la grande taille qui y sont fabriqués. Deux *exceptions* toutefois sont intéressantes : la grande usine de vêtements, usine à vapeur et à outillage mécanique, dépendance d'un Grand Magasin célèbre, et l'Économat d'une Compagnie de chemins de fer. Ce sont des déviations sur la ligne droite, signalées comme anormales par tous les patrons et ouvriers, par suite nécessaires à relever hors série. En résumé, sur les 15 échantillons, 3 paraissent seulement indispensables, *avec les deux exceptions comme annexes*. L'expérience de l'enquête permettra au lecteur de se confirmer chaque jour davantage dans cette conviction.

b. **Point de vue social : les familles**. — La construction de la série, tâche primordiale sans laquelle il ne peut y avoir de choix d'échantillons, devient ici particulièrement délicate. Quelle est l'idée directrice de la série économique ? La complication croissante des ateliers, notion simple et matérielle. Mais ici les idées directrices de la série sociale peuvent être légion. Sera-ce la moralité, la religion, l'épargne, etc. ? Il s'agit de ne pas glisser vers « l'abstrait », qui vous entraîne facilement du côté de l'erreur.

Tout d'abord, le nombre des familles restant fixe (supposons que la statistique nous ait indiqué pour l'ébénisterie de haut luxe 4.000 ouvriers), *les séries vont être multiples*, parce que les idées directrices sont assez nombreuses. L'équipage d'un vaisseau — 100, 200, 500 hommes — est divisé en plusieurs « rôles », en plusieurs modes de groupement, suivant l'acte à accomplir, balayage, manœuvre, combat. Les séries équivalent à ces rôles.

1re série : *L'origine*. — Paris et dans Paris, la Ville du Meuble plus que toute autre, peut être cité comme un exemple démesuré de « colonisation intérieure ». Le milieu, absolument comme un gouffre, absorbe les familles qui y affluent sans relâche. Les courants étrangers (au delà de nos

frontières politiques) ont attiré depuis longtemps l'attention
des hommes d'État : les Allemands, Belges flamands, Belges
wallons, Luxembourgeois, Piémontais du « Faubourg » y éli-
minent peu à peu les « Parisiens » des grandes batailles
sociales (barricades de 1848 et de 1871). Les courants « provinciaux» ne deviennent pas moins sensibles à l'observateur ; et
d'ailleurs les graphiques du *Dénombrement* publié par l'*Office
du Travail*, ont « illustré » l'arrivage incessant du Plateau
central (Auvergne et Aveyron), de la Bretagne, etc., qui repeu-
plent la Ville-Tête, quartier par quartier, spécialité par spécialité [1].

2ᵉ série : *La durée de transplantation.* — Seule, cette durée
permet de juger la transformation opérée sur *la plante* par le
milieu. Est-il nécessaire d'insister sur l'acclimatation de l'Allemand ou du Belge, de l'Auvergnat ou du Morvandiau ? Il est
évident qu'au bout de trente ans le groupe familial arrivé des
landes du Finistère n'offrira pas le même aspect qu'au premier
jour. Et après une, deux, trois générations, la distance sera
encore plus marquée.

3° série : *La religion, les «compagnonnages», les partis politiques et sociaux.* — La religion se confond le plus souvent avec
l'origine ; l'Allemand est souvent luthérien ; le Piémontais et
le Flamand toujours catholiques. Mais sur l'arrière-plan des traditions confessionnelles, de nouveaux groupements se sont for-
més peu à peu : les « compagnonnages », bien diminués mais
encore assez puissants dans la « Charpente » pour entraîner les
classifications entre « compagnons et indépendants [2] » ; les
partis révolutionnaires surtout, qui ont accaparé toute une élite
de la classe ouvrière : le collectivisme notamment, de nuances
diverses (allemaniste ou autre) et le communiste libertaire
(anarchie). Religion, compagnonnages, écoles sociales, forment
autant de compartiments intellectuels.

---

(1) Comparez les Savoyards et les Italiens à Lyon ; les Béarnais et les
Espagnols à Bordeaux, etc.

(2) Voir « les Charpentiers ». Divulgation des rites secrets : la Franc-
Maçonnerie n'a d'action que sur les hauts ouvriers, notamment les directeurs « d'associations ouvrières ».

4ᵉ série : *Le nombre des enfants.* — Il n'est pas d'autre
critérium de l'importance entre les familles, toutes *instables*
c'est-à-dire composées du père, de la mère et des enfants *céli-
bataires.* Ainsi qu'on peut le constater dans le « Manœuvre à
famille nombreuse » (*Ouvriers des Deux Mondes*, nᵒ 27), c'est
la série d'après la difficulté croissante de l'existence.

5ᵉ série : *Le degré d'habileté professionnelle des chefs de
famille.* — La distinction entre les ouvriers à haut salaire et à
salaire abaissé s'impose. C'est la série d'après l'ordre du bien-
être *possible.*

6ᵉ série : *L'esprit de moralité.* — Il se manifeste par l'entente réciproque, et par la crainte des trois vices dits de
Luther : le jeu, la débauche, l'alcool. Il est précisé nettement
par le témoignage public.

7ᵉ série : *L'esprit de nouveauté.* — Un ensemble d'usages
le révèle : lectures, costumes, aliments. La distinction entre les
« vieux ménages » et les « jeunes ménages » frappa le monographiste qui étudia les horlogers génevois.

Suivant l'industrie, qui pratiquement impose tel ou tel genre
de préoccupations, l'une de ces séries l'emportera en fait sur
les autres. C'est donc à cette série, déterminée dans le métier par la « question à l'ordre du jour », que l'on appliquera
(toutes choses pouvant être égales d'ailleurs, c'est-à-dire les six
autres éléments pouvant être supposés en équilibre) le triple
échantillonnage : *l'échantillonnage des extrêmes et d'un
groupe familial intercalaire.*

Exemples :

1. — Dans la Raffinerie parisienne, la question est celle des
étrangers. L'étranger, c'est l'Italien. Jadis, l'effectif piémontais
(l'Italie se réduit ici au Piémont) atteignait la moitié du chiffre
total des ouvriers de l'usine Say, quartier de la Gare. Depuis la
transformation de l'outillage de l'usine et aussi depuis l'attentat
de Caserio, le nombre des Italiens a été ramené à une centaine,
« et encore s'agit-il de naturalisés ». D'où vient la force de
cette infiltration ? L'échantillonnage doit donc viser : 1ᵒ une
famille italienne à enfants nombreux ; 2ᵒ une famille française
à un ou deux enfants. A égalité de salaires, il sera facile

de saisir les causes du succès (rusticité, économie, moralité).

2. — Le métier de charpentier — clef de voûte des spécialités du bâtiment — est imprégné des habitudes compagnonniques, que maintiennent encore les « écoles de trait ». Quel est l'effet de ces deux « mentalités différentes », celle des « compagnons », celle des « indépendants », surtout des indépendants révolutionnaires (les deux extrêmes)? Telle est la raison du choix de la monographie de famille dans le livre des « Charpentiers ».

3. — La spécialité de « l'ébéniste de haut luxe » permet de vérifier l'exactitude d'une prétendue évidence économique : « la paix sociale par la hausse des salaires ». L'ébéniste monographié gagne un haut salaire et proclame la nécessité de la révolution sociale. Quelques pages plus loin, l'ébéniste du meuble courant a des recettes très inférieures, est surchargé d'enfants. Ses doctrines sont catholiques et conservatrices.

4. — L'esprit de nouveauté (recherche du confort et de l'instruction) est-il destructif de l'esprit de moralité ? Nullement, et la preuve du contraire est établie par les monographies de famille du « Jouet parisien ». La « mouleuse en cartonnage » représente l'esprit de devoir, joint au sentiment artistique le plus développé. Le « fabricant d'ouistitis en chenille », installé en hôtel meublé pour déjouer les poursuites de ses créanciers, est resté dans le niveau intellectuel du canut lyonnais. La contradiction n'est donc pas nécessaire. En sens inverse, la liaison, affirmée par quelques-uns, est une illusion, que deux échantillons *extrêmes* dissiperaient.

En résumé :

L'exemple n° 1 nous montre la prédominance de la série 1 (origines);

L'exemple n° 2 nous montre la prédominance de la série 3 (groupements intellectuels);

L'exemple n° 3 nous montre la prédominance de la série 5 (degré des salaires);

L'exemple n° 4 nous montre la prédominance de la série 6 (esprit de moralité).

Le lecteur constate également que les « extrêmes » permettent de détruire certaines associations d'idées (relations entre les séries).

Les échantillons intermédiaires, que nous avons passés sous silence, pour plus de rapidité, seraient choisis ainsi qu'il suit :

Premier cas. — Une famille italienne résidant depuis longtemps à Paris.

Deuxième cas. — Un compagnon, sans « ferveur » compagnonnique.

Troisième cas. — Un ouvrier mixte comme salaire et comme opinion.

Quatrième cas. — Un ouvrier à mi-chemin des deux séries.

Il est de toute évidence que l'échantillon n° 3 n'a pas besoin d'être buriné avec la même recherche de détails. Le « trait » principal doit surtout ressortir.

Nota. — L'enquête monographique (échantillonnage des ateliers et échantillonnage des familles) doit être répétée autant de fois qu'il y a de zones distinctes, établies par l'enquête personnelle.

.·.

Enquête bibliographique, enquête personnelle, enquête monographique, constituent les trois parties de l'échafaudage. Mais, après la bâtisse terminée, l'échafaudage doit s'écrouler et le monument apparaître. L'impression d'art doit reléguer au second plan les préoccupations mathématiques et mécaniques.

Bien qu'à cet égard la « forme » littéraire de la monographie de métier soit infiniment variable, les commençants nous permettront de leur résumer en quelques paragraphes le « plan » suivi par nos enquêtes de l'Office du Travail [1]. Ce plan a un défaut : la monotonie, mais un avantage : la « compréhension » du sujet, sans omission importante.

1° **Milieu** (indication de la cité) ;

______

[1] Voir *l'Alimentation et le Vêtement à Paris.*

2º **Le métier est-il dominé oui ou non par un commerce** (extérieur? intérieur?) ;

3º **Statistiqne** *:*
    a. Des patrons ;
    b. Des ouvriers ;

4º **Détermination des zones et classification des entreprises dans chaque zone** ;

5º **Echantillons monographiques :** a. **d'ateliers** ; b. **de famille** ;

6º **Situation des patrons :**
    a. Étendue des débouchés (extérieur-intérieur); *prospérité, crise, slatu quo ;*
    b. Influence de l'État sur les commandes ;
    c. Les affaires et les bénéfices (les banques) ;
    d. Difficultés d'arriver au patronat ;

7º **Situation des ouvriers :**
    a. Heures de travail ;
    b. Salaires ;

8º **Rapports entre patrons et ouvriers ;**

9º **La corporation :** œuvres d'ensemble ;

10º **Considérations générales.**

La supériorité consiste d'ailleurs à présenter ces *points* dominants sous une forme renouvelée. Aucun tracé n'a le droit de prétendre à la primauté perpétuelle. Le peintre de portraits n'a qu'une obligation : la ressemblance et la « vie ».

CHAPITRE III

LE CADRE SUBSIDIAIRE DIT MONOGRAPHIE D'ATELIER
UN GRAND ATELIER DE COUTURE

L'atelier est supposé isolé devant nous. C'est un grand atelier de couture de la rue de la Paix. Il s'agit de le décrire.

Le cadre — l'instrument d'optique — utilisé porte le nom de « monographie d'atelier ».

Quel en est l'historique?

En quoi consiste-t-il ?

Comment le remplir ?

I. — HISTORIQUE DE LA « MONOGRAPHIE D'ATELIER »

Les premiers monographistes ont ignoré la monographie d'atelier.

Si l'on se reporte à la monographie du « Menuisier-Charpentier » de Tanger (*Ouvriers européens*, t. II, ch. IX), on constate que l'atelier n'apparaît que comme une annexe de la vie familiale (§ 8 et Compte des bénéfices A). Pour la toute petite industrie — l'industrie dite familiale — le procédé pouvait suffire. Mais à mesure que les enquêtes se sont multipliées, les observateurs ont été frappés de ce qu'il y avait d'artificiel dans une description d'usine, tracée en quelque sorte d'un logement ouvrier. Le cadre de la famille se rompt, quand on veut y insérer le tableau d'ateliers comme ceux des Cockerill, des Laroche-Joubert, des Platt brothers (Oldham), des Schneider, de la Cie d'Anzin, etc. Le point de vue inverse devient le vrai : c'est l'atelier qui comprend la famille : la hiérarchie et le rapport des fonctions impose cet ordre. La « monographie d'atelier » devenait donc nécessaire.

Le nouveau « plan d'interrogation » — très détaillé, mais sans essai d'application immédiate — parut comme article de tête de la revue *la Réforme sociale* (nº du 15 mai 1887). Il était dû à M. E. Cheysson, le statisticien bien connu, qui cimentait ainsi l'union depuis longtemps rêvée par lui entre la monographie et la statistique.

Cette « monographie d'atelier [1] », désignée sous le nom de « scientifique », à cause même du luxe de sa précision, se composait de deux parties : 1º *l'organisation commerciale de l'atelier,* divisée en organisation financière (fondation de l'atelier, forme légale, constitution du capital, résultats financiers, etc.) et organisation commerciale proprement dite (matières premières, débouchés, prix de vente, chiffres d'affaire) ; 2º *l'organisation du travail,* faisceau de sept paragraphes : divisions principales de l'atelier; recrutement et répartition du personnel ; salaires ; durée du travail ; institutions créées en faveur des ouvriers; habitudes générales des familles ouvrières; rapports entre le capital et le travail.

Sous cette forme, assez compliquée, le cadre de M. Cheysson a été rempli à différentes reprises. Le lecteur pourra consulter à cet égard la *Monographie de l'atelier d'ébénisterie de haut luxe* (« Ébénistes du faubourg Saint-Antoine », page 52) et surtout la *Maison de confection en gros pour hommes* (« le Vêtement à Paris », page 217).

Mais la nécessité de multiplier les fac-similés d'échantillons, — par suite d'aller vite — nous a contraint de substituer à cet appareil photographique, supérieur à coup sûr mais trop lourd, un appareil plus léger, une sorte « d'instantané » relatif. C'est « la monographie d'atelier » qui se retrouve à chaque page des deux volumes de la *Petite Industrie à Paris* (Office du Travail) : autrement dit la monographie d'atelier *administrative.*

(1) Voir Appendice I.

L'exposé de la « pratique » des Enquêtes ne permet pas de s'appesantir sur un autre cadre que le plus pratiquement employé.

II. — En quoi consiste la « monographie d'atelier »

C'est un *cadre*, avons-nous dit, une suite de neuf en-têtes, qui commandent autant de développements.

MONOGRAPHIE D'ATELIER ADMINISTRATIF

I.   **Milieu.**
II.   **Mode d'organisation de l'entreprise.**
III.   **Caractéristique sociale du chef de l'entreprise.**
IV.   **Organisation commerciale.**
       a. Système commercial (achat des matières premières et débouchés).
       b. Prix de vente.
V.   **Organisation du travail.**
       (Industries principales et accessoires).
VI.   **Composition du personnel :**
       a. Personnel commercial.
       b. — industriel. Salaires ; durée du travail.
       c. — manœuvre.
VII.   **Chiffres d'affaires.**
VIII.   **Bénéfices.**
IX.   **Observations.**

A ajouter autant que possible deux pièces supplémentaires : 1° la charte constitutive ; 2° un bilan.

Remarque. — Ce tableau est superposable à toutes les formes d'atelier.

Les formes d'atelier se ramènent à trois : 1° le petit atelier patronal ; 2° la « fabrique collective [1] » ; 3° l'usine.

Le petit atelier patronal est celui des jurandes antiques. Petit patron, compagnon (ouvrier), apprenti, forment un « tout » organique, que nous représentent les estampes du moyen âge et que nous retrouvons immuable en une multitude de spécialités (notamment du très haut luxe : tailleurs, cordonniers, etc.,

(1) Appelée ausi la manufacture à domicile (*Haus Industrie*).

parce que les débouchés restreints ont maintenu la forme normale des cités isolées de jadis).

L'usine — la manufacture du temps de Colbert — animée aujourd'hui par la vapeur et l'électricité, offre un élément commun avec le petit atelier patronal : la localisation en une seule installation matérielle. Manufacture de Sèvres, Gobelins, si l'on veut respecter le point de départ historique, usines Félix Potin, usine Cail (jadis à Grenelle), raffinerie Say ou Lebaudy, peuvent personnifier l'*ampleur* nouvelle du grand atelier patronal.

La fabrique collective (manufacture à domicile), extrêmement importante à Paris, où elle a envahi presque entièrement le « meuble », l'article de Paris, la mode, le vêtement, etc., etc., est la combinaison d'une « installation centrale » et d'un nombre plus ou moins considérable d'ateliers en chambre. Une grande impulsion commerciale agite l'ensemble, absolument comme dans l'usine, mais la fabrication matérielle (souvent après réception de la matière première) se répartit en de petits ateliers patronaux ou en des chambres de « façonniers » (fournisseurs de main-d'œuvre). Telles les grandes maisons de lingerie de la rue du Sentier, par exemple, les maisons de fleuristes, le « bronze », etc., etc. [1].

L'application du cadre de la monographie d'atelier, très simple pour le *petit* et pour le *grand* atelier patronal, semble soulever des difficultés pour la « fabrique collective ». Cette difficulté est immédiatement résolue par les remarques concernant l'échantillonnage. Le « rouage central » est décrit, conformément au cadre, *et ce même cadre est transporté sur trois ateliers en chambre : le plus puissant, le plus faible, et un troisième intermédiaire.*

III. — COMMENT REMPLIR LE CADRE ?

Supposons le travail achevé. Il sera plus facile d'indiquer en commentaire la façon dont le travail s'exécute.

---

(1) La forme mixte de la fabrique collective l'a fait longtemps confondre avec la petite industrie ; mais le trait caractéristique est que cette petite industrie apparente est asservie par un seul client (la maison de commerce).

La grande maison de couture de la rue de la Paix se classe tout naturellement dans la série des dix rubriques sus-indiquées.

I. Milieu. — Quartier de l'Opéra (à deux pas de cette Ville du tissu, soieries, lainages, dentelles, etc., etc., qui s'étend de la rue du Quatre-Septembre à la Bourse).

II. Mode d'organisation de l'entreprise. — Patronat ordinaire : « couturier fameux » marchand d'étoffes.

Nota. — On peut concevoir la constitution de la maison en Société. La maison « Paquin » (Voir le journal *the Gentleman*, du 21 novembre 1897) est devenue une Société à « 500 000 livres sterling » de capital, avec succursale : 39, Dover street, à Londres.

III. Caractéristique sociale du chef de l'entreprise. — Négociant figurant au premier rang du commerce parisien.

IV. Organisation commerciale (ici Magasin);

A. Système commercial. — Luxueux étalages : recherche raffinée du décor (tapis, tentures et dorures). La lingerie et les trousseaux sont cantonnés d'un côté ; les robes et manteaux de l'autre. Ce dernier point seul sera examiné.

Achats. — Les matières premières les plus précieuses, d'origine française pour la *presque* totalité (soieries de Lyon, rubans de Saint-Étienne, etc.) sont acquises par le négociant soit directement à la fabrique, soit aux maisons d'étoffes en gros, d'après le système de la consignation [1]. La maison est son propre banquier ; elle retire de larges profits de ses escomptes (ou remises) en échange de paiements comptants, et même des jeux de banque rendus possibles par un fonds de roulement considérable.

Vente. — 1° Clientèle individuelle (commandes) : aristocratie

---

[1] La consignation est la permission donnée aux couturiers, de se faire remettre des étoffes, de prélever les quantités nécessaires, et de rendre le surplus. Elle se pratique même pour Londres et Bruxelles.

française encore fortunée ; grande banque ; « riches internationaux » (étrangers fixés à Paris ou nomades) ;

2° Commerce des modèles : les créations originales de la
maison sont vendues à l'étranger, soit directement à de « grandes
maisons de couture viennoises », soit par l'entremise de la
« commission ».

B. PRIX DES ARTICLES VENDUS. — Une robe se vend couram-
ment de 400 à 1 200 fr. Les prix supérieurs sont fréquents.

**V et VI. Organisation du travail [1] et Composition du per-
sonnel.**

A. DIVISION DE L'ENTREPRISE. — Quatre parties divisent l'entreprise :

1° La vente ;
2° La confection (fabrication) ;
3° La manutention ;
4° La caisse.

B. STATISTIQUE DU PERSONNEL :

Employés (5 comptables, 5 garçons de magasin).　85
Ouvriers et ouvrières. . . . . 350 (22 hommes).
　　　　　　　　Total. 435

Personnel ouvrier *réduit de moitié* en janvier, juillet et
août (de 350 à 180).

C. RÉPARTITION DU TRAVAIL :

1° *Création des modèles*. — Le chef de l'entreprise fait draper
l'un des « mannequins » (jeunes filles au nombre de six, dont la
spécialité est d'essayer les modèles, pour permettre d'en juger
les avantages esthétiques) et juge d'inspiration. D'ailleurs, des
dessinateurs spéciaux, par leur apport incessant d'inventions
nouvelles, lui avaient déjà donné une direction, et les premières d'atelier avaient découvert le procédé pratique qui rend

---

(1) Cette réunion de la rubrique V° et de la rubrique VI° montre l'élasticité que l'on peut donner au cadre, en apparence rigide, lorsque l'intérêt
de la clarté ou de la rapidité l'exige. L'exemple a été choisi à dessein.

réalisable la conception toute théorique des artistes[1]. Par une convention tacite, les grands couturiers mettent leur griffe (signature) à l'intérieur du corsage (ruban de taille).

2° *Fabrication proprement dite.* — Le système de l'atelier patronal prédomine (sauf pour les manteaux).

a. Ateliers en régie (installés dans l'immeuble même) ;

Corsages	5 ateliers (25 à 30 ouvrières)	
Jupes.	3 —	—
Fantaisie et déshabillé .	2 —	—
Jaquettes de dames . . :	1 —	(atelier masculin)
	11 ateliers.	

b. Entrepreneuses extérieures ;

6 ateliers.

NOTA. — Chaque essayeuse correspond à son atelier.

3° *Salaires :*

a. Vente. — Vendeuses de 2 000 à 12 000 fr. (elles ont un intérêt dans leurs ventes : quelques-unes atteignent une vingtaine de mille francs),

Essayeuses de 3 000 à 12 000 fr. (leur influence sur la clientèle est toute-puissante) ;

b. Confections. Clientes. — Soit un *atelier de corsages* pris comme échantillon :

Une première au mois, 400 fr., nourrie : coupe, essaie, dirige le travail ;

Une seconde dirige l'atelier : 8 fr. par jour ;

Quatre garnisseuses-apprêteuses, 6 fr., 5 fr. 50, 5 fr., 4 fr. 50 par jour ;

Corsagières « bonnes-mains » (nombre variable : douze à quinze avec les « petites-mains »), 4 fr., 3 fr. 50 ;

Corsagières associées, petites-mains, 2 fr. 50, 2 fr.

Une mécanicienne, 4 fr.

---

(1) A cet égard, certains entrepreneurs extérieurs viennent offrir la plus utile collaboration (voir *le Vêtement*, p. 277).

4° *Durée du travail.* — Saison : 1° septembre à décembre ; 2° mars à juin.

Le mois de chômage est le mois d'août (50 000 fr. d'affaires seulement).

Travail de 8 heures et demie du matin (en fait 9 heures) à 8 heures du soir.

Heures supplémentaires. — Soixante jours par an, deux à trois heures (l'entreprise ne proteste pas contre l'autorisation exigée par la loi de novembre 1892).

VII. **Chiffres d'affaires.** — 5 millions et demi environ ; les salaires versés représentant la main-d'œuvre — à l'exclusion des appointements d'employés — atteignent 500 000 fr. environ, soit 9 à 10 p. 100 du chiffre d'affaires).

VIII. **Prix de revient et bénéfices.** — Quant on veut déterminer le prix de vente d'une robe, il y a lieu d'établir une série de calculs qui surajoutent trois bénéfices :

1° Le prix de la matière première est inscrit, majoré de 10 p. 100 (premier bénéfice) ;

2° Le bénéfice de banque (l'escompte obtenu du commerçant de gros ou du fabricant sur le prix fort : par exemple 3 p. 100), s'y ajoute ;

3° Cette matière première, ainsi majorée, marquée d'un prix que l'on peut appeler prix fort, constitue le premier élément du prix de revient. Le second élément est fourni par le prix de la main-d'œuvre. Bien qu'il soit fort difficile d'évaluer le temps requis pour la confection d'une robe, à cause des imprévus, un barême a été construit en divisant pendant de longues années le nombre total des heures par le nombre total des robes fabriquées. Cet ensemble est majoré d'un tant pour 100 qui représente le bénéfice brut (frais généraux et chances de pertes non déduits) : ce bénéfice brut est donc même plus élevé qu'il ne paraît.

On estime le bénéfice *net* à 10 ou 12 p. 100 du prix d'affaires (total des prix de vente), suivant les années.

IX. **Observations.** — A noter la nationalité hongroise et italienne des ouvriers tailleurs pour dames.

COMMENTAIRES

Trois étapes peuvent être distinguées dans l'exécution de la
« monographie d'atelier » :

1° La préparation ;

2° L'interrogatoire ;

3° Le contrôle.

1° LA PRÉPARATION. — Il est nécessaire de préparer pour deux
raisons. D'abord le « sujet » peut être pressé, impatient : la
hâte de la « vie d'affaires » doit nous le faire supposer tel.
Donc préparez, afin d'économiser le temps de la « pose ». Plus
le croquis sera rapide, plus il atteindra le vif. En second lieu,
le « sujet » peut être méfiant, d'une ces méfiances irraisonnées,
mais dangereuses pour la précision d'un cliché scientifique. La
préparation constituera une sorte de critique préventive, faisant
sentir au premier aspect les déformations et les impossibi-
lités.

La première forme de préparation est la consultation des
documents écrits (imprimés ou manuscrits). L'atelier de
grande couture qui vient d'être crayonné n'a pas d'histoire.
Il en serait différemment de toute une série d'ateliers
célèbres, Saint-Gobain, Baccarat, Val-des-Bois, Familistère de
Guise, etc.. etc. Les expositions universelles ou spécialisées,
internationales, nationales ou régionales, font surgir une flo-
raison de « plaquettes » industrielles, que les bibliothèques et
les archives diverses permettent de retrouver. Sans doute, ces
entreprises « peintes par elles-mêmes » sont devenues plus
puissantes et plus régulièrement harmonieuses que nature.
Néanmoins « l'air de ressemblance » se maintient et peut
fournir le guide d'ensemble le plus précieux. Beaucoup plus
exactes, mais plus difficiles à découvrir, sont les « monographies » *anonymes* des documents officiels (Boards of Trade,
Office du Travail, etc.), par exemple dans la *Statistique des
salaires et durée du travail* (grande industrie et petite industrie). Parfois même les statistiques d'ensemble (sucreries, distilleries) laissent transparaître des établissements individua-

lisés par suite de leur importance ou de leur isolement dans une circonscription.

La seconde forme de la préparation est « l'interrogatoire circulaire ». Qu'est-ce que l'interrogatoire circulaire ? C'est une sorte de mouvement tournant qui resserre l'atelier à analyser dans un cercle de questions de plus en plus étroit. Cela veut dire qu'il faut réduire le nombre des éclaircissements directs (demandés directement) au minimum, par les interviews successives d'hommes techniques assez bien informés pour éclairer d'avance les différentes parties de l'entreprise. On sait l'exacte information des « voisins » d'industrie et leur tendance à concilier le mutisme sur leur propre compte avec une très obligeante ostentation des secrets d'autrui. C'est ce sentiment très humain qu'il s'agit d'exploiter, afin de posséder, avant même de franchir les limites de l'atelier, ses grandes divisions, son genre d'affaires, en un mot sa contexture générale. Initiez-vous en même temps à la comptabilité du métier, la comptabilité pratique des livres auxiliaires, toujours changeante sous l'immobilité de la comptabilité du code de commerce. Là se trouve le défilé des opérations. Une initiation antérieure vous permet de demander le livre décisif pour tel ou tel renseignement, ou si on vous l'offre, de regarder et de *voir*, au lieu de laisser passer devant vous un brouillard de colonnes et de chiffres. Division de l'entreprise, comptabilité, voilà les deux éléments capitaux de « l'interrogatoire circulaire ».

2° L'INTERROGATOIRE (direct). — On ne peut codifier l'art d'interroger. L'enquête personnelle nous a permis de formuler cet axiome négatif. Juger au premier coup d'œil le degré de complaisance et de véracité, inspirer confiance par la déclaration très franche du but scientifique, rattacher ce but scientifique aux « desiderata » pratiques de l'industrie qui touchent les patrons, grands, moyens ou petits, prouver son agilité de compréhension en face des détails techniques — ce qui est une autre façon d'inspirer confiance — relever l'entretien par « l'humour » et la *rapidité* des questions souvent posées « de biais », suivant l'habitude des juges d'instruction, telles seraient les différentes étapes d'un manuel de l'interrogatoire, s'il pouvait y avoir un manuel de l'interrogatoire. Mais les « tours de main » ne peuvent être possédés que par l'exercice opiniâtre. Le « manuel de chasse » n'a jamais suffi à former le bon chasseur.

Un point toutefois peut être développé : le côté matériel des notes à prendre. Le lecteur a entendu parler des « petits cahiers » des romanciers célèbres, Alphonse Daudet, par exemple. Le monographiste, plus que tout autre, a besoin de petits cahiers distincts, faciles à classer (format et nombre de feuillets importent peu). Sortir son cahier, prendre son crayon et écrire hardiment, constituent un seul et même acte qui exige une certaine hardiesse. Beaucoup de débutants, engourdis par l'indécision, laissent passer la « seconde » voulue, s'embarrassent de précautions qui, par leur maladresse, entraînent quelquefois des soupçons et arrêtent l'interlocuteur sur la pente des confidences. — Les difficultés parfois s'amoncellent. L'interviewé s'effraie de toute documentation. Il faut écouter, classer de mémoire, et transcrire ultérieurement. La diplomatie connaît ce genre de tour de force : la reproduction d'un entretien d'une heure, même avec chiffres.

3° LA CRITIQUE. — Jusqu'à quel point vous a-t-on renseigné ? Jusqu'à quel degré vous a-t-on trompé ? Les nouveaux venus de l'enquête se posent ces deux problèmes avec une certaine angoisse. Le monographiste d'expérience les résout avec aisance. Son « enquête personnelle » qui a multiplié les témoignages, sa « préparation » minutieuse tout autour des échantillons l'a déjà doué d'un diagnostic assez sûr — développé d'année en année par les analogies des industries entre elles. Il est quelque peu « inoculé » contre l'erreur insinuée ou la tromperie. Mais ce remède préventif ne saurait lui suffire et peu à peu se révèlent à lui les procédés de la « critique » monographique, identiques à ceux de la critique historique. Valeur morale des témoignages, rapprochement par la comparaison, tels sont les deux « moyens » habituels de cette critique. Laissons la valeur morale, que nous supposons garantie par ce fait que « chacun n'a été interrogé que sur son milieu restreint et immédiat ». Quelle va être la technique du « contrôle » ?

Ce contrôle peut s'exercer : 1° auprès d'administrations publiques ; 2° auprès de certaines organisations privées ; 3° auprès de « personnalités » variables.

Les industries soumises à « l'exercice », à la surveillance incessante des agents de la « Régie » (contributions indirectes) donnent lieu à des relevés aussi précis que possible. Quantités de matières premières, produits fabriqués, par suite chiffres d'affaires, sont donc contenus dans les écritures de l'administration. Peut-on consulter ces archives ? En principe, évidemment non. — Les Compagnies de transport (chemins de fer, Sociétés de navigation) détiennent des comptes rendus non moins instructifs, que quelques-unes laissent entrevoir. — Et la surveillance administrative proprement dite ; inspection sanitaire pour les échaudoirs des abattoirs hippophagiques ou autres ; inspection du travail pour les ateliers ordinaires ; tous ces témoins — obligatoires — ne peuvent-ils jamais concourir à une recherche d'ordre aussi scientifique et aussi élevé ?

Les organisations privées sont de nature variable. Les « Syndicats ouvriers » à l'affût du mouvement des salaires et des règlements du travail, ont souvent intérêt à parler, et ils parlent. Les « Associations ouvrières » de production ont toujours constitué pour nous les plus utiles auxiliaires de la critique. Rien ne leur échappe dans le rayon défini qui est le leur. Que ne peuvent les relations personnelles ? Certains monographistes se sont fait ouvrir les « services d'études financières » des grandes banques modernes. C'est affaire de confiance réciproque et de discrétion absolue chez l'enquêteur.

Les personnalités « variables », qu'est-ce à dire ? Leur domaine est vaste : tous ceux qui vous comprennent vous et votre tâche, et qui, bien informés, sont attachés à vous par un lien quelconque. Parmi ces collaborateurs, le personnel de l'établissement monographié occupe le premier plan. Le *personnel ?* Hélas ! oui... L'usage a été introduit par les « bureaux de renseignements » tant civils que militaires. Les enquêtes économiques ont pris le chemin des autres enquêtes. Lors d'une discussion sur les sucres, un député ouvrier (il nous rappelait le fait l'an dernier) arriva à la tribune avec le règlement de la raffinerie Say. Il y a quelques mois, la *Ligue contre les Grands Magasins* publiait l'information suivante : « On vient de décider au conseil du *Bon Marché* le renvoi de 400 employés pendant la discussion de la loi des patentes. Sur ces 400, les 40 plus intelligents, payés sous main, recevront la mission secrète d'aller implorer les sénateurs et députés en faveur du personnel des grandes maisons, que la loi allait priver de leur travail ». D'où venaient ces pièces secrètes ? Evidemment du personnel. Dans une usine à cinq divisions, par exemple, il suffit de cinq indiscrétions de ce genre pour reconstituer fidèlement le mécanisme de l'ensemble, malgré les doubles murs et les hommes de faction. Ne prononçons pas le vilain mot d'espionnage. L'intérêt supérieur de la Science, qui conduit à des applications utiles à tous, interdit de le laisser passer.

Remarque. — La rédaction de la « monographie d'atelier » — lorsqu'on désire présenter l'entreprise comme un morceau hors pair — peut revêtir les formes les plus souples, même les plus littéraires. Il suffit de rompre le cadre qui a servi de guide et d'appui.

Le lecteur ne va pas quitter la « Cité moderne », mais de Paris il lui faudra se transporter à Saint-Etienne. L'exemple choisi sera le « Piqueur » de la Mine aux Mineurs de Monthieux.

Le cadre ici est désigné sous le nom de « monographie de famille ».

En quoi consistait la grande Monographie de Le Play ?

En quoi consiste la monographie de famille, raccourcie et modernisée ?

Comment l'exécuter ?

I. — La monographie de famille de Le Play

La monographie de famille d'après Le Play n'est pas un vestige du passé. Loin de là. Toute une catégorie d'observateurs l'utilisent, parmi lesquels il est juste de citer particulièrement M. Urbain Guérin, M. Delbet, et surtout le regretté M. Ad. Focillon, le maître par excellence de cette forme spéciale d'enquête. Bien plus, le *Piqueur sociétaire de la Mine aux Mineurs de Monthieux*, choisi comme échantillon et comme matière à développement, vient d'être publié par la collection des *Ouvriers des Deux Mondes* (n° 89) sous la forme complète, scientifique, — hiératiquement immuable depuis Le Play. La raison même du choix a été cette publication toute récente, qui va nous permettre de faire toucher du doigt, appliqués au même sujet, les deux cadres, les deux appareils « enregistreurs » : le compliqué et le simplifié.

Comment a été comprise l'utilisation du cadre construit avec tant de soin par l'illustre sociologue ? Les « instructions sur l'observation des faits sociaux[1] » de M. Focillon ont été rigoureusement suivies. Il s'agissait de décrire l'une de ces familles de mineurs qui, sur le bassin houiller de Saint-Etienne, ont essayé d'installer la Mine de l'avenir, dite « Mine aux Mineurs », c'est-à-dire, en fait, une simple association coopérative de production. Cette famille se compose du père (un piqueur sociétaire) de la mère et de cinq enfants, de seize ans à sept mois.

L'historique de la monographie de famille (première partie, chap. IV) nous a appris qu'elle se compose d'un budget de famille (quatre sections de recettes, cinq sections de dépenses). Ce budget constitue le cœur, l'organe vital, par essence, parce que la monographie de famille est la traduction en chiffres de la vie annuelle d'une famille. Toutefois, comme les lecteurs des pages chiffrées se réduisent à un effectif très restreint, le budget a besoin d'être éclairé à son tour par des *observations préliminaires* (avant le budget) et par des *éléments divers de la constitution sociale* (après le budget).

a). Les *observations préliminaires* portent les titres suivants :

§ 1. Etat du sol, de l'industrie et de la population (situation de Saint-Etienne, le bassin houiller au point de vue de l'analyse des houilles et au point de vue de la population des mineurs. Aperçu sur le mouvement syndical et coopératif)..

§ 2. Etat civil de la famille. (Dénombrement de ses membres.)

§ 3. Religion et habitudes morales. (Déformation des croyances catholiques du mineur qui est sorti, ainsi que les chefs de familles voisines, des hauts plateaux à « foi ardente » du Forez ; désorganisation de la famille : indépendance des enfants, immoralité, intempérance.)

____

(1) Société d'Économie sociale, 1887.

§ 4. — Hygiène et service de santé. (Maladies et accidents professionnels du mineur.)

§ 5. — Rang de la famille. (Le chef de famille est « piqueur », mineur proprement dit, se servant du *pic*, sorte de pioche. Il est de plus sociétaire, c'est-à-dire copatron de la Mine aux Mineurs, membre égal aux autres de l'Assemblée souveraine.)

§ 6. — Propriété. (Calcul des valeurs mobilières et du matériel-outillage appartenant à la famille.)

§ 7. — Subventions. (Indication de ces allocations diverses calculées non d'après le travail fourni, mais d'après les besoins de la famille : charbon distribué par la Compagnie ouvrière, débris de boisages, instruction gratuite fournie par l'État, assistance publique.)

§ 8. — Travaux et industries. (Revue des travaux de tous les membres de la famille, avec la durée — nombre de jours et d'heures — et les salaires.)

§ 9. — Aliments et repas. (L'ordinaire des repas ; la boisson, le commerce de l'alimentation et les coopératives.)

§ 10. — Habitation, mobilier et vêtement. (Description de la maison ; inventaire des meubles, du linge, des vêtements.)

§ 11. — Récréations. (Les « vogues » ou fêtes locales, le jeu de boules, les cabarets, la Sainte-Barbe et le 14 Juillet.)

§ 12. — Histoire de la famille. (Origine du chef de famille et de sa femme ; principales phases de l'existence du ménage.)

§ 13. — Mœurs et institutions assurant le bien-être physique et moral de la famille. (Ici absence d'épargne ; les assurances ouvrières ; la loi Audiffred.)

b. Les *Éléments divers de la constitution essentielle* (qui présentent un total *non pas fixe mais variable*) sont intitulés ainsi qu'il suit :

§ 1 (en réalité § 17). — Comment, dans la période primitive de son histoire, l'industrie houillère du bassin de la Loire demeurait favorable à l'établissement du petit patronat. — (Anciens contrats de propriétaires et d'extracteurs ; les mines d'autrefois, la constitution des Compagnies au xviiie siècle.)

§ 2 (en réalité § 18). — Caractères spéciaux à l'industrie minière qui à l'époque actuelle semblent en faire le domaine presque exclusif des « ateliers concentrés ». (Description de la Compagnie des Houillères de Montrambert et de la Béraudière.)

§ 3 (en réalité § 19). — La « Mine aux Mineurs » de Rive-de-Gier. (Monographie d'atelier avec bilan.)

§ 4 (en réalité § 20). — La « Mine aux Mineurs » de Monthieux. (Monographie avec bilan.)

§ 5 (en réalité § 21). — Ce que représentent les deux « Mines aux Mineurs ». (Simples associations coopératives de production particulièrement difficiles à faire vivre, et séparées l'une de l'autre par de nombreuses différences.)

Entre cet exorde et cette péroraison, si l'on veut accepter la terminologie de la rhétorique classique, le *budget*, l'ensemble des colonnes chiffrées, réparties entre les recettes et les dépenses, représente, ainsi que nous l'avons dit, la pièce-maîtresse, où tout se retrouve, en toute exactitude et véritable proportion, au moins pour l'œil exercé. Le budget du *Piqueur sociétaire*, reproduit *in extenso* en Appendice (App. II), permet d'apprécier l'élégance de la disposition du cadre, et aussi la prodigalité des minuties, qui a toujours effrayé les observateurs de fraîche date. Comme les grandes lignes de la Monographie de Le Play ont été scrupuleusement maintenues par la monographie simplifiée, qui sera exposée quelques pages plus loin, il est inutile d'insister sur la structure générale de l'outil et il est superflu de pénétrer dans les recoins curieusement fouillés par l'impitoyable précision du Maître, parce que ces recoins ne peuvent servir dans les enquêtes « à vaste surface et à approfondissement moindre » auxquelles nous visons. Deux remarques doivent toutefois être présentées : l'une sur la *dualité des colonnes*, qui se remarque aussi bien dans les recettes que les dépenses, l'autre sur les comptes explicatifs de certains totaux inscrits en bloc, autrement dit : les *comptes annexés*.

a. *Dualité des colonnes*. — En tête de chaque page de ce budget monographique, on trouve sous le titre général : *Montant des recettes*, par exemple, deux sous-titres. Le sous-titre de gauche porte : *Valeur des objets reçus en nature;* le sous-titre de droite annonce : *Recettes en argent*. Que signifie cette antithèse? Pour en saisir le sens, il faut mettre en regard le budget d'un Baschkir de l'Oural, détaché des hordes primitives de l'Asie, et tel budget ouvrier, purement urbain, comme le Piqueur Mineur de Monthieux. Le Baschkir[1] consomme ce qu'il récolte, en principe : son économie domestique, actuellement *fermée*, c'est-à-dire s'alimentant elle-même, se traduit par un mouvement de produits et non par un mouvement de monnaie contre produits. Le lait des juments est transformé en khoumouïs ; le froment et le seigle sont obtenus par suite d'une convention spéciale, etc., etc. Donc la colonne des recettes en nature (comme celle des dépenses en nature) se noircit : la colonne de recettes (et des dépenses) en argent reste blanche. Au contraire, chez le Piqueur-Mineur, placé à l'autre extrémité de la « civilisation », la vie quotidienne est équilibrée par la réception de sommes d'argent et par le versement de ces mêmes sommes d'argent aux commerçants détenteurs de subsistances, au propriétaire du logement, etc., etc. La circulation domestique est traversée par un courant du dehors qui retourne au dehors, exigeant une vision supérieure et une énergie croissante contre les mouvements irraisonnés des désirs. L'indice est révélé par la colonne des valeurs en nature toute blanche, par la colonne des valeurs en argent toute noire. Ainsi sous cette dualité qui semble surtout intéresser les comptables, les deux pôles extrêmes de l'évolution humaine se retrouvent : auto-production du début, division moderne des tâches exprimée par la force croissante de la monnaie. Deux comptes latéraux, une sorte de compte-matières et un compte-espèces ont suffi à les faire sortir en relief.

b. *Comptes annexés*. — Le budget monographique déjà chargé risquerait de devenir inextricable, s'il n'était l'objet sur certains points d'une sorte de nettoyage, qui remplace l'expression de faits multiples par un résultat global. Le développement de ces résultats est dû à des comptes placés en appendice du budget, sous le nom de comptes annexés. Ainsi le compte des

(1) Voir « Bashkirs, pasteurs demi nomades de l'Oural » (*Ouvriers européens*).

Salaires du Mineur et de son fils recopié textuellement sur les
registres de la Compagnie ouvrière ; ainsi le compte des vêtements distingués par individu, avec le prix neuf, la durée, la
dépense annuelle. Les plus curieux des comptes annexés sont
relatifs aux *Industries exercées par la famille*, qu'il s'agisse
d'entreprises organisées en vue du dehors (travail d'un façonnier en chambre, par exemple) ou de fabrications purement
domestiques (blanchissage, confection des vêtements des enfants, etc.). Ces comptes annexés distinguent les trois éléments
nécessaires de toute entreprise : matières premières, salaires,
intérêt du capital, pour arriver au bénéfice par la comparaison
avec les recettes. Ce sont des analyses d'industries souvent
minuscules qui peuvent s'appliquer aux plus vastes, depuis
le raccommodage des souliers jusqu'à des ventes de plusieurs
mille francs. Cette catégorie de comptes fait défaut au « Piqueur
sociétaire ». par suite de l'incurie de l'ouvrière. Ils seront
détaillés avce l'ampleur voulue là où ils se rencontrent toujours : dans les monographies de familles rurales.

Nota. — La monographie de famille de Le Play s'applique à
la vie annuelle d'une famille, non la vie *moyenne*, mais la vie
réelle d'une année économique entière, en général la plus
récente.

La *monographie de famille vise toujours, d'après l'intention
formelle de l'initiateur, une famille ouvrière* [1] (jamais une
famille d'autre classe).

II. — En quoi consiste la monographie de famille raccourcie
et modernisée

Le cadre compliqué de Le Play, qui a permis à tant d'observateurs d'acquérir la notion des intérieurs ouvriers et de leur
condition de vie par la dictature de ses alinéas et l'impérieuse
nécessité de remplir ses sous-sections, a toujours offert un

(1) Il serait possible de réunir actuellement un Congrès de monographistes (de famille). En Allemagne M. Gottlieb-Schnapper a inauguré la
monographie de famille historique. En Angleterre, une école monographique (de famille) s'est formée. Voir notamment le Recueil récent de
M. Higgs (36 monographies) et la *Réforme sociale,* 16 juillet 1896.

inconvénient qui a frappé les enquêteurs les plus épris de précision. Certes, le coup de sonde est profond, mais gagnons-nous
l'équivalent de notre peine à ces sondages vers le sous-sol trop
éloigné de nous? N'y aurait-il pas avantage à remplacer cet
acharnement sur un point unique, par la multiplicité des expériences? Avec un instrument, admirable sans aucun doute, mais
exigeant au minimum *six séances de deux heures* pour l'interrogatoire[1] — sans compter la rédaction et les calculs, — le plus
intrépide des excursionnistes était condamné à piétiner sur
place et à se contenter d'horizons bien étroits. « Aller vite »,
devenait de plus en plus le mot d'ordre. Il fallait arriver, même
au détriment du fini, à créer un instrument plus rapide.

Le Play l'avait d'ailleurs compris. A côté de la monographie
véritable, il a placé et fait placer dans ses recueils ce qu'il
appelle le *Précis monographique*. Le Précis est naturellement
un résumé, mais la partie sacrifiée par lui est précisément la
partie vitale : le budget ; c'est une sorte de concession accordée
aux ennemis du « chiffre ». Les monographies de la petite école
de la *Science sociale*, celles de MM. R. Pinot et P. de Rousiers[2],
privées du budget, rentrent dans la catégorie des précis à cadre
libre.

A l'opposé, pour ainsi dire, du point de vue précédent (absence de chiffres), les « boards of trade » (bureaux ou offices du
travail) de certains États de l'Amérique du Nord — l'Illinois par
exemple en 1885, — ont inauguré de tout petits budgets monographiques, réduits à quelques alinéas et destinés à être répan-
dus sous forme de questionnaires dans les milieux urbains[3]. La
monographie de famille ainsi comprise devient surtout un
moyen de mesurer la puissance d'échange du salaire par le prix
des subsistances. Les budgets publiés par l'Enquête de 1884
(déposition de M. Lyonnais, p. 107) ou même par les publications de notre Office français (« Le Vêtement », p. 526) rentrent
dans cette catégorie.

(1) Ce chiffre était celui indiqué par M. Focillon.

(2) Voir les premiers numéros de la collection de la *Science sociale*, et
le volume : *La Question ouvrière en Angleterre*.

(3) Voir *Réforme sociale*, 1ᵉʳ novembre 1885, article de M. Cl. Jannet.

La monographie nouvelle de nos Enquêtes consacre religieusement le budget, textuellement emprunté à Le Play dans son allure d'ensemble : elle est donc *chiffrée*, mais elle produit deux pièces annexes :

MONOGRAPHIE DE FAMILLE SIMPLIFIÉE

RECETTES   REVENUS
en argent

SECTION I. **Propriétés** :
    (Immeubles ;
    Meubles, valeurs ;
    Matériel ;
    Argent comptant). . . . .   »

SECTION II. **Subventions** :
    (Dons gratuits, écoles gratuites,
    Assurance, etc.). . . . .   »

SECTION III. **Travail** :
    (Salaires) . . . .   »

SECTION IV. **Bénéfices des industries** :
    (Seulement les industries destinées à la
    vente pour le dehors) . . . .   »

                Total . . . .   »

DÉPENSES

SECTION I. **Nourriture** :
    (Pain ;
    Viande ;
    Boissons fermentées ;
    Café, thé) . . . .   »

SECTION II. **Habitation** :
    (Logement ;
    Chauffage ;
    Eclairage ;
    Mobilier). . . . .   »

SECTION III. **Vêtements** :
    (Vêtements proprement dits ;
    Blanchissage). . . . .   »

SECTION IV. **Besoins moraux, récréations, service de santé** :
    (Culte ;
    Secours-aumônes ;
    Récréations ;
    Service de santé) . . . .   »

SECTION V. **Dettes, impôts, assurances :**

        (Intérêts des dettes ;

        Impôts ;

        Assurances). . . . . »

               Total . . . . »

RÉSULTAT

Équilibre :

Épargne :

Déficit.

TROIS PIÈCES ANNEXES

1° État civil de la famille ;

2° Installation matérielle (autant que possible une *photographie*).

3° Histoire de la famille.

Nota I. — Ce cadre vise naturellement les trois formes de familles que l'observation a distinguée : famille patriarcale (réunion des fils mariés sous l'autorité du père) ; famille-souche (réunion des parents et d'un héritier destiné à continuer directement l'arbre généalogique) ; famille instable (réunion des parents et des enfants, qui se dissout aussitôt que ces derniers « sont devenus forts »).

En fait les familles urbaines sont surtout *instables*. L'intérêt de la division tri-partite n'apparaît guère que pour les familles rurales [1].

Nota II. — La « monographie » simplifiée peut prendre pour objet une famille de la classe moyenne et même supérieure. Les comparaisons des dépenses d'un avocat, d'un professeur à quarante, cinquante, cent années de distance, fournissent matière à des considérations utiles. La tentative effectuée dans cette direction par M. Georges Michel (*Économiste français*) offre le plus vif intérêt.

III. — COMMENT REMPLIR LE CADRE ?

Le « Piqueur sociétaire de la Mine aux Mineurs de Monthieux » que le lecteur se figure aisément dans toute l'ampleur de la peinture en pied (Voir l'énumération des alinéas, page 59,

(1) Voir Deuxième partie, ch. III.

et le budget en Appendice II°), est ramené aux proportions d'un petit tableau de genre.

Voici, en effet, l'exposé *in extenso* de la monographie nouvelle :

BUDGET DES RECETTES ET DÉPENSES

DU PIQUEUR SOCIÉTAIRE DE MONTHIEUX

(Du 1er juillet 1894 au 30 juin 1895.)

RECETTES   VALEURS
                                           en argent

SECTION I. **Propriétés :**
(1 action de la «Mine aux mineurs » valeur fictive 100 fr.— 1 action de la Coopér. 50 fr.— Matériel et outils divers 17 fr. —Pas d'argent comptant) . . . .   »

SECTION II. **Subventions :**
(La famille reçoit en charbon et bois de la compagnie ouvrière une valeur de 54 fr. ; plus l'instruction gratuite et les fournitures pour les 3 filles ; plus les visites de médecin ; des médicaments et un trousseau pour le nouveau-né). . . . .   »

SECTION III. **Salaires :**
Ouvrier(les assurances non déduites) 1.425 ; Le fils aîné (id.) 700,05 . . . .   2125 05

SECTION IV. **Benéfices des industries :**
Néant . . . .   »
                                           ____
Total. 2125 05

DÉPENSES

SECTION I. **Nourriture :**
(Pain de froment, 368 fr. ; Viande, 184 fr. 10 ; Boisson, vin, 438 fr. ; Café, 36 fr. ; Sucre, 62 fr.   1528   »

SECTION II. **Habitation :**
(Logement, 80 fr. ; Chauffage fourni gratuitement ; Éclairage, 18 fr.)   110   »
                                           ____
A *reporter*   1638   »

Report . . . . 1638 »

SECTION III. **Vêtements** :

> (Vêtements du père, 56 fr. 70 ;
> — de la mère 31 fr. 70 ;
> Blanchissage, 22 fr.
> Raccommodage, 5 fr.). 176 20

SECTION IV. **Besoins moraux, recréations, service de santé** :

> (Achats de livres, papier, timbres, jour-
> naux, 13 fr. 50.
> Tabac : 73 fr. pour le père ; 17 fr. 60
> pour le fils.
> Consommation de vin, un peu d'alcool,
> « pièces » au fils, 106 fr.)   209 55

SECTION V. **Dettes, impôts, assurance** :

> (Fourniture de l'huile de la lampe du
> mineur, 46 fr. 50 . . . .   46 50
> Assurances.)

Total 2071 95

RÉSULTAT

Épargne : 53,90

Mais cette épargne est apparente : 200 fr. de salaires sont en retard, par suite de la crise traversée par l'association coopérative.

LES TROIS PIÈCES ANNEXES

1° *Etat civil de la famille*. — Elle se compose de sept personnes :

> 1. Jean-Baptiste M..., chef de famille   45 ans.
> 2. Marie G..., sa femme . . . .   40 —
> 3. Pierre M..., leur premier fils . .   16 —
> 4. Marie M..., leur première fille . .   11 —
> 5. Julie M..., leur deuxième fille . .   9 —
> 6. Claire M..., leur troisième fille .   6 —
> 7. Jean-Marie M..., leur deuxième fils   7 mois.

2° *Installation matérielle*. — La moitié d'une maison dans un petit hameau, au-dessus du groupe scolaire de Monthieux, avec deux chambres et une cave. La première chambre contient le fourneau, deux armoires, le lit du ménage, un berceau, la batterie de cuisine. Sur les murs des gravures patriotiques. La seconde pièce, humide, sur le derrière de la maison, est remplie par les lits des enfants plus âgés. Aspect misérable.

3° *Histoire de la famille.*

a. *L'ouvrier.* — Il est né dans le massif du Haut-Forez; son père était petit patron cordonnier. Très aventureux dès sa jeunesse, il fut placé comme apprenti-boucher, et au bout d'un an d'apprentissage, il essaya d'un « établissement pour son compte ». La ruine fut rapide. Sans ressources, il descendit vers « la Mine », celle de Forminy.

Parti au service avec la classe de 1876, il fut enrôlé dans un régiment de dragons, puis passa aux spahis. Il a fait la campagne de Tunisie. Le métier militaire le dégoûta à son tour. Il revint aux « puits » de la Ricamarie.

b. *L'ouvrière.* — Elle est fille, sœur, belle-sœur de mineurs. Marie G... entra de bonne heure « en condition » à Saint-Étienne, dans une famille du petit commerce. Elle fut séduite. Jean-Baptiste M... épousa la fille-mère, et légitima l'enfant.

c. *Vie commune.* — L'apport du mari consistait en dettes (un billet de 50 francs). Les enfants se succédaient avec régularité. La misère arriva.

Au milieu de cette vie monotone, deux sortes d'événements vinrent introduire des éléments nouveaux.

D'abord : le mouvement syndical, les péripéties qui accompagnèrent l'histoire du *Syndicat des Mineurs de la Loire* : Jean-Baptiste M... gagna à cette agitation de se faire signaler comme une « mauvaise tête » (1891).

En second lieu, la fondation de la « Mine aux Mineurs ». L'ouvrier est un sociétaire de la première heure, bien qu'il n'ait pris aucune part aux multiples administrations qui se sont succédé à la tête de la Mine. C'est un protestataire énergique dans les Assemblées générales ; il ne paraît pas s'être haussé au niveau de sérieux et de calme qu'exige un copatronat.

COMMENTAIRE

Ici encore, les problèmes d'exécution se multiplient, et le lec-

teur va voir défiler une fois de plus la série des difficultés qu'a
déjà soulevées la Monographie d'atelier :

     1° La présentation ;
     2° La préparation ;
     3° L'interrogatoire ;
     4° Le contrôle.

1° Présentation. — Une anecdote fera saisir les péripéties
parfois délicates de la présentation. En 1895, l'auteur prépa-
rait une section de son enseignement annuel qui avait pour
objet la *Raffinerie*. Le trait curieux de cette industrie est l'invasion, arrêtée aujourd'hui, des ouvriers piémontais. L'Italie à
Paris, avec ses mœurs, ses habitudes, sa langue, son esprit de
groupement autour des épiceries « nationales » (faisant le commerce des pâtes), tel était le tableau social à esquisser. Un
seul agent de renseignements nous était offert : un ouvrier
français de l'usine Say, dont le fils avait été rencontré par l'un
de nos collaborateurs dans une fête de gymnastique. Etant
donnée la haine profonde qui sépare les deux camps, français
et étranger, la piste semblait mauvaise et sans issue.

Il s'agissait, remarquez-le, de découvrir une famille italienne
à nombreux enfants, à conduite exemplaire, à résidence pro-
longée. La réunion de ces différentes conditions, qui seule pouvait constituer la valeur probante de l'échantillonnage, faisait
de cette recherche une sorte de chasse, semée d'imprévu, avec
ses alternatives de bonne et de mauvaise fortune.

L'ouvrier français, présenté par son fils, fournit les renseignements les plus circonstanciés sur la vie journalière de son
atelier spécial. Mais les Italiens avaient fort diminué à l'usine.
Les survenants étaient naturalisés. Il se rappela qu'un de ses
anciens compagnons — Piémontais, congédié depuis longtemps
— avait épousé une blanchisseuse, à quelques maisons plus loin.
L'indication pouvait être précieuse. Le Piémontais n'était plus
raffineur, mais ses relations avec les raffineurs devaient être
maintenues. Nouvelle présentation. Explication du but pour-
suivi. Immédiatement, on va requérir un autre Italien, raffineur
également jadis, aujourd'hui débardeur. L'Italien arrive ; non

seulement il n'exerce plus le métier, mais il est célibataire ; le célibataire ne peut remplacer un groupe familial. Enfin, il ne connaît personne qui puisse réaliser le « genre » réclamé.

Toutefois, comme le garçon paraît intelligent et complaisant, on lui offre un léger pourboire. Actuellement en chômage persistant, il ne demande pas mieux que de se transformer en guide monographique. « Connaissez-vous un épicier italien ? lui dis-je. Là se trouve le bureau de renseignements. » Effectivement, l'épicier est le lien des colonies italiennes. Non loin de nous, au coin d'une rue qui fait face à la fameuse Cité Dorée, le « signor Ferrari » a installé le pan coupé de son étalage, où se débitent la farine de maïs pour « polenta », le macaroni, les lasagues, la farine de froment destinée aux nouilles, le parmesan et le saucisson de Milan. Toute la gastronomie piémontaise et lombarde nous sert ainsi de fond de tableau, pendant qu'accoudés sur le comptoir — les enquêtes ont de ces exigences — nous absorbons un verre de vin auquel le coupage et le mouillage ont enlevé toute espèce de nationalité. L'épicier était « logeur d'immigrants », avant le départ des forts contingents d'autrefois. C'est dire qu'il est admirablement informé, bien que les petites bâtisses de la cour soient vides de raffineurs et occupées seulement par quelques « modèles » de peintres. « Vous cherchez une famille d'ouvriers raffineurs, d'origine italienne, répète en réfléchissant posément le commerçant *naturalisé*, dont l'arrière-boutique laisse apercevoir les deux chromolithographies du roi Humbert et de la reine Marguerite. Rien n'est plus facile. — Tu connais Quinto Fiore, ton camarade, ajoute-t-il en se retournant vers mon compagnon. *C'est l'affaire de Monsieur*. Il vient précisément de toucher cinq cents francs pour quinze années de présence à l'usine. » C'est fort juste. Le débardeur ne connaît que Quinto Fiore. Il est du même village ; comment n'y avait-il pas pensé ?

Nous voilà de nouveau dans l'escalier étroit d'une maison de la rue Nationale. Trois étages. Après force tâtonnements et recherches, nous heurtons à une porte sans sonnette ni marteau. Une jeune femme vient ouvrir. C'est la femme de l'ouvrier. Celui-ci dort d'un profond sommeil, bien qu'il soit trois heures

de l'après-midi. Il fait en effet actuellement partie de l'équipe
de nuit. J'explique en deux mots, avec autant de netteté que
possible, l'objet de ma recherche sur la vie familiale des immigrants italiens. La présence de mon collaborateur d'occasion
inspire confiance, et comme il s'agit de Piémontais économes,
chargés de famille et épris de petits bénéfices, je mets hardiment en vedette la question d'argent. Le temps dépensé sera
payé suivant un tarif indiqué (ordinairement le tarif de la
Chambre syndicale, qui ici n'existe pas). L'impression de ce
premier contact décide le plus souvent du succès de la monographie de famille. L'observateur ne doit pas « broncher » à
côté de l'objectif, ou il est perdu. S'il triomphe des premières
méfiances et des imaginations apeurées, il n'a qu'à s'asseoir
séance tenante, et à exhiber le carnet de notes [1].

La présentation précédente pourrait être qualifiée de présentation « personnelle », parce qu'il a fallu créer de toutes pièces
l'intermédiaire, la piste, le sujet. Le plus souvent tout se
ramène à une présentation proprement dite, à la « greffe » d'une
relation nouvelle sur une relation ancienne. Le Charpentier
indépendant fut choisi par un prud'homme-charpentier, l'Ebéniste de haut luxe par un prud'homme-ébéniste, le petit fabricant de toilettes anglaises par une Association de placement
d'apprentis, le « Fort de la Halle » par un inspecteur de police,
etc., etc. Toutes les voies ici peuvent mener à la réussite, même
le recours à « l'autorité ».

(1) On comprend les soupçons d'ouvriers qui se trouvent tout d'un coup
en présence d'un inconnu, appartenant à une classe sociale souvent
détestée. Si les enquêteurs sont deux « c'est la police ! » Parfois la « première » supposition est plus gaie encore. Il y a trois ans, à Grenoble
j'allais rendre visite précisément à un marchandeur italien (les Piémontais,
jouent dans le Sud-Est un rôle encore plus intéressant qu'à Paris) et j'étais
accompagné du directeur de l'Association des tailleurs de Grenoble — une
vigoureuse petite association ouvrière, qui est l'une des deux associations
de tailleurs existant en France. Nous entrons. Une femme pousse un cri.
Une jeune fille s'enfuit derrière une armoire. Le chef de famille, un montagnard de la Valteline, haut de six pieds, se lève au port d'arme.
« Qu'avez-vous, dit mon compagnon, vous ne me reconnaissez pas ? Je
suis un tel. » — « La femme se rapproche toute pâle et nous dit avec un
accent indéfinissable : « Bien sûr, vous n'en êtes pas ? — Mais, quoi ?
dis-je impatienté, je suis... (Et je décline mes qualités). — Vous n'en êtes
pas, des *huissiers* ? Malgré votre serviette ! »... La moralité consiste à se
passer de serviette dans les enquêtes monographiques.

2º Préparation. — Le commentaire de la « Monographie d'atelier » nous a familiarisés avec cet « interrogatoire circulaire », destiné à raccourcir la « pose » du sujet et à se rapprocher (sans y atteindre) de « l'instantané ».

Mais la « monographie d'atelier » elle-même fournit le premier élément de cet interrogatoire circulaire, lorsque la famille n'est que « l'échantillon » d'un relevé d'ensemble. Le document « écrit » révèle toute une moitié du budget, celui des recettes. Ainsi l'analyse de « l'atelier de tapisserie-ébénisterie [1] » contient le détail des salaires, et l'indication exacte du rang de l'ébéniste de haut luxe, dont l'intérieur est décrit quelques pages plus loin. La famille ouvrière est-elle séparée au contraire de toute étude plus vaste, une visite au patron, à la Société anonyme qui l'emploie, comblera la lacune. Le relevé des salaires du « Piqueur de Monthieux » a été fait sur les registres de la Compagnie Minière. A quoi bon s'exposer aux à-peu-près des réponses, quand il est possible de rencontrer la base solide d'une comptabilité ? — Il faut prévoir les refus du rouage producteur. Un atelier analogue, un syndicat ouvrier, une association de production, peuvent y remédier.

Le côté des dépenses permet lui aussi son investigation anticipée. L'intermédiaire de la présentation a déjà pu vous éclairer sur le genre de vie général : prud'homme ou sociétaire d'association, prêtre ou visiteur des pauvres, médecin ou instituteur. Le petit commerce (boulanger, épicier, débitant de vin), sous sa forme ancienne ou même sous l'aspect moderne des coopératives de consommation, permet d'accumuler, sur les quantités consommées, sur les prix, etc., une foule de notions précises qui abrégeront la tâche définitive et par suite accroîtront les chances de succès.

3º Interrogatoire. — Le lecteur se rappelle qu'il doit être muni d'un « carnet de notes », de beaucoup de gaieté et d'assez de présence d'esprit, pour suivre un cadre rigoureux à bâtons rompus. Il sait aussi que les conférences sur « l'action » ne vous apprennent guère à agir.

(1) Voir *Ebénistes du faubourg Saint-Antoine,* ch. II.

Toutefois, il existe une sorte de mécanique de l'interrogatoire qui se peut enseigner. Grâce à cette mécanique, la durée de l'interview de la famille, estimée jadis par M. Focillon à *six séances de deux heures*, a été ramenée à *cinq heures totales* au plus. C'est la recherche de l'instantané, dont il était parlé quelques pages plus haut. Comment y est-on arrivé (indépendamment de la préparation) ? Par la *coupure* des visites.

Première visite. — Elle doit porter sur trois points : 1° l'état civil et l'installation ; 2° l'histoire de la famille ; 3° le budget des dépenses (section 2ᵉ, l'habitation ; section 1ʳᵉ, la nourriture).

La feuille de dénombrement se remplit sans difficulté. « Combien êtes-vous ? » la question a une allure toute naturelle. Elle se confond tellement avec la présentation, qu'un monographiste exercé a déjà tracé les signes abréviatifs des noms, prénoms et âges (et la description de la maison ouvrière), avant même de s'asseoir.

Et immédiatement, l'histoire de la famille.

Pourquoi ce début — ce début *nécessaire ?* N'effaroucherez-vous pas ? Bien au contraire. C'est ce récit qui va inspirer confiance. Chacun éprouve une certaine pente à raconter ses aventures ; de plus, on s'attache aux gens par les services qu'on leur rend et les confidences qu'on leur fait. Ici l'art d'écouter ne se résume pas dans une attitude morne. Arrêtez, coupez le récit par des remarques qui tendent à faire naître entre l'ouvrier et vous un accord de sentiments et d'idées. Vous avez visité sa province. Vous avez rencontré l'une de ses connaissances, l'un de ses amis ; à la fin de ses souvenirs, il sera le vôtre.

Attaquez alors le budget, la documentation chiffrée. Nous supposons les recettes connues pour l'année économique (la dernière année du 1ᵉʳ janvier au 31 décembre en général). Les dépenses seules vont nous préoccuper.

Vous choisissez la section deuxième : l'habitation (qui comprend l'éclairage, le chauffage). La raison de ce choix échappé à quelques-uns ? Il s'agit d'aller du *simple* au *composé*. Les chiffres de cette section sont élevés, présents à l'esprit de tous (le loyer). Ils ne nécessitent aucun effort et persuadent à l'ouvrier, aussi bien qu'à l'ouvrière, que l'exercice mental exigé d'eux sera rapide. — L'habitude des congrès ouvriers, l'acuité de la crise du métier, la lutte pour les salaires, vous fournissent autant d'arguments pour les convaincre de l'utilité de leur effort.

Après la section II, la section I : la nourriture. Le plan monographique vous en précise les articles principaux : les articles indispensables : pain et vin, légumes et viandes ; les articles plus « compressibles » aux époques de « mortes saisons » : café, sucre, chocolat [1]. L'interlocuteur de premier rang est ici la « m énagère », puisqu'il s'agit de ménage. Toutefois le chef de famille contrôle l'exactitude de ses réponses avec cette admirable précision des petites gens, sur tous les détails de la vie terre à terre. Mais vous réclamez un total annuel, une vue d'ensemble. On hésite. Il faut que vous rameniez cette inconnue plus vaste au « connu » qu'on est prêt à vous dire. Comment procéder ?

L'année économique, au point de vue de la nourriture, se divise en périodes : période d'été, période d'hiver ; 39 semaines et 13 semaines sous la latitude de Paris. Respectez cette classification, en ayant soin de détacher sur l'une ou l'autre des périodes — parfois « à cheval » sur les deux — l'époque de la « morte » (morte-saison), variable suivant l'industrie, mais qui accuse toujours l'élasticité des besoins ouvriers.

Il en résulte que vous n'avez à vous préoccuper que d'une semaine *d'hiver* et d'une semaine *d'été*. Pour chacune de ces unités, le seul souvenir de la « ménagère » et de son mari, vous permettra d'établir le coût des céréales, laitages et œufs, viandes et poissons, légumes, condiments et stimulants, boissons fermentées. Une multiplication par 13 ou par 39 vous acheminera vers une évaluation générale *sensiblement* exacte (l'erreur à vingt francs près porte ici le nom d'exactitude). En face de ces dépenses communes, qui aboutissent à la table de famille, pour ainsi dire, il ne faut pas perdre de vue les dépenses *exté-*

---

[1] C'est le cas le plus fréquent ; mais l'ancien « superflu » devient vite le nécessaire ; il n'y a pas de « crise » qui puisse faire supprimer parfois le petit déjeuner du matin : café au lait ou chocolat.

rieures de nourriture, dépenses quotidiennes au débit, au restaurant, si l'atelier est loin. Le débit, proscrit par les moralistes de la classe bourgeoise, est une nécessité de travail pour les ouvriers parisiens. La régularité hebdomadaire de toutes ces dépenses est parfaite, et le chiffre obtenu devrait être multiplié par 52, si l'on pouvait concevoir un cycle annuel, où n'interviendrait pas une morte aison. Nourriture consommée dans la famille, nourriture consommée hors de la famille, constituent, en se réunissant, le total cherché. — Comme contre-épreuve *écrite*, tâchez de faire relever par l'ouvrier, l'ouvrière, l'aîné des enfants, la nourriture de la *huitaine* qui suivra. Le livret de la Coopérative, s'il en existe, pourra fournir également un contrôle utile. Mais ne comptez pas sur le livre de dépenses bien tenu — phénomène rare — ou le cahier-questionnaire, qu'on s'engagera à remplir pendant un an, suivant la méthode du professeur Bücher, de Leipzig.

Surtout, sachez vous arrêter à temps. Il n'est pas nécessaire d'achever l'interrogatoire sur la « nourriture », en cette première séance. *Enlevez*, autant que possible, l'entretien, et, dès que l'attention s'affaisse, résignez-vous au « hiatus » nécessaire.— Visez en outre au bon effet de la sortie. Remettez l'argent promis ; en cas de susceptibilité, bornez-vous à quelque cadeau que les enfants acceptent toujours. Annoncez enfin *votre retour*. L'école monographique devient, on le voit, une école pratique de diplomatie.

Deuxième visite. — Quinze jours, trois semaines se sont écoulés. Le moment est décisif. Suivant l'accueil, l'enquête s'achèvera ou restera lamentablement interrompue. L'accueil peut se traduire par la porte fermée, ce qui supprime les incertitudes, et développe la persévérance[1]. Mais il peut se borner à une attitude embarrassée. Des doutes sont venus, des peurs irraisonnées. L'enquêteur doit juger d'un coup d'œil le degré de résistance de ces doutes et de ces peurs. Comme pour la « monographie d'atelier », il ne faut jamais s'acharner sur un

---

(1) La monographie de l'ébéniste de haut luxe (*Ébénistes du faubourg Saint-Antoine*) fut recommencée à deux reprises, par suite des méfiances subites du « premier sujet ».

« échantillon » récalcitrant. Tout sera aplani par l'abandon et une « présentation » nouvelle.

La bonne disposition est d'autant plus indispensable au début de cette seconde visite, que la section III° des dépenses, celle des *Vêtements*[1], entraîne après elle un ennui assez pénible, et que l'ennui est le grand ennemi du monographiste. Ce compte des vêtements[2] comprend un article par chaque membre de la famille. Pour chacun de ces articles (le père, la mère, etc.), les vêtements du dimanche et les vêtements de travail sont énumérés : 1° avec leur prix d'achat ; 2° leur durée. Une division toute simple conduit à la dépense annuelle. Cette longue série de questions, absolument dépourvues d'intérêt en *dehors du total d'ensemble*, peut être évitée par un questionnaire *écrit* d'avance et rempli par l'ouvrier. Le « Charpentier indépendant », la « Mouleuse en cartonnages », etc., se plièrent sans peine à l'épreuve. En cas de refus, ou simplement d'impossibilité présumée, un « truc de métier », déjà signalé, doit intervenir : c'est la *coupure* de l'énumération. Rien n'est plus aisé que cette coupure. La section IV, celle des Besoins moraux ; la section V, celle des Dettes, Impôts, Assurances, permettent de faire défiler les questions morales, sociales et politiques : le culte, les récréations, l'instruction de l'enfance, — puis le système fiscal, les lois ou les coutumes de prévoyance. « L'actualité » y est presque trop dense : les divagations sont à craindre, par suite le temps perdu. Mais, pour un enquêteur maître de son « procédé », ces problèmes *actuels* servent à « faire passer » la fastidieuse section troisième — et à clôturer (la route est loin d'être terminée) le *budget des dépenses*.

Reste, en effet, le *budget des recettes*. La préparation vous permet de le brusquer et de ne pas vous enliser dans un appesantissement qui serait fatal. La section III, le Travail, ouvre la marche ; la section IV, les Bénéfices des industries, y est intimement liée. Il est possible, comme pour le Piqueur de Monthieux, que le relevé des livres de la Compagnie vous dispense

(1) Nous supposons la section 2° terminée, ce qui est l'exception.
(2) Voir la monographie de famille (Appendice II).

de tout interrogatoire supplémentaire, sauf une contre-épreuve rapide. Souvent les livres de paie viennent à votre aide, lorsque le patron est inaccessible ou trop discret. Exemple : l'Ébéniste de haut luxe. Dans l'un et l'autre cas, il s'agit d'ouvriers travaillant hors de chez eux en un un atelier patronal. Mais supposez un façonnier en chambre, un petit patron : le fabricant de meubles courants [1], l'ouvrière mouleuse en cartonnages [2]. Nous avons affaire à des *entrepreneurs, plus ou moins forts*, peu importe. Le Travail (ou salaire) ne se dégage qu'après le compte de leur industrie. Cette industrie doit former un *compte annexé*, où la production forme les recettes, où l'intérêt du matériel et l'achat de matières premières (capital), le nombre de journées et le salaire (travail) et les bénéfices (profit) constituent les dépenses. Malgré la simplification du cadre monographique (par rapport au cadre compliqué de Fr. Le Play), qui écarte, en tant que comptes distincts, les industries domestiques destinées à la consommation de la famille (confection des vêtements [3], blanchissage), il n'est pas permis à un monographiste d'ignorer le maniement *du compte annexé*, appendice du Budget Général. Ce maniement sera enseigné, avec quelques détails, au cours de la monographie de famille *rurale*, où les comptes annexés présentent une importance numérique et une complication plus grandes. Que le lecteur suppose l'ouvrier urbain, simple salarié d'une usine, ainsi que les enfants et même la mère. Le « Piqueur de Monthieux » a été choisi précisément à cause de l'absence des comptes d'industries.

Un mot sur la section II : les Subventions. Les subventions — terme spécialement forgé par les monographistes — désignent ces allocations en argent ou en nature (droits d'affouage, de vaine pâture, instruction gratuite, secours de l'Assistance publique ou privée), qui ont pour mesure non le travail, mais les besoins. Les « civilisations primitives » (steppes de l'Asie)

(1) Voir les *Ebénistes du faubourg Saint-Antoine.*
(2) Voir le *Jouet Parisien.*
(3) Sauf, bien entendu, le compte correspondant au métier de tailleuse si la femme l'exerce (*Ebéniste de haut luxe*).

et les civilisations dites « modernes » (Paris, Londres) sont séparées par la transformation complète de ces subventions. Calculez la distance entre les immenses pâturages « libres » et le « work-house » par exemple. Mais l'idée de subvention demeure.

Les « subventions » achevées, nouveau départ, nouveaux cadeaux, nouveau rendez-vous. On peut annoncer au besoin que « tout est terminé ». La visite dernière aura pour prétexte : les remerciements.

Troisième visite. — Un mois après. Il est inutile de revenir sans avoir construit provisoirement le budget. *Dépenses* et *recettes* sont alignées. On a tâché d'établir par la comparaison des deux totaux l'état *d'équilibre, d'excédent, de déficit.* Il faut éviter de faire « cadrer » d'après un procédé bien connu des comptables de mauvaise foi. Juxtaposez les résultats, simplement, sans arrière-pensée. Les événements suivants se chargeront de tout remettre dans l'ordre.

D'ailleurs, des lacunes s'aperçoivent : les unes involontaires (oublis, erreurs manifestes sur les notes du cahier), les autres volontaires. Vous avez négligé intentionnellement la section I : le revenu des Propriétés.

L'aveu des propriétés est caché en un repli très profond, et il s'agit de l'obtenir comme conclusion suprême. Le « bas de laine », l'épargne en argent ou en valeurs (obligations de la Ville de Paris, du Crédit foncier, livret de Caisse d'épargne, etc., etc.) [1], se trouve enfoui sous un triple verrou de sûreté. Dressez rapidement l'inventaire des meubles et linges (on ne s'y opposera pas), — le détail du matériel des industries (on vous y aidera). Questionnez sur les héritages laissés au « pays ». On admettra l'existence d'une maison, d'un morceau de terre. Mais le mutisme garde les approches du grand secret. Tout se découvre, cependant; tout se sait, de biais ou de face. Le «contrôle » extérieur est là pour tourner la difficulté.

La troisième visite permet la rédaction définitive du *budget* et des deux pièces annexes.

---

(1) On a bien souvent relevé la préférence des tout petits portefeuilles pour les valeurs à lots.

4° Controle. — La critique la plus méfiante doit passer au crible chaque réponse.

Lorsque l'échantillon monographique ne forme qu'une unité dans la série, un *budget corrige l'autre*. Les chances d'erreur diminuent avec la multiplicité des épreuves. C'est l'une des supériorités du cadre « bref » sur le cadre compliqué, parce que seul il rend possible cette multiplicité.

Mais, en cas d'isolement, que faire ?

Le contrôle existe. On peut le chercher *à l'intérieur* de la famille, et *à l'extérieur*, malgré l'isolement.

a. *Intérieur de la famille.* — L'interrogatoire séparé, suivi de confrontation, a été pratiqué d'instinct par les juges-enquêteurs de tous les temps. « Tâchez de questionner séparément l'ouvrier et la mère de famille, » disait souvent M. Focillon, l'auteur des *Instructions sur les monographies de famille*. Le conseil peut être étendu à toutes les individualités du groupe, en ayant soin de peser les différences de véracité et de sûreté d'esprit.

b. *Extérieur de la famille.* — Les « agents » de la présentation figurent en tête de la série. Que la famille ouvrière vive à l'abri d'un patronage moral, — influence privée, organisation religieuse, administrative peu importe — ce patronage vous édifiera rapidement sur l'exactitude de votre croquis; puisqu'il a dû acquérir une expérience continue, impossible à dépasser par une analyse momentanée. Le « voisinage » également — voisinage de quartier ou d'occupation journalière — a accumulé lentement d'inconscientes observations, qu'il faut utiliser. En première ligne interviennent, à cet égard, les « autorités sociales » du métier, auxquelles il vous a fallu déjà avoir recours. Le petit commerce local, et aussi les coopératives, déjà utilisés pour la préparation, permettent de corriger les cours exagérés, diminués et même les quantités consommées. Préparation et contrôle devaient, en effet, aboutir en des points identiques. — Un notaire du pays d'origine, quelquefois un homme d'affaires parisien, d'esprit assez large pour saisir le but élevé qui vous guide, achève de dissiper le vague où certains côtés de la description ont dû demeurer.

Sur tout ce contrôle, comme sur la monographie de famille tout entière, une idée directrice doit planer : *l'infiniment petit n'est que le moyen d'arriver à un tableau d'ensemble suffisamment exact.* Il s'agit de se servir des détails et de ne pas s'y noyer.

Nota. — La rédaction de la monographie de famille parquée dans son cadre immuable (budget et pièces annexées) ne présente aucune difficulté.

CHAPITRE V

LA MONOGRAPHIE DE MARCHÉ

SON ÉTROITE RESSEMBLANCE AVEC LA MONOGRAPHIE DE MÉTIER

La Cité moderne nous offre des « marchés » à côté des métiers.

Ainsi, dans la ville du moyen âge (le rapprochement historique est inévitable), les produits fabriqués au dehors et *importés* s'opposaient aux objets façonnés à l'intérieur de l'enceinte. Les « marchés » d'alimentation, les petites foires hebdomadaires ou les grandes foires périodiques, les boutiques permanentes des *marchands* proprement dits, épiciers, drapiers, merciers, qui tiraient de centres lointains les éléments de consommations quotidiennes, tels étaient les rouages purement *commerciaux*. Les rues, départies par l'usage aux métiers de hucherie (menuiserie), de ferronnerie, etc., etc., faisaient ressortir les rouages industriels, qui unissaient *la vente à la clientèle de détail* et *la fabrication*.

L'antithèse n'a pas disparu de nos jours ; tout au contraire. D'une part, les dix pavillons des Halles Centrales de Paris, qui n'ont pu encore rejoindre la rotonde de la Bourse de Commerce ; le marché libre des « maisons de consignation », qui s'est aggloméré tout autour ; l'énorme contingent des « maisons de nouveauté », de toute taille et de toute forme, depuis les *Grands Magasins* (Bon Marché, Louvre, Printemps, etc., etc.), jusqu'aux plus humbles « merceries » des quartiers extérieurs, en passant par les spécialistes de haut luxe du Boulevard ; — d'autre part, l'industrie du bâtiment, les tailleurs pour clients ou les couturières clientes, les cordonniers sur mesure, le tapissier-ébéniste, qui maintient son atelier de fabrication, le joaillier-bijoutier de luxe, etc.

Mais l'énumération précédente indique, par son allure même, que surtout depuis un siècle une révolution profonde a renversé les proportions de jadis. Tandis que, au moyen âge, le rouage purement commercial est l'exception, et le rouage industriel (accessoirement commercial par la vente directe à la clientèle de détail) demeure la règle, l'ordre inverse triomphe aujourd'hui. Le rouage industriel vendant lui-même, a presque disparu, ou du moins s'est fort limité. Le rouage purement commercial a envahi tout le premier plan, laissant dans la pénombre la « fabrique », qui s'est spécialisée dans sa tâche et a abandonné entre les mains des « commerçants » sa distribution immédiate, le contact avec les « consommateurs ». Là où vous imaginez bien souvent la présence d'un petit industriel, chapelier, teinturier, lunetier, etc., l'analyse vous ferait découvrir un petit commerçant qui s'approvisionne en des ateliers concentrés [1].

Toute monographie de métier conduit donc aujourd'hui à une monographie de marché. La Ville du Meuble vous achemine invinciblement vers les marchands du Faubourg (détaillants et commissionnaires exportateurs de province et d'étranger) et les Grands Magasins éparpillés sur Paris (*Louvre, Crespin-Dufayel,* etc.) [2]. La Ville de l'article de Paris aboutit, par une pente naturelle, au rayon de jouets du *Bon Marché,* et aux grands commissionnaires de la rue de Paradis.

A vrai dire, on pouvait pressentir, dès le début, le « terme » actuel. Dans toutes les cités *exportatrices* (villes des Flandres, villes italiennes), les marchands qui classaient le produit au dehors s'étaient superposés au fabricant, quelquefois en le rabaissant au niveau de « façonniers » (fournisseur de main-d'œuvre). Les rapports de ces commerçants et de ces industriels proprement dits constituent même, pour une large part, la cause des agitations politiques de ces villes à travers l'his-

---

(1) Et qui de plus en plus est remplacé par une concentration commerciale (crise des *Grands Magasins*).

(2) Voir *Ebénistes du faubourg Saint-Antoine.*

toire [1]. Le Mouvement moderne se résume dans l'extension des coutumes de l'*exportation* au commerce *intérieur*.

I. — Nécessité d'un cadre spécial

La nécessité du cadre de « monographie de marché » s'est imposée peu à peu, par le développement même des enquêtes.

Les « Charpentiers de Paris », pas plus que n'importe quelle analyse sur l'industrie du bâtiment, ne pouvait y conduire. La construction des immeubles ne *s'exécute que sur la commande directe* du client (c'est-à-dire le propriétaire). Même dans le cas où une société acquiert des terrains pour les couvrir de maisons de rapport serrées en masse compacte, une série d'adjudications ou de marchés de gré à gré interviennent entre le « spéculateur de terrains » et les entrepreneurs de terrassement, maçonnerie, charpente, plomberie, peinture et vitrerie [2] : le procédé de la *commande* ne change donc pas. L'architecte n'est qu'un surveillant rémunéré à tant pour cent sur l'ensemble de la dépense.

Avec les « Ébénistes du faubourg Saint-Antoine », la monographie de métier seule ne suffisait déjà plus. Sans doute, le haut luxe maintenait la *commande directe*, et le tapissier-ébéniste du quartier de la place Royale pouvait sembler un entrepreneur général d'installation. Les dessinateurs qui revendiquent le titre d'architecte d'ameublement et guident le choix des « grands riches » achèvent la ressemblance. Mais, tout le meuble *courant* (ou bourgeois) se fabrique sur la commande des différentes maisons de commerce, et le meuble de *trôle* est par définition un article *exécuté d'avance, sans savoir à qui on le pourra faire accepter.* L'organe de transmission affirme de plus en plus sa main mise sur l'organe de production. Toutefois, l'analyse des ateliers du meuble présentait une telle complication par elle-même, que l'on avait pu rejeter le commerçant en vis-à-vis, à côté du client simple particulier. On

(1) Voir le *Philippe le Bel et les communes de Flandre,* par Franz Funck-Brentano.

(2) On peut concevoir un entrepreneur général.

l'apercevait surtout par sa réaction sur le rouage inférieur :
commerce contre fabrique.

Le « Jouet parisien » dégagea pour la première fois en 1892
la notion très nette du « Marché ». En effet, les multiples spécialités, les petits ateliers patronaux des « automates et sujets
habillés », les petites fabriques collectives de l'équipement militaire, les grandes fabriques collectives et usines de la « poupée »,
les usines mécaniques du jouet caoutchouc et du jouet métal,
aboutissaient comme autant d'avenues autour d'un rond-point
unique : le Commerce (*commissionnaire* et Grand Magasin ou
Bazar). Ce commerce apparaissait avec une telle puissance de
direction sur le consommateur final et une telle énergie de
répercussion sur le producteur, une telle variété d'organisations,
de coutumes, qu'il était aisé d'y découvrir le *point culminant*
de la filière économique. La haute partie de chaque métier, en
effet, le classement, s'y était localisée et perfectionnée. Le
« Marché » (réunion d'un certain nombre de rouages de transmission juxtaposés) fut présenté comme le lien entre plusieurs
monographies de métier, sans qu'on dessinât pour lui un cadre
spécial.

Les « Halles Centrales » (1893) achevèrent l'établissement définitif du procédé. La foire quotidienne de l'Alimentation de
Paris, en effet, isole l'organisme de transmission. Ce qui occupe
l'horizon, c'est la « Vallée » (marché aux volailles et gibier),
c'est le pavillon de la Viande, le parquet de la Marée, les Beurres
et œufs, etc., dans les compartiments des constructions métal-
liques, et tout autour le « Carreau », l'amoncellement des producteurs ruraux rangés par commune d'origine. La vie qui
s'agite devant vous est bien à part, très distincte de celle des
forêts où l'on chasse, des pâturages où l'on « engraisse », des
villages maritimes où reviennent les flottes des pêcheurs, etc.
Commissionnaires, parfois transformés en officiers publics sous
le nom de facteurs, et marchands de toute sorte, gros, demi-
gros, détail se partagent l'activité et l'influence. Ils forment
un tout, qui semble se suffire, et qui accapare en tout cas le
champ de l'instrument d'observation. Le *faisceau* commercial
d'une pluralité de métiers, composé d'éléments à désignations

nouvelles, exigeait, pour être relevé rapidement, son *cadre spécial*. C'était la « Monographie de marché ».

L'énumération précédente met en relief la triple forme des marchés : marché libre, organisé, ou mixte (Halles Centrales et commerce libre qui les entourent).

II. — ANALOGIE DU CADRE SPÉCIAL AVEC CELUI DE LA MONOGRAPHIE DE MÉTIER

(ENQUÊTE D'ENSEMBLE ; ÉCHANTILLONNAGE)

L'analogie éclate à chaque pas.

Opposons le *Parquet de la Marée* des Halles Centrales de Paris, par exemple, — l'un des plus vénérables marchés organisés qui soit en France, puisque saint Louis en a tracé les grandes lignes — au métier jadis visé de la « Ville du Meuble », au faubourg Saint-Antoine [1].

Les deux routes sont parallèles et marquées par les mêmes étapes, c'est-à-dire :

1° L'enquête bibliographique ;

2° L'enquête personnelle ;

3° L'enquête *monographique* (proprement dite).

a. ENQUÊTE BIBLIOGRAPHIQUE. — Cette enquête bibliographique, automatiquement semblable à elle-même, passe en revue : 1° la technologie ; 2° l'histoire ; 3° les ouvrages précédents.

Qu'est-ce que la technologie ? L'*art* du commerçant remplace ici la technologie infiniment diversifiée des métiers manuels. Cet art est un, quel que soit l'objet du commerce. Les grandes maisons d'exportation réunissent entre leurs mains les tissus, les articles de Paris, les meubles, la quincaillerie ; les grandes maisons d'importation composent leurs cargaisons flottantes de blé, de sucres, d'huiles, etc. Dès le XVIIe siècle, Savary pouvait réunir les éléments généraux du commerce en un seul livre : « Le Parfait Négociant » et la comptabilité commerciale, tou-

______
(1) Voir *Halles Centrales*, ch. III, p. 47.

jours invariable, ajoute une preuve de plus en faveur de l'identité des opérations.

Toutefois, en pratique, le commerçant « ne se borne pas à acheter pour revendre », ce qui constitue, d'après le Code, la rigoureuse définition de l'acte de commerce.

L'achat-revente est le fait du *marchand* : depuis le premier spécialiste venu du grand boulevard jusqu'au *Bon Marché* ou au *Louvre*. La caractéristique de l'achat-revente est la *prise des risques à sa charge*. Vous avez acquis pour un prix déterminé : 100 fr. par exemple. Si vous revendez 150 fr., le bénéfice vous revient; il est vrai que vous pouvez revendre 90.

Le commissionnaire, ou le courtier (les nuances de la distinction s'évanouissent dans la pratique), *vend* (*ou achète*) pour le compte du propriétaire de la chose : ainsi la grande maison de commission de fruits aux Halles (le facteur est un commissionnaire revêtu d'une estampille officielle). La « commission » (ou le courtage) laisse les *risques à la charge d'un autre*. Le tant pour cent qui le rémunère limite les profits, mais aussi les pertes.

Parfois, la « Commission », par un raffinement d'irresponsabilité, se borne à se charger de la vente, si l'occasion s'en présente, sans promesse formelle, pourvu que la marchandise soit déposée : c'est la « consignation », que les « docks » ou entrepôts pratiquent pour le vin, les cafés, etc.

Marchand, commissionnaire, consignataire, on peut être l'un et l'autre et tout à la fois, ce qui a même supprimé la franchise de ces étiquettes. Le commissionnaire du marché de la Villette assume les risques, en cas de profit, et s'en écarte, en cas de perte possible.

Cette première distinction technique doit être suivie d'une seconde, familière à tous. Chacun sait la triple série du commerce de gros, du commerce de demi-gros et du commerce de détail.

Ces trois niveaux successifs sont les niveaux de la distribution, — à partir de la fabrique jusqu'au consommateur. Ils sont différenciés par la nature de la clientèle (clientèle de commerçants ou de producteurs pour le commerce de gros ou de demi-gros). A chaque étage, pour ainsi dire, il est possible de rencontrer côte à côte l'achat-revente, la commission, la consignation.

De plus en plus, un mouvement de rapprochement des extrêmes s'esquisse de toute part. Les grandes Compagnies de commerce au détail (Grands Magasins et Coopératives de consommation) opèrent la fusion des intermédiaires traditionnels, en allant même jusqu'à la « consignation ».

Et l'histoire ? Les « marchés » — surtout les marchés organisés par les pouvoirs publics et non les simples juxtapositions de maisons de commerce — ont toujours une histoire, d'autant plus nécessaire aux observateurs de faits contemporains que les précédents administratifs y sont contenus. Le *Commerce de la France* de Pigeonneau demeurera encore longtemps, avec le tout petit précis de l'*Histoire du Commerce* de Périgeot, le bréviaire initiateur des grandes voies et des points fixes d'échanges, — des foires d'une périodicité plus ou moins rapprochée. Mais, s'il s'agit d'approfondir, et pour une analyse de détail l'approfondissement est indispensable, le *Traité de la police* de De la Mare fournit, à l'enquêteur parisien, la collection la plus riche et la plus nette de documents, qu'il faudrait demander ailleurs aux Archives locales ou aux travaux des Sociétés d'Archéologie. Ici, le *Parquet* de Saint-Louis nous dévoile ses points de ravitaillement (le bourg d'Ault, près du Crotoy, en Picardie, la ville normande de Dieppe, etc.); ses convois réguliers de chasse-marée, arrivant à grands fracas par la rue Poissonnière, la route du Nord; ses dix postes de jurés-vendeurs; son système de manutention officielle ou ses jurés-déchargeurs avec leurs portefaix ou forts de la Halle, — et il ne faut pas oublier les revendeuses de détail, les *poissardes* de légendaire mémoire, qui achètent à la *criée*, conjointement avec les pourvoyeurs d'hôtels seigneuriaux et d'abbayes, pour la consommation des bourgeois retardataires. Tout se retrouve en cet organisme, supérieurement coordonné par les vieux administrateurs du . XIIIe siècle, même la *Caisse collective* des jurés-vendeurs, qui paie dès le matin les chasse-marée talonnés par la nécessité de repartir sans attendre la vente, et même la *Caisse d'assurance* pour les chevaux fourbus ou abattus dans les fondrières.

Enfin viennent les ouvrages précédents, et il serait malaisé de les citer tous : Maxime Du Camp d'abord, toujours élégant et exact dans les lignes superficielles, mais quelque peu *reporter*, en ce sens qu'il reproduit avec une docilité trop officieuse l'opinion des hauts fonctionnaires *interviewés* : Robert de Massy et le *Traité des Halles et Marchés* avec ses échappées sur les organisations étrangères ; enfin Cluseret, le dernier venu et sa brochure presque populaire, où le vieux général de l'insurrection communaliste a refait, pour le compte des expéditeurs du Var, le siège des Halles de Paris. Ajoutez les collections des deux préfectures : 1° la préfecture de la Seine, 1er bureau, 2e division, direction des affaires municipales, qui publie chaque année son excellent *Rapport annuel* « illustré » de diagrammes et de courbes ; 2° la préfecture de police, 1er bureau de la 2e division (la division administrative), notamment son annexe n° 27, celle des *Ventes en gros*. Et l'on peut mentionner, comme citation dernière, les archives des Syndicats divers de l'Alimentation et celle des journaux de commerce (le *Journal des Halles et Marchés*, etc.).

b. ENQUÈTE PERSONNELLE. — Le relevé topographique de la « surface » ne s'exécute pas autrement pour un « commerce » et pour un métier. Drainer l'expérience accumulée des *autorités sociales*, l'assembler en un cadre commode, et la « critiquer » par les comparaisons ainsi que les oppositions ordinaires ; la tâche reste la même. Toutefois, le marché *organisé* offre cet avantage, c'est que sa charpente administrative doit être mise d'abord en évidence et que l'enquête personnelle se trouve ainsi comme parquée en une limite rigide, très favorable à l'exactitude des résultats.

En effet, le *Parquet de la Marée* — lorsqu'on l'isole du carré central du « détail », qui forme ici une superfétation facile à retrancher théoriquement, — le pavillon n° 9, pour parler la langue administrative, se présente aux yeux comme une sorte de *Grand Magasin*, d'entreprise unitaire de vente en gros, où l'armature officielle enchaîne en ses compartiments le commerce libre.

Qui représente cette armature imposée par la contrainte publique ?

1° Le *service des perceptions municipales*, d'abord, service actif de la Ville de Paris (préfecture de la Seine). La Ville est ici la propriétaire de l'immeuble, la caissière centrale par la perception des droits de place, le répartiteur des frais généraux d'éclairage, de nettoyage, etc. Inspecteurs principaux, inspecteurs, vérificateurs, préposés, receveurs, n'hésiteront pas à s'offrir comme *ciceroni* volontaires. L'ampleur du commerce annuel sera prouvé par eux : 31 870 000 kg. en 1894, 35 000 000 en 1897. Nuances des espèces, origines, époques des importations, taxes perçues (sans parler de l'octroi que l'administration de l'avenue Victoria établit au moment des arrivages, par exemple à la gare du Nord), tout cela vous est fourni avec toute la précision désirable, si bien qu'avant de vous aventurer dans l'intérieur du pavillon le fonctionnement du mécanisme commercial vous est familier.

2° Mais l'*inspectorat de police*, reconnaissable à son drapeau toujours en vedette, vient symboliser l'État, qui a accaparé « l'autre » préfecture, au nom de la France entière et de l'ordre public. Le maintien de l'ordre, en effet, tel est le rôle de l'inspecteur principal et de ses inspecteurs ordinaires, dans le vaste hall commercial. A eux, revient la distribution des places, entre les 62 facteurs et les 69 commissionnaires (chiffres de 1894), la régularité de la criée et des ventes de gré à gré. Nul ne pourra mieux nous initier à la répression des tromperies et des rixes, enfin à la défense de l'hygiène — témoins les 5 218 kg. de denrées jetées annuellement dans les caves, aspergées d'alcool dénaturé et portées aux tombereaux de la voirie[1].

3° La *manutention intérieure* est également un service officiel, service à la fois très archaïque et très moderne. Il s'agit des « forts », ce compagnonnage égalitaire, où la tradition a établi la rigoureuse unité du salaire et ce bataillon policier

---

(1) 188 900 kilos en 1897.

que l'inspectorat tient dans sa main. Chaque pavillon possède son escouade de forts de la Halle, soit 180 à la *Marée*. Véritables *observateurs* toujours en éveil, comme les sous-ordres de toutes les hiérarchies, ils fournissent pour l'historien l'agglomération la plus attachante et la mieux renseignée pour l'enquêteur[1].

4° Enfin le *gardage*, où la préfecture de la Seine reprend sa maîtrise, parce qu'il s'agit d'une location d'emplacement. Le gardage est le « vestiaire » où l'on dépose les bêtes de trait et les voitures de marchands ambulants, — absolument indispensable dans la mêlée des Halles. Il appartient à un fermier général en miniature, à un adjudicataire. De ce côté encore, l'enquêteur peut espérer quelques aperçus de coulisses.

La rigidité de cet « enclos », où les organisations commerciales sont tenues de se mouvoir et que l'on est contraint de démonter pièce à pièce, en quelque sorte, transforme en simple jeu le reste de l'enquête personnelle... La statistique générale des entreprises a été relevée, chemin faisant (62 facteurs, 69 commissionnaires) ; le chiffre total des affaires annuelles est connu approximativement par les quantités reçues et débitées. Il suffit de déterminer la part qui revient à chaque forme d'intermédiaire.

A cette époque (1894)[2] les intermédiaires étaient représentés par :

1° Un nombre restreint d'*approvisionneurs*, véritables marchands, arrivant de Bergues, de Boulogne et de Calais, de Bretagne aussi au printemps pendant trois mois, de Belgique et Hollande pour la crevette et le poisson d'eau douce. Le système utilisé était identique à celui des vendeurs de « primeurs » Roscovites que l'on rencontre sur le « Carreau » (foire aux légumes). Un parent reste au port d'attache, expédiant ses produits personnels et les acquisitions facilement conclues sur le quai le plus proche ; un autre réside sur le marché parisien.

____

(1) Les *porteurs* qui transportent les colis en dehors des pavillons et du Carreau dépendent de la préfecture de police, en ce sens qu'ils reçoivent une *plaque* et un *numéro*. Leur corporation est des plus hétéroclites.

(2) Depuis lors, la réforme des Halles a réuni tous les intermédiaires sous le nom de *Mandataires* (1897). V. *Rapport annuel de 1897*.

La langue administrative appliquait à ces *approvisionneurs*, pourtant très distincts, l'étiquette de commissionnaires.

2° Les *commissionnaires*, immédiatement divisés en commissionnaires ambulants, aux apparitions intermittentes, véritables parasites mâtinés de regrattiers [1], et en maisons de commission, parfois dirigées par des femmes. Le commissionnaire a derrière lui l'*expéditeur*, tantôt un armateur comme à Fécamp, tantôt un expéditeur-marchand, lorsque, comme en Bretagne, le pêcheur côtier a conservé l'indépendance de son petit patronat. Certains commissionnaires pratiquent la *réexpédition* en province et à l'étranger. Vente à la commission pure et simple, achat pour revendre, sont naturellement utilisés à tour de rôle, suivant les circonstances et les intérêts.

3° Les *facteurs*, agents de change du pavillon, cautionnés, assermentés, maintenant encore, comme compensation des règles corporatives qui leur défendent d'autres opérations que le courtage, les privilèges d'un ancien monopole, mal détruit : par exemple le droit d'acquêt, — le tant pour cent sur les ventes de tout commissionnaire ou de tout approvisionneur installé sur le « poste » ou terrain du facteur (1894). La suzeraineté féodale s'est traduite ainsi par l'*arrentement* du fief.

Approvisionneurs, commissionnaires, facteurs, une fois qu'ils ont été divisés en trois groupes et séparément évalués, n'ont plus besoin que d'éclaircissements généraux, de « projections » rapides sur leur organisation d'ensemble, sur le cours des charges, sur les profits, sur le personnel, ses appointements, ses heures de travail, ainsi que cela se pratique en toute enquête personnelle.

Les points vitaux, déjà indiqués par la monographie de métier, réapparaissent ici :

1° Le *mouvement syndical :*

    a. Chambres syndicales patronales (des facteurs et des commissionnaires).

    b. Chambres syndicales d'employés, de journaliers,

---

(1) Voir *Les Halles Centrales.* IC, II, § 17 : le regrat, c'est la *spéculation*

c. Ligues générales, comme la Ligue syndicale contre les « Grands Magasins » (16, faubourg Saint-Denis).

2° Le *mouvement mutualiste*, toujours intéressant parce qu'il fait saisir sur le vif la situation pécuniaire et morale du petit personnel ;

3° Le *mouvement coopératif*, lorsque par impossible un dépôt de producteurs s'organise coopérativement, sous la forme de maison de commission ;

4° Les *hommes d'affaires,* spécialisés dans la vente des charges et de fonds ;

5° Les *bureaux de placement*, dont le rôle est très actif dans le domaine de l'alimentation ;

6° Les *groupements politiques* de quartier ;

7° Les *groupements de bienfaisance ;*

8° Les *groupements religieux* (y compris la Franc-Maçonnerie) ;

9° Les *individualités variables ;*

10° Enfin les deux professions voisines, représentées autant que possible par leurs syndicats :

a. Le syndicat des *expéditeurs* (vendeurs),

b. Le syndicat des *détaillants* (acheteurs).

A eux deux, ils dévoilent par réaction la politique secrète des entreprises commerciales.

Nota. — Une lacune a été laissée intentionnellement au cours de cette enquête personnelle. Nous avons supposé que le marché *organisé* au pavillon 9 n'avait pas comme symétrique un marché *libre*, en dehors des Halles : un certain nombre de *poissonneries*, simples marchands pratiquant l'approvisionnement direct, ou même maisons de commission. Cette halle libre — qui pour les fruits et primeurs prendrait l'énorme développement que l'on sait (maisons Decugis et similaires). — est ici fort réduite. Elle entraîne néanmoins une topographie à part : débutant par une statistique analogue et achevée par des interviews identiques.

c. ENQUÊTE MONOGRAPHIQUE. — Les zones n'offrent donc aucune difficulté. Elles sont réparties ainsi qu'il suit :

1° Halle *organisée*
  - *a.* Commerce d'approvisionnement.
  - *b.*   —   de commission.
  - *c.*   —   des facteurs.

2° Halle *libre*
  - *a.* Commerce d'approvisionnement.
  - *b.*   —   de commission (s'il en existe).

Soit un total de cinq compartiments d'inégale force.

Dans chacun de ces compartiments, la distinction fondamentale du point de vue *économique* (monographies de maisons de commerce) et du point de vue *social* (monographies d'employés) reprend ses droits avec une prééminence facile à comprendre en faveur du premier point de vue.

1° *Point de vue économique* — Le lecteur est familiarisé avec la construction de la série des maisons de commerce et le *triple échantillonnage*.

Mais une petite difficulté surgit au sujet de la base même de la série. Quelle base doit prendre l'enquêteur ? La gradation d'importance matérielle (locaux, installations, etc.), ou le *chiffre d'affaires ;* ce qui peut ne pas coïncider ?

Il faut, sans hésiter, accepter le signe extérieur matériel, déjà utilisé pour les ateliers. C'est le seul critérium toujours saisissable. Toutefois, si une entreprise vous est signalée comme recélant une puissance supérieure en des rouages plus simples, photographiez-la en troisième échantillon, — ou même en quatrième, en cas d'organisation anormale.

2° *Point de vue social.* — La série des familles d'employés est « mobile », variable, à cause de la multiplicité des angles que comporte un examen social. Nous revoyons défiler comme éléments de classification : l'origine, la durée de transplantation, la religion, le nombre des enfants, le degré d'habileté professionnelle, l'esprit de moralité, l'esprit de nouveauté.

Une source très intéressante de comparaisons résulte du côte à côte de deux monographies, aussi *semblables* que *possible*, mais relevant l'une de la Halle libre, l'autre de la Halle organisée (v. *Halles Centrales*).

NOTA. — *Au point de vue de la rédaction, le plan de la « monographie de métier » doit servir de base.*

CHAPITRE VI

LES CADRES AUXILIAIRES DE LA MONOGRAPHIE DE MARCHÉ

MONOGRAPHIE DE MAISON DE COMMERCE
MONOGRAPHIE D'EMPLOYÉ

Une remarque préliminaire va nous débarrasser de la « Monographie d'employé ».

C'est une monographie de famille ouvrière, rigoureusement identique à celle que nous connaissons. De tout temps la frontière a été indécise entre l'employé et l'ouvrier. En publiant la monographie du Brigadier de la Garde républicaine (n° 43) et de l'Instituteur rural de l'Eure (n° 26), la collection des *Ouvriers des Deux Mondes* a constaté la confusion imposée par la nature des choses. Appointements et salaire — cette idée reviendra ailleurs au cours de ce volume — ne sont différenciés par aucun élément essentiel. Parfois le salaire est supérieur, le plus souvent même, à cause de sa moindre régularité. Le travail rémunéré peut être identique. Comparez le journalier payé 100 francs par mois dans une manutention, et le « manœuvre » d'une usine. L'un et l'autre louent une « force humaine » et rien de plus.

Reste donc la *Monographie de Maison de Commerce.*

Il est évident, *a priori*, que son cadre sera calqué étroitement sur celui de la *Monographie d'atelier.*

L'une et l'autre sont nées, en effet, à la même date. La première fois que le cadre imaginé par M. Cheysson et simplifié par les enquêtes officielles, fut appliqué à un petit patron industriel vendant lui-même (boulanger, boucher) ou à un marchand-fabricant, chef de manufacture à domicile ou de fabrique collective (maison de confection de vêtements pour hommes [1]), la monographie de maison de commerce était inaugurée. Reportez-vous au tableau de la page 47, le paragraphe IV porte comme titre : *Organisation commerciale*, et le paragraphe V : *Organisation du Travail*. Il serait facile de trouver dans le volume de l'*Alimentation* des cas nombreux où ces mêmes paragraphes ont comme intitulé le *Magasin* et l'*Atelier*. Quand un observateur a pris l'habitude d'analyser un atelier avec magasin, il a par cela même acquis le doigté nécessaire pour décrire un magasin avec atelier (manutention, ou même atelier véritable en annexe.)

Il suffit donc de renvoyer le lecteur au chapitre III. Cadre et commentaire du cadre sont à double fin.

Prenez un grand journal boulevardier, une maison de banque, dont telle feuille financière vous entretient avec insistance, *Banque des Mines d'Or*, par exemple ; une grande maison de commerce de luxe, comme la *Grande Maison de Blanc*, du 6, boulevard des Capucines, que le Supplément illustré du *Figaro* (19 août 1897) a esquissée avec un certain relief. Les lignes séparatives des compartiments n'ont pas besoin d'être déplacées, sauf à introduire quelques sous-distinctions contingentes [2]. Les procédés d'exécution restent les mêmes, dans leurs *traits généraux*, puisque leur nature exige un continuel assouplissement à la mobilité des choses.

Une seule difficulté a besoin d'être relevée et étudiée avec quelque insistance.

Le Journal peut être conçu avec un organe parisien et des suppléments provinciaux (il serait facile de préciser une tentative de ce genre).

La Compagnie financière peut éparpiller, autour d'une maison-mère, une armée de succursales sur toutes les villes de

---

(1) Voir *le Vêtement*, p. 217. •

(2) Par exemple : *a. Le Grand Journal*. L'atelier correspondra à l'imprimerie et à l'expédition. Le Magasin (l'organisation commerciale) fera intervenir : 1° la Rédaction, les informations, le contentieux ; 2° l'Administration, avec la publicité et aussi le contentieux qui réapparait sous une autre forme ; — *b. La Grande Banque* (banque de dépôts). L'atelier se supprime. La distinction entre le papier (effet de commerce) et le porte-feuille (placements bourgeois) intervient.

premier et de second rang : *Crédit Lyonnais, Comptoir d'Es compte, Société Générale.*

Le Grand Magasin peut n'être qu'une unité dans un vaste ensemble, comme l'un ou l'autre des *Grands Bazars* et des *Nouvelles Galeries Réunies,* l'ancienne entreprise Canlorbe et Demoget, mise en actions, au capital actuel de 20 094 000 francs. Le Grand Magasin, d'ailleurs, par sa constitution intime, est toujours un composé de spécialités (*les rayons*), entre lesquelles la Caisse centrale procède à des *compensations de bénéfices* et autres opérations financières.

Dans tous les cas où la Maison de Commerce se présente avec cette pluralité d'organes distincts, si l'on peut dire, l'enquêteur doit se rappeler les préceptes déjà formulés au sujet des monographies d'ateliers dits : fabriques collectives.

« Le rouage central de la fabrique collective est d'abord décrit : l'atelier de tailleur sur mesure, par hypothèse ; puis, entre les multiples ateliers en chambre des apiéceurs (façonniers chargés des grandes pièces), des giletières et des culottières, l'échantillonnage triple est utilisé pour « ramener », à coups de sonde, et pour chaque catégorie, l'organisme le plus important — la plus faible — et un organisme intermédiaire. »

Le maniement du cadre de la « Monographie des maisons de Commerce » obéit aux mêmes principes, lorsqu'il s'agit de l'appliquer aux diverses sortes de « Grandes Compagnies » — maisons de commerce à pluralité d'organes.

Le volume du « Jouet Parisien » nous permet de rappeler l'essai le plus original, qui se rencontre à cet égard dans notre collection d'enquêtes, la Monographie (abrégée) du *Bon Marché.*

LE BON MARCHÉ

EXAMINÉ AU POINT DE VUE DES JOUETS[1]

I. — L'ENSEMBLE

1. Milieu. — Chacun connaît la situation du *Bon Marché.* Le

(1) Nous disposons suivant le cadre le *résumé* des nombreux renseignements accumulés aux chapitres VII et VIII du *Jouet Parisien.*

magasin du début, où Boucicaut, fils d'un petit chapelier de Bellême (Orne), entra comme employé au sortir du *Petit Saint-Thomas*, était situé au coin de la rue de Sèvres et de la rue du Bac. Le Grand Bazar contemporain s'est donc développé sur le sol de l'ancien hospice des *Petits Ménages*.

L'aspect matériel a été popularisé par l'énorme publicité de la maison. En 1892 (date des présents renseignements), le dépôt de vente affectait la forme d'un quadrilatère, *presque* complètement cohérent au point de vue architectural (une enclave a été supprimée depuis). Les écuries et diverses annexes avaient été reléguées en face, de l'autre côté de la rue de Babylone. La maison de garde pour les jeunes employés était au 106 de la rue du Bac.

2. Mode d'organisation de l'entreprise. — Société en commandite par actions, déterminée par l'acte de juin, juillet et août 1890. (20 millions de capital, divisés en parts de 50 000 fr. qui peuvent être scindées en coupures d'un huitième.

Trois rouages :

1° *L'Assemblée des Actionnaires.* — Energiquement concentrée, malgré la légende contraire. Pour être électeur, il faut être propriétaire de quatre parts sociales (ce qui réduit le peuple électoral à un maximum de 100 personnes).

En outre, d'après l'article 8 : « Toutes transmissions à des personnes étrangères ne seront valables qu'après avoir été agréées par la majorité absolue des voix de l'Assemblée ordinaire ». C'est la proclamation pour le « Capital » du droit à l'agglomération.

L'Assemblée des Actionnaires se réunit une fois par an.

2° *La Gérance.* — Les gérants sont au nombre de trois : égaux, solidaires, responsables *in infinitum* et ayant reçu en échange l'omnipotence la plus absolue. Leurs agents directs sont les inspecteurs.

3° *Le Conseil.* — Sénat, ou plutôt état-major, composé de *quinze* employés supérieurs, toujours consultés. Ces quinze employés, parvenus à ce haut grade après de longues années d'expérience et de souplesse, sont des *divisionnaires* détenant chacun sous leurs ordres une quinzaine des services et des rayons de la Maison.

Nota. — Une Société civile existe à côté de la Société commerciale ; elle est propriétaire de l'immeuble.

3. Caractéristique sociale des chefs de l'entreprise. — Les chefs des « Grandes Compagnies de Commerce au détail » appartiennent à la catégorie des grands riches modernes. Il est inutile de rappeler le testament Boucicaut, non plus que les fortunes de MM. Henriot, Chauchard, etc.

Les chefs suprêmes de ces entreprises tendent, à cause de cela, à se recruter en dehors des classes commerçantes. M. Plassard était un avoué ; M. Honoré (directeur du Louvre), un ingénieur.

4. Organisation générale : rayons et services. — *Le Bon Marché*, cet organisme formidable, dans les sous-sols duquel 1.025 chevaux-vapeur distribuent la lumière, la chaleur, la force motrice et l'eau, n'est pas seulement un « comptoir » proprement dit (ou mieux une juxtaposition de comptoirs) ; c'est un « atelier » (ou une juxtaposition d'ateliers). Il comprend, en effet, de véritables ateliers *en régie*, tapisserie, couture, etc., etc., et de très nombreuses fabriques collectives, ou centres de distribution par rapport à des façonniers en chambres : meubles, confections, articles de Paris, etc., etc.

En outre, l'exercice de ces multiples *commerces* et de ces nombreuses *industries* nécessite un certain nombre de rouages communs, conditions indispensables du fonctionnement de l'ensemble (correspondance, expéditions, etc., etc.).

D'où une distinction fondamentale : 1º les rayons ; 2º les services.

Le « rayon » est l'*unité de vente*, le petit magasin enclos dans le plus grand : gants, jouets, ameublement, costumes de dames, robes de chambre, jupons et jupes, etc., etc. (en réalité 317 — quelques-uns affirment 422 — commerces différents). *Peu importe que la vente recouvre ou non une fabrication réelle.*

Le « service » est l'*unité d'administration* (idée de vente mise à part) : depuis la Caisse centrale jusqu'aux cuisines, du secours contre l'incendie jusqu'au contrôle, à la comptabilité, aux écuries, etc.

En 1892, les *rayons* étaient estimés à cinquante — les *services* atteignaient la trentaine.

5. Organisation du « rayon ». — Comme l'un des « rayons » va être monographié plus loin (au moins en silhouette), il suffit d'indiquer l'autonomie relative de la comptabilité du rayon. Celui-ci est traité comme une maison de commerce à part. Il a ses dépenses, ses recettes, ses *bénéfices*, qui vont s'ajouter à ceux de la Caisse centrale.

Les rayons se divisent : 1° en rayons-ateliers (costumes de dames) ; 2° rayons-fabriques collectives (lingerie pure) ; 3° rayons purement commerce : jouets, ameublement (en mettant à part la tapisserie qui entraine l'existence d'une fabrication directe)

6. Organisation du « service ». — Le « service » a son unité également très tranchée. Mais, à l'imitation de beaucoup de nos ministères (guerre, marine, instruction publique, etc.), ses dépenses ne sont pas contre-balancées par des recettes (le rayon à cet égard se rapprocherait du ministère des finances). Les « mandats », si l'on peut dire, doivent être touchés à la Caisse centrale.

7. Composition du personnel : (1892)

a. *Effectif :* 4 200 personnes.
Soit : 3 600 employés fixes ; 600 auxiliaires.
Nota I. — Sur les 4.200 individus composant l'effectif, 450 femmes, 660 garçons (par opposition aux employés).

Nota II. — La hiérarchie sera exposée par la Monographie du « rayon ».

b. *Mode de salaire.* — La combinaison générale repose sur un *fixe* (appointement fixe), augmenté d'une prime d'atelier (paiement à la fin de chaque mois).

Cette prime d'atelier, pour les administrateurs, est une part sur les bénéfices ; — pour les chefs de rayons, une part sur l'augmentation du chiffre d'affaires d'une année à l'autre (stimulant à la vente) ; — pour les simples employés, un tant pour cent *variable* sur les différents articles vendus (la guelte).

Nota. — La maison nourrit ses employés, ce qui ajoute au salaire en argent un salaire en nature. Elle « loge » les jeunes employées et employés (rue du Bac et rue de Babylone).

c. *Supplément de salaires* (Institution de patronages) :

1° Une Société de secours mutuels est imposée. — Aux soins médicaux, viennent s'adjoindre l'hôpital Boucicaut et la maison de convalescence à Fontenay-aux-Roses ;

2° Des indemnités sont allouées pendant les périodes militaires, dites des « 28 et des 13 jours » ;

3° Le titre III des statuts de la Caisse des retraites pose le principe général de la distribution des secours à tous les employés nécessiteux, quels qu'ils soient, à leurs veuves et à leurs enfants (art. 12), c'est-à-dire le remède contre *l'invalidité*.

4° La retraite est de rigueur, à l'exclusion des chefs, administrateurs, inspecteurs, chefs de rayon. Elle varie de 600 à 1 500 francs — après vingt ans de services et cinquante ans d'âge (quarante-cinq pour les employées-femmes). La caisse des retraites a une existence à part et relève de la Société civile.

5° L'organisation des « distractions » est fort bien comprise (cours de langues étrangères, cours d'escrime, choral et fanfare).

d. *Possibilité d'avancement et de copropriété du fonds social*. La « montée hiérarchique » s'opère au choix.

Mais une caisse spéciale « la Prévoyance Boucicaut » (fondée le 31 juillet 1876), porte au compte de chaque employé, ayant cinq années continues de présence et non élevé au grade de chef de rayon, une somme variable, résultat de la répartition d'un prélèvement sur les bénéfices (art. 2 et 3 du règlement).

A côté de cette épargne *forcée*, l'épargne facultative : chaque employé peut déposer ses fonds à la Caisse centrale, dans une certaine limite. L'intérêt fourni est de 6 p. 100.

Ainsi s'agglomère peu à peu l'argent nécessaire pour acheter le 1/8 de part, c'est-à-dire l'élévation au rang de copropriétaire social.

e. *Heures de travail.* — En principe 300 jours de travail (repos les fêtes et dimanches, sauf pour un certain nombre de services).

Hiver. — De 8 h. 20 matin à 8 heures soir ;

Eté. — De 8 h. 05 matin à 8 heures soir.

(Pendant la morte-saison, le départ a lieu à 7 heures. Journée de *douze* heures, en principe.)

8-9. Chiffre d'affaires et bénéfices. — En 1892, le chiffre d'affaires atteignait 140 millions.

Le huitième de part valait 45.000 francs (400 commanditaires à la place des 96 primitifs).

Nota. — L'an dernier le chiffre d'affaires était évalué à 168 millions (patente : 933.000 francs, soit 0,55 p. 100).

10. Observations. — Le trait « social » caractéristique de cette machine à drainer les profits est la tentative de reconstitution d'une classe moyenne par les « hauts employés » substitués aux petits et moyens commerçants libres. Mais ces prévilégiés sont 400 à 450 sur 4.200. Sur 100 collaborateurs, 10 p. 100 gouvernent ; 90 p. 100 obéissent. La proportion du petit commerce s'élevait à 1 patron pour 4 ou 5 employés.

La substitution n'est donc pas une équivalence.

II. — Un « rayon »

Toute une série de « rayons » du Bon Marché ont été monographiés à différentes reprises.

1° Le « rayon » du vêtement de femmes (voir *le Vêtement,* p. 549 et suiv.), exemples de rayon avec *atelier patronal* et *fabrique collective.*

2° Le « rayon » de jouets (voir le *Jouet Parisien,* p. 224 et suiv.), exemple de rayon purement commercial.

La catégorie n° 1 se « traite exactement comme une monographie d'atelier », puisque l'on se trouve en présence d'un rouage analogue à la grande maison de couture précédemment étudiée à ce titre.

La catégorie n° 2 constitue une « monographie de maison de commerce » proprement dite. Le « cadre » *précédent* doit être suivi pas à pas.

1° **Milieu ;**
2° **Mode d'organisation du « rayon » ;**
4° **Caractéristique sociale du chef de rayon ;**
4° **Organisation commerciale ;**
5° **Organisation du travail** (qui n'existe pas dans le rayon, puisqu'il n'a pas d'atelier annexe et que les fabricants-fournisseurs sont de petits patrons — moyens ou gros — autant que possible asservis, mais *nullement façonniers*) ;
6° **Composition du personnel ;**
7° **Chiffre d'affaires ;**
8° **Bénéfices ;**
9° **Observations.**

La nécessité de terminer brièvement cet exposé, déjà trop long, nous contraint à développer le seul § 4, l'*Organisation commerciale*.

Elle se divise en deux parties :

A. *Les achats.* — (Voir p. 228 du vol.) Le chef de rayon est souverain : il désigne pour le suppléer des *acheteurs* (en général les seconds). Le but est : 1° d'arriver au *moindre prix*, même par l'exercice de ce que l'on est convenu d'appeler le « Sweating system » ; 2° de faire supporter au fournisseur l'entrepôt, par un approvisionnement au jour le jour ; 3° de lui faire payer le fonds de roulement, puisqu'on vend comptant et que le fournisseur n'est soldé qu'à *la fin du mois suivant.*

Un service général, le service de réception, prend livraison des produits, qui après acceptation (moment d'assez grandes difficultés) sont placés dans la « réserve » particulière au rayon.

B. *Les ventes.* — Le chef, en principe, détermine le jour des ventes.

Les employés n'ont qu'une fonction unique : *décider* le client et marquer l'objet vendu sur leur livre de « guelte » Leur tant pour cent est *variable ;* progressant d'après la difficulté d'écouler le produit.

Le trait caractéristique est la méthode qui préside à la détermination des prix (tous marqués, on le sait, en chiffres connus).

Cette méthode peut être désignée sous le nom de « compensation de bénéfices ». On gagne très peu (même pas du tout) sur tel article — article-réclame — davantage sur tel autre, beaucoup sur ce troisième. Ce qui importe, c'est le bénéfice total et final.

L'organisation commerciale du « rayon » se rattache à l'organisation de la caisse centrale de la manière suivante :

A. *Au point de vue des achats.* — Il entendu que sur tout achat la caisse centrale bénéficie d'un escompte, ou rabais, de 3 p. 100, sans parler des rabais particuliers au rayon.

B. *Au point de vue des ventes.* — La compensation des bénéfices s'exerce de « rayon à rayon » (gants par exemple), comme d'article à article dans l'intérieur d'un rayon.

Elle s'exerce en outre, de jour à jour, *sur tous les rayons à la fois*, par les expositions.

Aussi a-t-on pu écrire que le mécanisme économique du Grand Magasin consistait : 1° en jeux de banque ; 2° en compensation de bénéfices [1].

Remarques. — Les deux pièces annexes de la monographie d'atelier (statuts, bilans) prennent pour les maisons de commerce une importance capitale. Il est un art de *lire les bilans*, art supérieur qui sera exposé ultérieurement dans un volume sur les *Questions financières.*

La « rédaction » des monographies de Maison de Commerce peut revêtir les formes les plus diverses. Le style attachant de de M. d'Avenel a démontré, pour les Grands Magasins et les Grandes Banques, que ces analyses ont le droit de figurer dans une grande revue littéraire.

(1) Voir *Jouet Parisien*, t. VII et ch. VIII et IX

CHAPITRE VII

LES MONOGRAPHIES D'UNE ORGANISATION D'INTÉRÊT GÉNÉRAL

L'intérêt général doit être entendu ici dans le sens d'intérêt collectif (même lorsque cet intérêt collectif est manifestement contraire à ce qu'il est convenu d'appeler l'intérêt général, c'est-à-dire national).

Aussi un groupe de communistes-anarchistes, tel que celui décrit par le « Monde Economique » du 30 mai 1891, est un groupe « d'intérêt général », au même titre qu'une congrégation religieuse.

Mais parmi ces organisations, qui visent un but supérieur à l'intérêt privé (d'où l'étiquette générique), il en est quelques-unes qui se distinguent de toutes ces autres par le lien *obligatoire* et non plus libre, dont leur faisceau est resserré. La *contrainte publique les impose.* Exemple : les Églises établies, et surtout ce couronnement de la Cité Moderne, l'administration de la Cité.

L'étude du cadre nouveau qui correspond à ces associations de nature spéciale doit porter successivement : 1° sur un groupement libre quelconque ; 2° sur l'organisation communale elle-même.

I. — APPLICATION DU CADRE A UN GROUPEMENT LIBRE

Nous pouvons choisir à notre gré : le *Compagnonnage des Compagnons passants du Devoir, Bons Drilles de la Villette* (qui en 1415 permit aux charpentiers armagnacs de chasser de Paris les bouchers bourguignons) ; ou *l'Ordre indépendant des Bons Templiers*, une curieuse association de tempérance, (600 000 membres), qui n'a pas encore pu pénétrer en France[1].

Le cadre est, à peu de chose près, celui de la monographie de commerce (ou d'atelier), avec la distinction fondamentale de l'organisme simple, unitaire et de l'organisme à *pluralité de rouages*.

L'identification des cadres se justifie d'ailleurs facilement. Le vieux syndicat ouvrier, à rites secrets, est une image de l'atelier — la « Cayenne » n'est pas autre chose — et l'ordre des Bons Templiers, imité de la Franc-Maçonnerie, n'est qu'un « Syndicat de gens de métier, tombé aux mains des classes libérales par évolution historique »[2].

Là aussi, nous retrouvons les 8 ou 9 paragraphes.

1° **Milieu**. — Le « Tour de France », ligne idéale qui passe par Nimes, Marseille, Toulouse, Agen, Bordeaux, Rochefort, Nantes, Angers, Tours, Blois, Orléans, Paris, Auxerre et Dijon. — Le « Compagnonnage des Charpentiers passants du Devoir, Bons Drilles de la Villette » — « La Cayenne de Paris », 161, rue d'Allemagne.

2° **Caractéristique sociale de « membres » de l'Association**. — Ouvriers-charpentiers, (le métier de charpentier est encore aujourd'hui composé en majorité de compagnons, 3 500 charpentiers à Paris (1889) ; 2 200 compagnons, soit du « Devoir », soit de « Liberté »), recrutés en général parmi les campagnards.

3° **But de l'association**. — Le compagnonnage se présente avec un triple but : 1° développement technique : les « écoles de trait » (géométrie descriptive empirique); 2° assistance matérielle (bureau de placement ; secours en cas de maladies et d'accidents ; avances d'argent ; restaurant à prix relativement

____

(1) Voir *les Charpentiers de Paris*, ch. vii et le volume de *l'Alcool* (en préparation).

(2) Les « Associations » d'étudiants allemands sont une copie de nos compagnonnages ouvriers.

réduit chez la « Mère »); 3° sauvegarde morale par l'enseignement pratique d'une morale rudimentaire (à l'aide de rites
secrets) et par le contrôle des anciens.

4° **Mode d'organisation de l'association.** — L'association est
une association à demi secrète, à rites mystérieux, dont le pro-
fane peut concevoir une idée en les rapprochant des rites de
la Franc-Maçonnerie (Compagnonnage et « Maçonnerie politique » sont sortis l'un et l'autre des anciennes Sociétés de
Maçons constructeurs des églises gothiques).

L'unité est le « Devoir », l'ensemble de toutes les « cayennes »
(ou loges) du Tour de France. Sur toute cette ligne idéale les
« honnêtes compagnons » se reconnaissent par un mot d'ordre.
Le « pouvoir » de cette unité supérieure est constitué par la
réunion des Anciens, des « autorités sociales » du Compagnonnage (qui le plus souvent sont agrégées à la « Maçonnerie »).

Au dessous du « Devoir », vient la « Cayenne ». Matériellement la « Cayenne » est installée dans un débit de vin, le débit
de la « Mère ». Sauf une enseigne peu apparente, rien n'y trahit,
aux yeux des non-initiés, l'existence d'une société mystérieuse.
C'est « chez la Mère » que se rendent les jeunes ouvriers dési-
reux d'être initiés, comme les compagnons arrivés nouvellement.
Le centre de ralliement est connu de tous.

5° **Hiérarchie de l'association.** — a. *Pouvoir exécutif de la
« Cayenne »*. — Le président, qui porte le nom de « rouleur »,
nommé d'office d'après son numéro d'inscription sur le grand
livre, est changé tous les quinze jours.

Le comité de direction, composé de huit membres, anciens
dans le compagnonnage.

Le commis, secrétaire stable, véritable chef de l'association
(1 800 francs d'appointements).

b. *Pouvoir législatif.* — C'est l'assemblée générale, qui se
réunit le premier dimanche de chaque mois. Elle vote le
budget.

Cette assemblée ne comprend que les « compagnons initiés
ou drilles ».

c. *Degrés inférieurs de l'association.* — Les « renards »,
initiés du premier degré, et les jeunes gens « stagiaires ».

Nota. — La situation de la « Mère » est complètement à part
et en dehors.

6° Initiation. — La cérémonie de l'initiation (Saint-Joseph,
Saint-Pierre, la Toussaint) est extrêmement dure. Elle se compose de plusieurs jours d'examens et de brimades [1].

La conclusion est la révélation des quatre lettres sacrées qui
environnent la règle, le compas et l'équerre : U. V. G. T.
Union, Vertu, Génie, Travail.

7° Divers services de l'association. — Il conviendrait d'étudier
1° les cours techniques ; 2° les secours ; 3° l'organisation du
restaurant ; 4° les Fêtes et « Expositions ».

8° Budget. — La « Cayenne » de Paris, alimentée par des
cotisations de 3 fr. 50 par mois, devrait atteindre un budget
normal de 20 000 fr. En réalité, les recettes ne dépassent pas
12 000 fr.

9° Histoire du compagnonnage. — Le lecteur retrouvera dans
le volume des « Charpentiers » les grands traits de l'histoire
des compagnonnages, et la scission célèbre entre les *Bons
Drilles de la Villette* et les *Renards de Liberté* (rive gauche,
rue Mabillon, près du marché Saint-Germain).

II. — Application du cadre a la cité moderne

La cité prise comme échantillon, est la ville de Saint-
Étienne, chef-lieu du département de la Loire.

Bien que l'association entre « citoyens » d'une commune
urbaine puisse être considérée comme un simple syndicat
d'utilité publique et que par suite le cadre précédent puisse
être utilisé dans sa rigoureuse teneur, l'amplitude même de

. (1) Voir *les Charpentiers* (les Rites secrets en Appendice).

l'organisme et ses formes d'activité, en quelque sorte obligatoires, contraignent à des modifications assez sérieuses.

Le résumé qui suit, — résumé ultra-succinct — permettra
d'exposer les grandes lignes de ce cadre-modèle n° 2.

Section I. — La cité dans son ensemble.

Milieu. — Cité de Saint-Étienne, chef-lieu du département de
la Loire, 2° de longitude Est, 45°,30′ de latitude Nord.

Tableau physique de la cité. — 1° Population : 135 784 hab.
(sur lesquels 7 006 de population flottante).

2° Moyens de communication : Lignes diverses de la Compagnie P.-L.-M. qui la rattachent à Paris, Lyon et Clermont.

3° Topographie physique : une sorte de plateau entouré de
hauteurs qu'escaladent les faubourgs : l'artère principale des-
sert la ville d'un bout à l'autre (de la Terrasse à la Digonnière).

4° Activité économique : Saint-Étienne est une copie des
villes anglaises appliquées aux industries d'exportation : trois
branches d'activité y dominent, la fabrication des armes, celle
des rubans et l'exploitation des mines.

5° Physionomie morale : Centre célèbre par les épisodes
de la lutte sociale : grève de la Ricamarie, meurtre du préfet de
l'Espée (1871), résidence de Ravachol.

Mode d'organisation de la cité (charte communale). — La
« constitution » politique de la ville de Saint-Étienne est établie par la loi du 5 avril 1884 (loi de l'organisation municipale
en France), qui s'applique aussi bien à la plus petite des communes qu'à la cité de 100 000 âmes et au-dessus. Il est inutile
d'entrer à cet égard en des développements spéciaux. *Maire* et
conseil municipal constituent les rouages administratifs primordiaux, sous la surveillance étroite du préfet, agent du pouvoir de l'État.

Nota. — Pour une cité étrangère, il faudrait distinguer ici :
1° la gestion ; 2° le contrôle.

Composition du personnel central. — (Bureaux de l'Hôtel de Ville.)

Ici devait prendre place l'indication des différents bureaux, tels que les retrace l'Annuaire de la Ville de Saint-Étienne, et en plus le *tableau des traitements,* ainsi que les heures de travail (employés, huissiers et garçons de bureau). Nous passons outre, à cause de la simplicité de l'alinéa ; en signalant le compte de la caisse des retraites des employés (page 150 du Budget.)

Budget de la ville. — Le budget de la ville de Saint-Étienne, publié chaque année à l'Imprimerie administrative et commerciale du *Stéphanois*, peut se résumer ainsi (exercice 1896) :

RÉCAPITULATION DES RECETTES

Chap. I. Recettes ordinaires	3 992 532	»
Chap. II. — extraordinaires.	865 285	84
Chap. II. '— supplémentaires	20 290 270	39
	25 148 088	20
Recettes effectuées	22 336 467	25

RÉCAPITULATION DES DÉPENSES

Budget primitif.	4 849 567	86
Budget additionnel	20 298 101	74
Crédit supplémentaire en cours d'exercice et crédit d'ordre	147 765	96
	25 295 435	66
Dépenses acquittées (en y comprenant 91 355,79 de déficit de l'exercice précédent)	22 482 353	78

Donc déficit pour 1896 : 125 886 fr. 54 (en réalité 172 889 fr. 64 par suite des restes à recouvrer et à payer qui ne sont pas compris dans le compte précédent).

Remarque. — Il est vrai que 261.026 fr. 37 de recettes anormales sont à espérer, ce qui transforme le déficit en un excédent de 34.538 fr. 36.

Les services communaux afférant aux recettes. — (Nous allons nous borner à signaler les en-têtes d'alinéas.)

1° *Propriétés de la commune :*

L'état du produit des propriétés communales (annexe 5) forme la liste de ces propriétés, soit 74 articles.

Il s'agit de maisons, de terrains, d'un pré, d'une scierie, d'une ferme (art. 72), des hautes rives du Furan (bois et location de coupes d'herbes), du droit d'affichage sur les murs communaux.

Produit total, 33.124 fr. 60.

2° *Les douanes communales (l'octroi) :*

C'est un service à monographier d'après le plan qui va être fourni quelques pages plus loin.

Le détail de la dépense (p. 38 du budget) est de 327 808 fr. 48 (voir l'énumération : traitements, frais de bureaux, etc., etc.).

L'octroi est divisé en deux parties : 1° octroi urbain ; 2° octroi de banlieue (d'après le système parisien).

Total de ces recettes : 2 999 015 fr. 93 (soit avec 192 951 fr. 30 de recettes accessoires : 3 191 967 fr. 23).

Nota. — On constate que la plus grande partie des recettes ordinaires et régulières de la ville proviennent de ses « douanes ».

3° *Le service de la dette :*

Les cités contemporaines utilisent largement le crédit, afin de faire face aux transformations matérielles qu'exige le nouvel idéal de confort urbain.

Le budget additionnel cité plus haut prouve que la ville de Saint-Étienne a confirmé la règle générale.

Les emprunts contractés par elle sont les suivants :

1° Loi du 5 août 1879	20 000 000 fr.
2° Loi du 13 juin 1892 (unification d'emprunts précédents)	4 426 710
3° Loi du 20 juillet 1891	500 000
4° Loi du 29 juillet 1894	4 100 000
	29 026 710 fr.

Remarque. — La monographie de ce service pourrait être précédée de la description de la recette municipale (Budget, p. 36).

Les services communaux afférant aux dépenses. — Ils peuvent se répartir en trois groupes :

A. Groupe des services qui tendent à constituer et à maintenir le *milieu artificiel* de la cité.

B. Groupe des œuvres collectives.

C. Groupe de la paix publique.

Groupe A. — Milieu artificiel. — (Chaque titre recouvre en réalité une monographie.)

1° Service de la voirie et travaux publics ;

2° Service des eaux ;

3° Service des égouts ;

4° Service de l'éclairage (au gaz, à l'électricité ; ce qui entraînerait l'analyse des compagnies particulières).

5° Service des transports (tramway à vapeur, à l'électricité ; compagnies également particulières).

Groupe B. — Œuvres collectives :

1° Approvisionnement (halles, marchés, abattoirs, etc.).

2° Instruction.

    a. Primaire ;

    b. Secondaire ;

    c. (au besoin) supérieure.

3° Assistance.

    a. Bureaux de bienfaisance ;

    b. Dispensaires ;

    c. Hôpitaux ;

    d. Hospices.

4° Arts et sciences.

    a. Bibliothèques ;

    b. Musées ;

    c. Théâtres.

Groupe C. — Paix publique :

1° Police.

2° Justice (tribunaux et annexes).

3° Incendies.

4° Laboratoire municipal.

Histoire de la cité. — (A cet égard, les documents des archives municipales peuvent être mis à contribution avec le plus grand profit, sans parler des publications imprimées : *Chronique du Forez*, etc.) Nous conseillerions aux lecteurs de se reporter particulièrement au « Livre local » publié en 1897 par le Congrès pour l'avancement des sciences (trois volumes illustrés, vendus à la Recette municipale de Saint-Étienne.)

Remarque générale. — Deux documents, on le constate, jouent le premier rôle dans la Monographie de la Cité dans son ensemble : 1° la Statistique de la Ville (Annuaire), qui est une monographie chiffrée ; 2° le Budget, base de toutes les observations, — aussi bien pour la famille, l'atelier, que pour le Syndicat ou la Cité moderne.

Section II. — Un service isolé.

Le Service des Eaux.

La raison de ce choix est la remarquable organisation de ce service à Saint-Étienne. Parmi les grandes villes de France, et malgré l'installation défectueuse de ses égouts, cette ville de 140 000 habitants est certainement une de celles qui offrent le moins de cas épidémiques (notamment typhoïde). Or il est de notoriété scientifique que le service des eaux est à cet égard le grand hygiéniste.

Saint-Étienne a bénéficié ici de sa situation au pied des hauts plateaux du Forez où les eaux sont abondantes et naturellement pures.

La bibliographie du « Service des Eaux » à Saint-Étienne est relativement volumineuse, à cause des projets en cours. Nous citerons :

1° *Études sur les eaux d'alimentation* (Imprimerie du *Stéphanois*, 1892), par M. le Dr Fleury et l'ingénieur A. Clermont.

2° *Rapport de la Commission des Eaux* (Ville de Saint-Étienne, 1894).

3° *Livre local du Congrès déjà cité* (1897). Études très détaillées avec cartes et photographies de M. Reuss, ingénieur des ponts et chaussées.

Remarque. — Suivant leur nature, les services de la cité doivent être monographiés d'après le cadre : 1° de la monographie d'atelier (service des eaux, par exemple) ; 2° de la monographie de maison de commerce ou de marché (halles, abattoirs, etc.) ; 3° de la monographie d'organisation d'intérêt général (police, etc.).

Ici — service des eaux — la justification du procédé est d'autant plus aisée que l'on pourrait concevoir l'entreprise entre les mains d'une compagnie fermière (Compagnie des Eaux, à Paris).

1. Milieu. — Ville de Saint-Étienne.

2. Mode d'organisation de l'entreprise. — Régie de la ville, surveillée par l'État.

3. Caractéristique sociale du chef de l'entreprise. — Un fonctionnaire, ingénieur-directeur du Service des Eaux et de la Voirie.

4. Organisation commerciale. — L'organisation de cette Régie doit naturellement se solder par des pertes ; en ce sens que les formidables dépenses d'installation ne peuvent être amorties par des recettes correspondantes. L'œuvre d'intérêt collectif fait dévier ici le caractère d'entreprise commerciale, qui subsiste cependant au point de vue de la gestion annuelle.

Cette régie, *quasi commerciale,* est donc conçue de la manière suivante :

a. *Recettes.* — Produits des concessions d'eau (voir le détail au Budget, p. 13), 475 746 fr. 20 (plus 5 412 fr. 29 aux recettes supplémentaires).

b. *Dépenses.* — Le service des eaux est mélangé à celui de la voirie, des plans et de l'éclairage. Les dépenses sont représentées par une fraction de la somme totale de 80 689 fr. 57, afférant à ce service mixte.

En outre, pour l'entretien des aqueducs, ponts et fontaines, il faut ajouter une dépense de 37 317 fr. 87 (budget ordinaire), plus 324 fr. 74 (budget extraordinaire), et enfin 85 236 fr. 93 pour l'étude de projets de travaux neufs (canal de dérivation du Lignon).

Remarque. — Le total des travaux effectués jusqu'en 1895 s'élève à la somme de 10 436 000 fr.

Ces travaux se composent : 1° de captages ayant un développement de plus de 54 km. et drainant 1 000 hectares dans la vallée supérieure du Furens (vers le mont Pilate) ; 2° de deux barrages, l'un le « Pas-du-Riot » à 852^m,50 (1 350 000 mc.), construit par M. Lefort, ingénieur ; l'autre le « Gouffre d'Enfer » à 783^m,825 (1 600 000 mc.), construit par M. de Montgolfier ; 3° d'un aqueduc de 17 385 m. depuis son origine, jusqu'au bassin de distribution dit du « Portail-Rouge » ; 4° d'un bassin de distribution, situé au Portail-Rouge (7 000 mc.) ; 5° enfin des tuyaux de distribution.

La quantité d'eau débitée est de 28 000 à 29 000 mc. par jour — 10 à 11 millions de mètres cubes par an.

5. Organisation du travail. — Nous savons déjà que sous la haute direction d'un ingénieur, service de la *voirie* et service des *eaux* et de l'*éclairage* sont réunis.

Donc, la section de la voirie étant mise à part, le service des eaux se présente intimement lié avec celui de l'éclairage (en réalité service des « lampistes » de la ville, destiné à surveiller la façon dont la Cie Stéphanoise du gaz exécute son contrat à l'égard de la municipalité).

Deux bureaux, côte à côte (en 1895, trois bureaux par suite d'une réforme) :

1° Bureau (entièrement pour le service des eaux). — Abonnements ; réclamations ; comptabilité des concessions ;

2° Bureau (s'occupant de l'éclairage et aussi de *toute* la surveillance extérieure relative aux eaux).

La ville est divisée en trois sections, surveillées chacune par un fontainier. — Les captages ont leurs gardes spéciaux.

Les travaux d'entretien sont soumis au régime de l'adjudication (3, 6 et 9 ans).

Le personnel du premier bureau comprend un chef, un comptable, un expéditionnaire ; — celui du second bureau est composé d'un chef, d'un employé, d'un piqueur de l'éclairage, d'un vérificateur (pour les compteurs), d'un jaugeur, d'un employé, d'un vérificateur des usagers des eaux, et des trois fontainiers. En outre, deux gardes de captages. Total : quinze personnes.

Les appointements s'élèvent de 1 500 à 4 000 (1 500 pour les auxiliaires).

6. Chiffres d'affaires et bénéfices. — (Voir organisation commerciale.)

7. Observations. — Elles sont de deux sortes :

a. *Historique*. — (Voir le *Livre local* déjà cité, articles de M. Reuss) ;

b. *Études des projets*. — Les quantités d'eau actuellement débitées sont insuffisantes. Toute une série de projets s'élaborent :

1° Barrage sur le Furet (écarté) ;

2° Troisième barrage sur le Furens et dérivation des eaux de la Semène ;

3° Dérivation du Lignon (il s'agit d'un Lignon venant de la Haute-Loire et non de celui de d'Urfé).

Voir le *Rapport de la Commission*.

Il est inutile d'ajouter que ce croquis, transformé en tableau, prendrait facilement les proportions d'un travail considérable. L'apprenti enquêteur entrevoit ce que chaque « service » ainsi analysé pourrait faire de la « monographie » dans son ensemble — celle du mécanisme administratif de la Cité moderne.

CHAPITRE VIII

CE QUI DEMEURE APRÈS LES ANALYSES PRÉCÉDENTES
UN NOUVEL EMPLOI DE LA MONOGRAPHIÉ DE FAMILLE

Chacun sait, même après les études les plus rudimentaires de chimie, que fort souvent l'analyse la plus minutieuse laisse subsister un résidu irréductible au fond de la cornue.

Le même phénomène s'observe dans l'analyse de la Cité moderne.

Lorsqu'on a fait passer tous les métiers, tous les commerces, toutes les organisations d'intérêt général, y compris la Cité elle-même, dans leurs cadres monographiques respectifs, il demeure, en dehors de tous les cadres, un certain nombre de groupements irréductibles, rebelles aux compartiments de la classification.

Ce « résidu » est constitué par un certain nombre de familles riches, indépendantes, que les actes officiels des bonnes villes de jadis désignaient — en face des marchands et des artisans — sous le nom de bourgeois « vivant noblement »[1].

Comment traiter ces familles, dont les chefs peuvent être des commerçants ou industriels *retirés*, des fonctionnaires *en retraite*, des propriétaires de biens ruraux non résidents, ou enfin des détenteurs de valeurs mobilières ou *rentiers?* Les dénominations habituelles du recensement défilent une à une.

Simplement par le cadre de la « monographie de famille », le cadre *compliqué*, tracé par Le Play lui-même.

En effet, il y aurait une très grande erreur à « borner ce cadre

---

[1] Peu à peu, ils passaient dans la noblesse par les achats d'office.

aux seules familles ouvrières ». Pendant que le maître déve-
loppait cet aphorisme, un de ses disciples, Ch. de Ribbe, méritait les éloges universels par son étude sur les « Livres de
raison ». Or qu'étaient-ce que ces livres de raison ? Des fragments (historiques) de monographies de familles des classes
supérieures.

La difficulté de rédiger le « budget » ne doit pas effrayer
l'observateur. L'établissement de l'impôt sur le revenu et la
déclaration obligatoire, feraient surgir ces budgets par centaines
de mille. On a toujours la ressource d'ailleurs de se « monographier » soi-même, ce qui est beaucoup moins héroïque que de
s'inoculer un virus quelconque. La foi scientifique peut aller
jusque-là.

Quelques monographies de races d'élite, exerçant le pouvoir
depuis de longues années, font pénétrer l'énergie vitale d'une
cité (ou d'une nation), mieux que des milliers de monographies
ouvrières.

Je dirigerais volontiers l'attention du lecteur sur les glorieuses
« dynasties » anglaises, qui se sont spécialisées dans la conduite
de la politique commerciale extérieure de ce pays.

TROISIÈME PARTIE

LA RÉGION RURALE

CHAPITRE PREMIER

LA RÉGION RURALE CONSIDÉRÉE COMME UNITÉ ET SES SOUS-GROUPES

Le banquet des maires de 1889, installé dans la *Galerie des Machines*, se signala par une singularité souvent relevée. La plus formidable et la plus minuscule des communes de France, Paris et Morteau (Haute-Marne) [1] se partagèrent les deux places d'honneur, à droite et à gauche du président de la République française.

L'antithèse ne pouvait être accusée d'une façon plus vivante entre la *cité moderne* et la *région rurale*.

Mais opposer n'est pas définir. Que doit-on entendre par *Région rurale* ?

Est appelée *région rurale* toute surface du sol, quelle qu'en soit la mesure, où la *majorité* de la population s'adonne au travail agricole (art forestier, labourage et pâturage), constituant ainsi ce que l'on appelle un peuple de *paysans*.

Les limites de la région rurale ? Elles sont nettes puisqu'elles sont les mêmes que celles de la cité. En astronomie, les espaces qui séparent les mondes stellaires sont limités par ces mondes eux-mêmes. D'une cité à l'autre, les étendues rurales jouent le rôle de l'éther intercalaire.

La comparaison, qu'il ne faut pas exagérer, offre cet avantage de rappeler tout naturellement les phénomènes mixtes. Autour des planètes, on trouve les atmosphères, et au sein du vide des

_____
(1) 14 habitants.

fragments d'astres. Autour des cités on rencontre les « banlieues », campagnes urbaines, et çà et là les industries établies en plein champ, fragments de cité.

Jusqu'ici la *région rurale*, quoique nettement circonscrite, nous apparaît plutôt comme une immensité négative : *tout ce qui n'est pas la cité, le reste de la France.* Rien ne serait moins exact. De tout temps, cette région rurale s'est trouvée partagée en compartiments distincts, que les langues humaines ont personnifié d'un mot, Bretagne, Provence, Flandre, Alsace, pays Basque — et plus loin Catalogne, Tyrol, Irlande. Sol, climat, migrations ethniques, histoire, tout a contribué à façonner ces unités vivantes entre toutes : les provinces. Migrations ethniques, guerres, alliances, commerce, ont soudé ces provinces — devenues parfois cercles, départements ou districts — et ont martelé par leur union la « nation contemporaine ». La région rurale, transformée en un faisceau de forces *animées*, vous achemine ainsi tout naturellement — malgré la primauté ascendante des cités — vers l'organisation de la « province » et l'organisation qui domine toutes les autres : « l'État ».

La mode des « Questions Agraires », autrement dit des problèmes spéciaux à ces provinces agricoles qui achèvent l'État, concentre de plus en plus l'attention publique vers cette moitié encore mal éclairée de la vie nationale. Déjà la politique commerciale — libre-échange ou protection, traités de commerce ou tarifs — oscille autour de cet axe : le paysan. Déjà les apôtres de l'évangile collectiviste, pénétrés de l'impuissant isolement des classes ouvrières, cherchent à adapter leur enseignement aux « aspirations » très différentes des « travailleurs de la terre », devenus l'enjeu de la bataille sociale [1]. Il y a plus. On ne se borne pas à parler des ruraux. La science va leur rendre visite. L'Académie des Sciences morales envoie parmi eux M. Baudrillart, qui en rapporte ses monographies intitulées : *Populations agricoles de la France.* Des voyageurs indépendants comme MM. Blondel et Ardouin-Dumazet reprennent la tradition d'Arthur Young à travers l'Allemagne et la France.

(1) Voir la très curieuse bibliothèque agraire des collectivistes belges, éditée au journal *le Peuple*, 35, rue des Sables, Bruxelles.

Dans les Universités des cours libres se créent, comblant une lacune, que ne connaissait pas la « Volkswirthschaff » allemande; le *Musée social* s'oriente vers les enquêtes agricoles et il faut avouer que l'heure est d'autant mieux choisie, qu'elle correspond à un actif travail de groupements, les Syndicats agricoles, — sorte de *Germinal*, très différent du *Germinal* ouvrier [1].

Mais l'enquêteur, entraîné par la longue pratique des « cités modernes », doit se persuader, dès le seuil de la « région rurale », qu'il *rencontrera à la fois un monde nouveau et des organismes très analogues aux organismes à lui connus.*

Le terrain est neuf, en effet. La « région rurale » forme un ensemble qui, à la rigueur, peut se suffire complètement à soi-même, à la différence de la *cité*, qui tire du dehors *son alimentation et ses matières premières.* Les zones dites primitives, village indou, *mir* russe, ou même district africain (la *Rhodesia*, par exemple) nous présentent le spectacle de groupements à la fois *minuscules et autonomes, à circulation domestique fermée*, pour lesquels la « terre » est le support des races plus que l'occasion d'un métier. En nos États dits « civilisés », par suite de la complication des rapports et de la diversité des fonctions, la région rurale n'arrive jamais, *malgré une tendance marquée*, qu'à une spécialisation restreinte. Sans doute, de petites exploitations comme les maraîchers-jardiniers de la banlieue, ou les grandes fermes organisées industriellement avec électricité et outillage mécanique, nous transportent à nouveau dans une *manière d'être* analysée dans les cités ; mais à chaque pas, même dans les milieux les plus « progressifs », nous retrouvons des survivances de l'ancien ordre de choses : « on consomme *largement* sur place, on vend le surplus ». La circulation est donc *mixte*, à la fois fermée et tournée vers le dehors. Et il en résulte cette conséquence facile à prévoir, c'est que les organismes seront à la fois plus simples et plus difficiles à l'analyse, tout se réduisant comme proportion et s'amalgamant comme action. Il est plus malaisé de retrouver les systèmes

---

(1) Ajoutons le Congrès international d'agriculture de Lausanne (12-17 septembre 1898).

nerveux, musculaires, osseux, dans un infusoire que dans un mammifère supérieur.

Le « déjà vu » abonde cependant. Qu'il parcoure la plaine saxonne aux « hof » disséminés ou les « villages agglomérés » de l'Ile-de-France, l'enquêteur ne tardera pas, à l'aide de sa classification machinale, à mettre à part les trois rouages qui lui ont servi à décomposer la « cité ».

1° Sur des espaces homogènes qui se succèdent, la même *spécialité agricole* amène la même disposition des ateliers et des foyers, les mêmes coutumes techniques et morales, les mêmes races de chevaux ou de bestiaux, les mêmes révolutions d'ensemencement, les mêmes haltes, les mêmes « coups de force ». Comme dans le même métier urbain, les hommes y sont emprisonnés dans un genre de vie analogue, devenant ainsi non plus des *agriculteurs*, ce qui forme une généralité vague, mais des métayers-éleveurs, des fermiers-laitiers, des journaliers-vignerons, etc., etc. (toute une nomenclature compliquée se fait jour). Étroitement modelées sur le sol, puisqu'elles se ramènent toutes à en tirer parti, ces spécialités se confondent avec ce que l'ancienne langue française appelait le « pays », Beauce, Perche, Marais, Bocage, Brie, autant d'expressions géologiques et agricoles. La « monographie de pays » devient par suite la symétrique rurale de la « monographie de métier » [1].

2° Le « marché » — au sens général du mot — va se réinstaller en la place qu'il occupait dans la Cité. Même dans les régions où le groupe initial, *aoul, douar, village, communauté taisible*, garde jalousement sa circulation intérieure, la nécessité des échanges fait surgir les réunions périodiques, marchés hebdomadaires, foires mensuelles, grandes foires de Champagne jadis, de Nijni-Novgorod aujourd'hui. Un pas de plus vers la complication, et ces foires interlocales ne peuvent se suffire; elles forment simplement le premier, deuxième, troisième chainon d'une filière que surmonte le « marché urbain »; témoin les

(1) Voir « La Géologie agricole » de M. Risler. directeur de l'Institut Agronomique, 2ᵉ édition, t. I, p. 2: « Le bon sens du paysan a devancé la science : il a distingué par un nom particulier chaque étendue offrant le même aspect et la même culture ». Voir également l'opuscule de M. Foncin : « Les Pays de France » (Armand Colin).

foires de bestiaux (élevage, dressage, engraissage) avant d'arriver au marché parisien de la viande sur pied (la Villette). Parfois même tout semble se ramener au « marché » de la cité, lorsqu'il s'agit de blés, farines, huiles, alcools, et autres objets de *jeux sur différences*. La similitude d'étiquette ne nous a pas trompés. Il nous suffit de réemployer rigoureusement l'ancien cadre.

3° « L'organisation d'intérêt général » n'est pas soumise à une règle différente. Encore et toujours l'*assimilation*. Syndicat d'ouvriers tisseurs ou Syndicat agricole ont-ils besoin de deux espèces de cadres ? Les services administratifs, surtout en cette France centralisée, ne sont-ils pas calqués les uns sur les autres ? La gendarmerie ne peut-elle pas être décrite d'après le plan qui a servi à la police ? L'armée n'est-elle pas une gendarmerie agrandie, et la flotte n'est-elle pas définie « l'armée de mer » ? Bureaux d'une préfecture et bureaux d'un hôtel de ville, ce ne sont que copies et redites. Certains ministères sont loin de présenter les infinis détours de la préfecture de la Seine. A cet égard la « Cité » est la plus instructive préface du « Département » et de « l'État ».

En résumé, la classification tri-partite demeure à peine modifiée. Elle nous offre, par le changement d'un seul mot :

1° LE « PAYS » ;
2° LE MARCHÉ ;
3° L'ORGANISATION D'INTÉRÊT GÉNÉRAL.

Le premier des sous-groupes exigera seul d'assez longs développements. Quelques exemples rapides suffiront pour « illustrer » les deux autres.

En effet, si la « monographie de pays » nous échappe, les monographies de marché et d'organisation ne peuvent guère nous apporter que des lieux communs rebattus.

CHAPITRE II

La « Région rurale », qui va servir de point de ralliement
à notre exposé du nouveau procédé d'enquéte est le *Limousin*.
Le Limousin correspond à une spécialité agricole qui peut être
qualifiée d' « *élevage de bestiaux par communautés de paysans métayers* ». Cette qualification, hâtons-nous de l'ajouter, ne réunit pas le mérite de l'exactitude à celui de la
simplicité. Le régime agricole limousin est plutôt un régime
de « pluriculture » (blé, pommes de terre, sarrasin, colza,
porcs, moutons, etc.) avec prééminence de l'élevage des bestiaux de la race limousine. Peu importe pour les explications
qui vont suivre. Ces détails ressortiront du premier volume des
« Questions Agraires », lorsque celui-ci pourra enfin se dégager de son manuscrit.

Mais ici une difficulté survient, que la *monographie de métier*
avait ignorée. *Il y a pluralité de cadres.* Par suite d'une sorte
de génération spontanée d'idées analogues, divers enquêteurs
ont imaginé des instruments tournés à peu près vers le
même objet. On connaît ces fièvres endémiques d'inventions.
Il faut donc choisir d'abord, et en second lieu décrire l'*appareil* choisi — pour respecter la vieille métaphore empruntée à
l'art du photographe.

I. — LES DIVERS CADRES DE MONOGRAPHIE DE « PAYS »

Le Limousin, pour être transformé en « pays » (spécialité
agricole homogène), a besoin d'un commentaire. L'expérience

traduite par la langue locale, oppose soigneusement le Haut Limousin et le Bas Limousin. Ainsi que le fait remarquer fort justement M. Paul Dubost, dans sa monographie du village du Temple [1], « dix tours de roues » de la locomotive du Grand Central vous transportent, en un éclair, de la haute falaise brumeuse à la plaine ensoleillée et demi-gasconne de Brive-la-Gaillarde. Ici il ne s'agit que du Haut Limousin, le plateau granitique, à moutonnement de collines coupées d'eaux vives et de haies d'arbres, qui s'inclinent par séries successives du Massif Central anx plaines crayeuses de l'Ouest.

Mais ce Haut Limousin lui-même ne doit pas être confondu avec l'ancien *Haut Limousin* de l'administration royale. Certains lambeaux qui étaient étrangers à cette division jadis usuelle, comme la zone de Rochechouart, rattachée au Poitou et celle du Confolentais dépendant de l'Angoumois, doivent être restitués au « pays », considéré comme expression agronomique et sociale. Si l'on se contente d'une esquisse sommaire, on peut dire que le Haut Limousin tel que nous l'entendons se compose : 1° de de la majeure partie du département de la Haute-Vienne, à l'exclusion de la partie septentrionale ou *Basse-Marche* ; 2° de l'encoignure nord-est du département de la Charente. La carte rigoureuse, qui reste encore à tracer, ajouterait peut-être à ce noyau certaines lisières des départements voisins. Il serait aisé d'achever cet essai inédit de « géographie économique » à l'aide d'un syndicat inter-départemental comme celui de la *race limousine*, véritable centre d'une *unité qui s'ignore.*

L'objet ainsi nettement défini, les quatre instruments d'analyse entrent en concurrence. Ce sont :

1° La *nomenclature* ou monographie de *société*, de M. Henri de Tourville ;

2° La monographie départementale, de la Statistique officielle ;

3° La monographie de commune, de M. E. Cheysson ;

4° La monographie de « pays » proprement dite, de nos Enquêtes Agraires.

(1) Voir l'Enquête de la Société d'Economie sociale sur l'*Etat des familles et l'application des lois de succession.*

1° LA NOMENCLATURE OU MONOGRAPHIE DE SOCIÉTÉ. — M. Henri de Tourville est un disciple de Fr. Le Play, qui en 1887 divorça avec un groupe de fidèles de la *Société d'Économie sociale* et fonda une revue intitulée : la *Science sociale* [1]. L'école nouvelle, que l'on a comparée à l'école physiocratique, à cause de son extrême cohésion, se fit assez rapidement connaître par une série de publications originales, et parfois tapageuses, comme la *Supériorité des Anglo-Saxons* et les *Français d'aujourd'hui*, de M. Ed. Demolins. Un instant même, elle fut la véritable inspiratrice des Enquêtes du *Musée social*, ainsi que le prouvent les « Trade-Unions » en Angleterre ; ainsi que la double étude sur le « Trade-unionisme » américain et les « Industries à monopole en Amérique » de M. Paul de Rousiers. Mais qu'est-ce que cette *Nomenclature* qui semble contenir la « science » tout entière, absolument comme jadis le *Tableau Synoptique* de Quesnay ?

La *Nomenclature*, que nous avons cru devoir publier en annexe du présent volume, est à la fois un *procédé d'observation* et un *classeur d'éléments observés*. Un examen rapide de ses vingt-quatre sections (correspondant aux vingt-quatre lettres de l'alphabet) suffit pour mesurer l'effort intellectuel qu'elle renferme. Malheureusement le *dualisme* de son point de départ ne tarde pas à y faire découvrir un germe de contradiction et par suite de destruction.

Appliquons-la au Limousin, ce qui a été tenté d'ailleurs par M. Demolins (t. IV de la *Science sociale*, p. 287). Cette étude est une sorte d'avant-goût de l'étude du même auteur sur la France : il y explique le Limousin par le châtaignier, comme il devait expliquer la France entière par la vigne [2]. A quelle conclusion cet exemple vient-il aboutir ?

Considérée comme « grille à déchiffrer », la *Nomenclature*

(1) Éditée chez Firmin-Didot.

(2) Le châtaignier a eu son influence sur le développement économique et social du « pays ». Mais c'est une étrange illusion d'isoler *une* cause au milieu de tant d'autres. Dans sa *Monographie du châtaignier*, M. Edouard Lamy explique au contraire le châtaignier par le Limousin (les coutumes locales exemptaient les châtaigniers de la dîme. D'où le développement du châtaignier).

rendra incontestablement certains services. L'outil toutefois
est pesant. C'est un télescope. Le champ visé est la *société tout
entière*, qui doit passer, sans omettre aucun détail, dans l'axe
visuel. S'il s'agit d'une peuplade primitive, condensable en un
étroit espace, cela va encore : le livre de M. de Préville sur les
Sociétés africaines lui doit de l'intérêt et de la clarté. Mais la
nation moderne ne se laisse guère parcourir ainsi d'un regard.
De plus, les vingt-quatre sous-cadres se perdent rapidement
dans l'imprécis : la *famille*, quelle famille ? où la choisir : le
travail, — au lieu de l'atelier — déjà l'abstraction apparait,
mal soutenue par le cadre trop vaste. On ne traverse pas
d'aussi longues distances sans instrument démontable et sans
instructions sur la manière de le réinstaller. Aussi l'enquêteur
le plus remarquable de l'école, M. de Rousiers, observe-t-il
surtout d'après son instinct et son expérience.

Mais, dira-t-on, la *Nomenclature* est une *classification
sociale*. Ce titre la précède. Elle est un moyen d'établir les
liaisons nécessaires : les *faits permanents*, comme la classification de Linné ou la nomenclature chimique. Alors que
signifie le cadre A, le *milieu ?* Le milieu, c'est une série de
faits *physiques*. Comment figurent-ils dans la classification des
faits *sociaux ?* Voit-on dans la nomenclature chimique le
milieu, c'est-à-dire la *chaleur*, l'*électricité*, etc., etc. ? Allons
plus loin. Observer est une chose ; classer en est une autre. Si
vous observez sur une classification, vous risquez de rejouer à
votre insu la fable de Procuste : le *fait* sera étiré ou raccourci
suivant les besoins. Ayez de bons instruments pour herboriser :
établissez une fois pour toutes votre méthode de récolte et
d'échantillonnage. *Imprégnez-vous des faits*, sans autre souci
que les faits eux-mêmes. Les faits sont le contrôle de votre
classification, hypothèse provisoire, destinée à être oubliée
pendant l'enquête et à se rompre tous les vingt ans.

2° LA MONOGRAPHIE DÉPARTEMENTALE (STATISTIQUE OFFICIELLE). —
Le cadre précédent visait nettement l'objet concret, en matière
d'observation rurale : M. de Tourville est même l'un de ceux
qui les premiers ont attiré l'attention sur l'homogénéité du

« pays », appelé par lui « pays-membre » (de la province). Ici, avec le cadre de la Statistique officielle, l'objet ne va plus être atteint que *de biais*, par suite d'une nécessité bureaucratique. Les renseignements sont en effet recueillis par grandes masses : où les concentrer, sinon à la préfecture ? Il en résulte que l'unité observée va devenir factice, et contenir *plus que l'objet parfois, parfois au contraire moins que lui.*

L'Enquête universelle (commerce, industrie et agriculture) qui forme la tête de ligne de nos enquêtes agricoles, — tentées aujourd'hui tous les six ans, — est la « Statistique générale de la France » du premier Empire. Cette statistique symétrique des fameux *Mémoires des Intendants* au XVIIᵉ siècle, est inachevée. Or l'un des volumes les plus considérables et des plus fouillés de la collection est précisément celui de la Haute-Vienne (édité chez Testu, 1808). L'auteur de cette œuvre hors ligne, souvent citée par Le Play, est Pierre Rougier-Châtenet (né en 1765, mort en 1830), conseiller de préfecture de la Charente et chef de division à la préfecture de la Haute-Vienne [1] — l'un de nos grands économistes inconnus.

En effet, Rougier-Châtenet ne s'est pas borné à découvrir les sections nécessaires d'une enquête de ce genre (1° topographie ; 2° population ; 3° histoire et administration ; 4° agriculture ; 5° industrie et commerce), et à remplir chacune d'elles avec les informations les plus détaillées et les plus précises [2], il a eu le sens du trait *dominant* : mettant le Haut Limousin en relief, et les « pays » annexés au second plan. Bien plus, il a deviné la puissance de l'échantillon monographique et a donné pages 334-335 le tableau descriptif *du domaine limousin*, embryon d'une monographie d'atelier rural.

3° La monographie de commune de M. E. Cheysson.— Le cadre de la statistique officielle pèche par excès. Le cadre que M. E. Cheysson dessina pour le concours du prix agronomique des

---

(1) Nous en possédons le manuscrit. La première page du volume imprimé porte cette simple mention : M. Texier-Olivier, préfet. — Rougier-Châtenet est né à Chabanais (Charente), principauté héréditaire des Colbert.

(2) 551 pages in-4°.

Agriculteurs de France, pécherait plutôt par défaut, puisque la commune (la superficie communale) n'est qu'une parcelle du « pays ». Mais on ne saurait lui adresser trop d'éloges : il a suscité un mouvement d'enquêtes (plus de soixante en deux années), qu'un procédé plus rigoureux, mais plus lourd, aurait peut-être découragé. De plus, qui ne l'aperçoit ? Cet excellent questionnaire, transporté autant de fois que le « pays » contient de communes, fournirait les matériaux de la monographie idéale. Par un détour, il permet de reconquérir la vérité tout entière. Réduit à lui-même, il la fait entrevoir, puisque l'homogénéité de l'ensemble imprime à chaque unité le reflet des unités voisines — à condition de ne pas choisir les communes cousues de pièces disparates, ainsi que cela peut se rencontrer.

Une seule critique sérieuse pourrait être formulée contre cet essai consacré par la réussite. Nous ne voulons pas parler de l'hypertrophie des divisions historiques (il est aisé de les raccourcir), mais de *l'absence des monographies-annexes, ateliers ou familles* — oubli surprenant, quand on songe que M. E. Cheysson enseigna toute sa vie la monographie de famille et imagina la monographie d'atelier.

L'étonnement augmente encore lorsqu'on découvre un cadre de « monographie de commune », très antérieur, où *les exemples monographiques sont prodigués*. Il s'agit de la très remarquable *Statistique agricole de la commune de Trappes* (Seine-et-Oise), publiée en 1848 par M. Richard de Jouvance (1817-1893), ingénieur-géomètre. M. Richard de Jouvance porta du premier coup la monographie communale à sa perfection suprême ; non seulement ses divisions générales furent complètes et précises (sans aucune préoccupation historique), mais encore il analysa séparément les onze exploitations agricoles de la commune [1]. La liste des « enquêteurs » devra être dressée quelque jour, ne serait-ce que pour restituer leur place aux initiateurs oubliés.

---

(1) Le Comice agricole de Seine-et-Oise avait pris l'initiative de cette statistique. M. Tourier, ministre de l'agriculture et du commerce (1848) avait d'ailleurs fourni un cadre général de *statistiques communales*.

4° LA « MONOGRAPHIE DE PAYS » DE NOS ENQUÊTES AGRAIRES. — Il est aisé de deviner que la « monographie de pays », telle que nous la concevons, ne va pas chercher un objet différent de l'objet réel et concret *(qui est un faisceau de communes)*. Son en-tête lui en fait une loi, malgré certaines difficultés auxquelles on se heurte.

On pressent également qu'un autre trait la différencie des cas précédents : c'est « l'échantillonnage » des ateliers et des familles. Tout se tient en effet dans nos « procédés d'observation ». Une seule idée directrice circule à travers la variété de leurs aspects extérieurs. Ainsi le *système métrique :* longueurs, surfaces, volumes, poids, monnaie, se ramène à une seule notion : le mètre. Le mètre, ici, est l'échantillon monographique et sa puissance de révélation par l'analogie.

II. — LE CADRE DE LA MONOGRAPHIE DE PAYS

Des difficultés ont été annoncées, et ces difficultés, universellement signalées, ont été la cause de la diversité des cadres essayés (cadre départemental, communal, etc.). *Il est impossible d'entreprendre une enquête agricole sans s'appuyer sur les statistiques officielles.* Or les statistiques officielles ont pour base les circonscriptions officielles, départements, communes. D'où le raisonnement qui a fait abandonner par quelques-uns la véritable unité, admise implicitement par tous.

La première tâche consiste donc à se procurer *la carte du « pays »*, lorsqu'elle existe, par exemple les *cartes commerciales* des grands crus d'eaux-de-vie ou de vins (Champagne, Bourgogne, Médoc, etc.), ou les *cartes calcimétriques* des régions vinicoles [1]. Si les cartes antérieures font défaut, il convient de réunir les cartes administratives (aussi simplifiées que possible) des deux ou trois départements sur lesquels « chevauche » le « pays » à analyser. Au fur et à mesure de

(1) Les cartes calcimétriques sont les cartes rédigées par les professeurs départementaux d'agriculture, qui précisent la quantité de chaux des terrains de chaque commune (en vue de la reconstitution des vignobles). Les terrains très calcaires détruisent rapidement en effet, par la chlorose, les plants américains ordinaires.

l'enquête, on cerclera d'un trait l'ensemble des arrondissements, des cantons et des communes, qui correspondent à la spécialité agricole ou au « pays », ce qui est la même chose. Faites intervenir l'arrondissement, surtout le canton (l'ancien doyenné ecclésiastique, en général homogène) et les communes, seulement dans les cantons disparates (les renseignements officiels vous arriveront ainsi par faisceaux), et ne vous préoccupez pas de débuter avec des limites imprécises. La *monographie de métier*, pour la plupart des professions dites de petite industrie, doit se résigner à cette imprécision. Elle n'en conduit pas moins à des résultats fort nets.

Les trois parties de la monographie de métier réapparaissent d'ailleurs :

1º Enquête bibliographique ;

2º Enquête personnelle ;

3º Enquête *monographique* (proprement dite).

1º Enquête bibliographique.

L'enquête bibliographique ramène la technologie, l'histoire, les ouvrages précédents.

a. *Technologie*. — La technique agricole est déconcertante pour les urbains d'origine. Le paysan est un encyclopédiste d'observation exacte et d'esprit moqueur. Sa vie terre à terre implique une foule de notions géologiques, botaniques, zoologiques, etc., etc., dont il ignore les étiquettes savantes, mais qui se sont incorporées à son être et qu'il pense naturellement. Il ne faut pas lui sembler très inférieur, parce qu'il a une pente au mépris ; il faut être capable de le deviner rapidement, parce qu'il est taciturne et méfiant. Nous n'exigeons pas, sans aucun doute, de l'enquêteur de la « Région rurale » le diplôme d'ingénieur-agronome, non plus que celui de vétérinaire. Le luxe des titres ne saurait nuire : il n'est pas indispensable, toutefois. Que l'enquêteur soit imbu de cette « pratique » courante, qui se trouve résumée en tel ou tel volume de vulgarisation : *la Ferme* de Pierre Joigneaux, par exemple. Qu'il sache distinguer l'assolement biennal [1] de ce Limousin encore pénétré des coutumes romaines (blé et plantes sarclées remplaçant la jachère), de l'assolement triennal du Nord (blé, avoine et jachère, à laquelle les fourrages et la betterave se sont substitués). Qu'il puisse raisonner sur le blé blanc de pays ou le blé rouge, à tige pleine, « inversable » et destiné aux terrains « forts ». Qu'il ne considère pas comme autant d'inconnus les outils agricoles ; qu'il sache détailler les parties d'une charrue : coutre, versoir, mancherons, etc., etc., et au besoin témoigner d'une certaine compétence au sujet du machinisme, faucheuses, batteuses, trieurs, etc. Ici, la spécialité dominante — l'élevage de la variété limousine — ne nécessite même pas de longues stations aux bibliothèques techniques des *Agriculteurs de France* (8, rue d'Athènes) ou de l'*Institut Agronomique* (rue Claude-Bernard). La bibliographie-préface du Perche (hippologie avec la théorie traditionnelle du *pur sang*), du Soissonnais (fabrication sucrière), du Hurepoix (distillation de l'alcool de betterave) entraînerait le maniement de documents bien autrement nombreux. La «zootechnie des bovidés » est presque complètement contenue dans les études de M. Sanson, l'ancien professeur de l'École de Grignon, qui a si largement contribué à la réhabilitation scientifique de nos races nationales. Or la doctrine de Sanson a été résumée en ces mêmes volumes de la *Ferme*, décidément érigés par cela même en manuel fort commode pour les commençants. Chacun sait que les manuels n'excluent pas les œuvres plus détaillées et de plus haute allure.

b. *Histoire*. — Les recherches historiques — introduction à la « monographie de pays » — doivent être dominées par un conseil : « Méfiez-vous des archéologues. » L'enquêteur industriel a un ennemi : l'homme technique, qui égare son attention sur une machine-outil, lorsqu'il s'agit de noter le fonctionnement d'une caisse de retraite ou un mode curieux de partici-

(1) L'assolement est la révolution d'après laquelle les cultures se succèdent sur une surface de terrain donnée. L'expérience a prouvé, en effet, qu'un sol toujours occupé par une même plante s'épuise, et que, successivement ensemencé par des plantes diverses, il se reconstitue.

pation aux bénéfices. L'enquêteur agricole doit se défendre contre le passé, qui s'empare aisément de l'esprit chercheur, dans ces milieux ruraux où l'immuabilité est souvent la règle. N'avons-nous pas relevé l'*hypertrophie* historique du cadre de M. Cheysson ?

Comme conséquence, soyons sobres de lectures historiques. Pour le Limousin, en particulier, les lectures deviendraient aisément attachantes. C'est d'abord un mémoire de M. de Bernage, intendant au xviie siècle, l'*Agriculteur limousin* de Jude de la Judie, les Mémoires de la Société d'Agriculture de la Haute-Vienne, une infinité d'articles — épars çà et là dans les annuaires et les journaux locaux — de M. Lémarie, archiviste de la Haute-Vienne ; l'*Histoire générale des paysans* de M. A. Lémarie, père du précédent, qui avait résidé lui aussi en Limousin et qui a subi l'influence de l'atmosphère ambiante, certaines monographies de valeur inégale, comme les *Récits limousins* [1] ou l'*Histoire de Rochechouart* de l'abbé Dullery, etc., etc. : enfin la *Statistique* de 1808, de Rougier-Châtenet, passée à l'état de monument historique. L'énumération suffit-elle ? Elle proclame au moins l'effort vers l'introduction historique et le procédé le plus court pour la réaliser. Le « sens » du passé doit être demandé aux analyses décentralisées et non aux tableaux d'ensemble ; et ces analyses sont détenues par deux centres voisins, qui ont droit à votre première visite : 1° les Archives départementales et la Bibliothèque du chef-lieu ; 2° les Collections des Sociétés agricoles. Il est possible parfois de faire intervenir avec le plus grand profit les archives particulières, monastères et châteaux [2] ; 3° *Ouvrages précédents*. — L'ouvrage précédent est un document contemporain.

En tête de ces documents contemporains (c'est-à-dire correspondant encore à la réalité des choses, par suite de leur date récente) figurent les publications administratives, facilement

---

(1) Publié chez Barbou.

(2) Pour la région de Paris, il est inutile de faire un pas sans l'admirable *Traité de la police de de La Mare*, qui contient toute l'histoire des subsistances et par suite de l'agriculture.

accumulées par un État centraliste. En annexe, il ne faut pas oublier les travaux des Sociétés savantes (ou des Syndicats généraux), ni les ouvrages dus à des initiatives isolées.

a. Les publications administratives doivent être demandées d'abord au Ministère de l'Agriculture. La direction générale de l'Agriculture proprement dite a inauguré depuis de longues années ces *Enquêtes Agricoles*, dont la dernière date de 1896 et la prochaine sera exécutée en 1902. Cette enquête [1] qui apparaît toujours comme un peu factice dans ses résultats généraux, prend un intérêt supérieur, à mesure qu'elle se rapproche du sol, pour ainsi dire. La feuille départementale « vit » presque, et, malgré les erreurs entraînées par la négligence du personnel des mairies, les feuilles cantonales et communales deviennent le véritable guide pour l'enquêteur « sur place ». — Les directions générales des Haras et des Forêts fournissent en outre des rapports annuels sur la situation de leurs domaines respectifs. — Le *Bulletin du Ministère de l'Agriculture* résume enfin tous les résultats précédents, en les complétant par les évaluations de récoltes et l'indication des modifications législatives.

Le Ministère des Finances intervient immédiatement après le Ministère de l'Agriculture. Comment étudier le moindre mouvement commercial (et les grands commerces agricoles dominent l'agriculture) sans avoir l'habitude de manier et d'interpréter la « Statistique générale des douanes » ? Comment suivre un instant l'étude de la production des sucres indigènes ou des alcools, sans recourir à cette vigie permanente : l'Administration des contributions indirectes ? La Direction générale des contributions directes nous offre ensuite l'appui de sa classification, déjà vieille de dix ans, sur la division de la propriété en France, révélatrice surtout lorsqu'on arrive à exhumer des directions départementales les matériaux primitifs qu'ont rédigés les percepteurs. Enfin l'Enregistrement y ajoute les tableaux annuels des impôts perçus à l'occasion des ventes et des partages, c'est-à-dire le véritable thermomètre de la mobi-

---

(1) Elle devrait être refondue, avec la carte géologique pour base, et les professeurs départementaux d'agriculture comme moyens.

lisation du sol. Le *Bulletin de statistique et légalisation comparée*, fondé au ministère même en 1877 par Léon Say, condense la majeure partie des renseignements fournis par les multiples branches de notre organisation financière.

Le Ministère du Commerce — le lecteur le sait — est le siège d'une sorte d'embryon de service statistique central, l'*Office du Travail*. L'Office du Travail publie, par les soins de son deuxième bureau, l'Annuaire statistique de la France. Ses enquêtes (notamment sur les salaires et durée du travail) portent parfois sur les industries de l'alimentation, et par ricochet sur l'agriculture, — quand elles n'attaquent pas directement les syndicats agricoles avec M. de Rocquigny. Quelques avis peuvent être également demandés au *Bulletin mensuel de l'Office*.

Mais toute la puissance d'information des administrations d'État reflue souvent vers les Archives parlementaires, vers ces rapports destinés aux Chambres, où un sénateur spécialiste — si ce n'est un député — coordonne en un exposé plus ou moins lucide et appuyé sur une série d'annexes plus ou moins probantes, l'opinion de la commission qui l'a élu comme porte-parole. Primes d'exportation aux sucres nationaux, monopole de la rectification de l'alcool, mesures sanitaires contre les épizooties des États voisins, autant de sujets qui défilent, avec bien d'autres, devant ces rouages permanents ou temporaires : commission des douanes, ou telle autre commission à sujet d'études limité. A cet égard, les « agences » d'informations fondées par les partis politiques (bureau parlementaire du 30 de la rue de Grammont pour le parti progressiste ; secrétariat du 3 de la rue de Bourgogne pour les droites), évitent de recourir au catalogue plus difficilement accessible de la Bibliothèque du Palais-Bourbon ou du Luxembourg.

Restent, en dernier lieu — sources absolument capitales pour le Limousin, que les précédents développements semblent avoir quelque peu oublié, — les services d'approvisionnement des différentes cités. Nous utilisons cette expression, parce qu'elle est consacrée dans l'administration parisienne ; en telle autre ville, Limoges par exemple, il conviendrait de parler de

l'octroi, qui se trouve chargé de la perception des droits de
place dans les halles et marchés. Peu importent les mots. Le
fait intéressant, c'est que les grandes cités et par suite leurs
marchés et abattoirs, par exemple, régissent de loin la situation des commerces agricoles locaux. Prenez le rapport annuel,
si artistement orné de graphiques, que publie le bureau de
l'approvisionnement à la préfecture de la Seine : vous aurez
réuni en un tour de main, à la Villette, aux Halles Centrales,
à Bercy, etc., etc., les indices les plus précis sur le bien-être
ou la crise des régions rurales les plus éloignées : Nivernais,
Provence, Normandie, Languedoc. Lyon, Saint-Etienne, Marseille, Bordeaux, compléteraient ce diagnostic urbain des
milieux agricoles. Malheureusement l'aspect et le détail des
renseignements sont loin d'être uniformes. L'unification, ou
du moins la ressemblance, serait-elle impossible ?

b. Sociétés savantes et syndicats généraux. — Une liste
sèche nous est imposée par l'abondance des citations.

La Société d'Economie sociale (54, rue de Seine) met à notre
disposition ses collections déjà citées des *Ouvriers européens*
et des *Ouvriers des Deux Mondes*, ainsi que ses Enquêtes plus
spécialement agraires sur l'*État des familles* et la *Constitution
du Domaine*.

La Société des Agriculteurs de France (8, rue d'Athènes)
peut montrer avec satisfaction sa petite bibliothèque sans
cesse accrue de monographies communales, les unes imprimées, la plupart manuscrites.

Le Musée social (5, rue Las-Cases) qui a organisé au début
de 1898 sa section agricole, a déjà fait paraître l'*Etat général
des Syndicats agricoles*, classés par département, sans parler
du *Manuel des caisses rurales*.

Puis on peut citer :

Le Syndicat de la Minoterie française (place Saint-Germain-
l'Auxerrois).

Le Syndicat général de la Boucherie (8, rue du Roule).

La Bourse de Commerce et ses différents syndicats de spéculation (marché des blés, farine douze-marques, alcools, sucres,
huiles, etc.).

La Société des Magasins Généraux (à cause des stocks qu'elle abrite), au 6 de la rue Croix-des-Petits-Champs.

Et nous omettons ces sortes de bureaux de renseignements, comme le *Journal des Halles et Marchés* (rue Jean-Jacques-Rousseau) et d'autres encore. Autant de portes à entr'ouvrir, avec choix, suivant que la région rurale s'oriente vers telle production ou vers telle autre.

c. Œuvres individuelles. — Le champ devient ici indéfini. Qu'on nous permette de rappeler pour le Limousin, les thèses juridiques sur le métayage, notamment celle de M. Jean Cruveilhier ou telle étude économique : *la Petite propriété en Limousin* de M. René Henry. Il est bien entendu que cette section de la bibliographie demeure incomplète.

2° Enquête personnelle.

Si l'enquête bibliographique nous a engagés en des circuits ignorés de l'*interviewer* strictement urbain, l'enquête personnelle va nous faire retrouver des manœuvres familières. Il s'agit ici, en effet, de la tâche toute matérielle des « reconnaissances sur le terrain ». Or, l'art de recueillir les renseignements en éclaireur varie peu, d'après le Manuel du service en campagne. Quand nous disons que cet art varie peu, nous ne voulons parler que de l'exposé didactique ; l'application déroute comme à plaisir les formules, et ouvre le champ le plus imprévu à l'initiative prime-sautière.

Quelle marche suivre par conséquent pour notre « Guide des enquêteurs ruraux » ? Leur conseiller d'abord de peser chacun des alinéas relatifs à la *Monographie de métier*, section de l'Enquête personnelle ; — en second lieu rédiger, à leur usage, une récapitulation succincte des notions principales à retenir, sous la forme du Questionnaire des livres élémentaires.

a. Quel est le but de l'enquête personnelle ? — Relever la topographie générale de la région rurale homogène, c'est-à-dire le « Pays », le Haut Limousin, par exemple.

b. *Quel moyen utiliser pour relever cette topographie écono-mique et sociale ?* — Il faut s'efforcer d'extraire la plus grande somme d'expérience possible du cerveau des hommes pratiques de la zone choisie.

c. *Ces « autorités sociales » doivent-elles être recherchées dans les mêmes directions que pour le métier urbain ?* — Oui et non. Les mêmes compartiments se rééditent, il est vrai ; mais l'ordre d'importance est bouleversé. De plus deux chefs de file se rencontrent, inconnus comme tels dans le milieu des grandes cités : le professeur d'agriculture, le notaire.

Le professeur d'agriculture, le savant sorti de l'Institut agronomique et chargé, par nos réformes récentes, de la surveillance et de la direction technique du département ou de l'arrondissement, doit être considéré comme le pivot initial de l'enquête personnelle. Peu vous importe, à vous, enquêteur, que le professeur soit jeune et que les vieux praticiens locaux critiquent ses généralisations trop hardies. Même dans le cas d'installation récente, vous avez en lui le collaborateur le plus utile ; un esprit ouvert à votre genre de recherches et un centre de relations qui rayonne sur la contrée. Le plus souvent, — et je ne voudrais pas évoquer ici mes souvenirs de la « zone de Cognac » ou des « plateaux du Hurepoix » — c'est à un véritable maître que vous avez affaire, à un initiateur écouté de tous, qui marque la voie et n'est dépassé par personne. Dans les « pays » d'élevage de la race chevaline, le vétérinaire local vient immédiatement à côté du professeur d'agriculture, avec les mêmes avantages et le droit aux mêmes égards. Nous avons pu nous en convaincre lors d'une très récente excursion dans le Perche et le Boulonnais.

Quant au notaire — au notaire campagnard, qui ne reproduit que de très loin la silhouette de son confrère parisien — qu'en dire, sinon qu'il forme toujours la clef de voûte de l'économie rurale ? Les fameux livres de comptabilité concernant les dépôts, n'y ont apporté que peu de changement. Il est toujours le banquier du paysan et surtout son « confesseur », Les secrets de la vie familiale, du crédit, du « bas de laine » lui-même, n'existent pas pour lui. Nul, plus que le notaire, ne peut se flatter du contact permanent et renouvelé avec la masse la plus diverse d'individualités fermées aux confidences.

Immédiatement après, nous retrouvons :

Le *Mouvement syndical :* ces syndicats agricoles, dont la liste générale, grâce au *Musée social,* est condensée maintenant en un petit volume, facile à manier. Ce mouvement syndical vise surtout un mouvement de « propriétaires », de fermiers et de métayers ; le *Syndicat d'élevage de la race limousine,* 1, rue des Argentiers, à Limoges, dont nous avons signalé la tentative d'union directrice entre les parcelles dispersées du Haut Limousin, en fournit un exemple. Donc, le mouvement syndical ouvrier (domestiques et journaliers agricoles) se réduit presque à néant, sauf en quelques zones frontières (ou très proches), des groupements industriels ; et par contre, le mouvement syndical patronal (ou petit patronal, il est vrai) se fortifie des Sociétés d'agriculture, des comices agricoles, etc., qui constituent des faisceaux de forces, à relever et à interroger.

Le *Mouvement coopérateur* accompagne toujours de près ou de loin le mouvement syndical. L'*Annuaire de la coopération* nous fait renouer connaissance avec les Coopératives de consommation agricoles, qui tiennent de si près à la culture par le lien du commerce du blé. La coopération de production ramène devant nous la série des *laiteries,* des *fruiteries* si nombreuses, et au milieu desquelles se détache une véritable association ouvrière ; l'association des *Ouvriers forestiers de Montmorency.* La Coopération de crédit est représentée par les caisses rurales, qui ont leurs statistiques, leurs fédérations, leurs cantonnements parfois rivaux.

Et il faut terminer en quelques mots, simplement énumératifs. Les points de renseignements sont complétés par :

Le gros commerce local : approvisionnement de matières premières, engrais, bestiaux, etc., ou achat de récoltes variées, minoteries, usines de rectification, sucreries, etc., etc.

Les écoles d'agriculture, de l'État ou de l'Église.

Le clergé (le curé).

L'instruction publique (l'instituteur, fonctionnaire ou libre).

Les Sociétés de secours mutuels.

Les petits détaillants locaux, dont l'action sur les ruraux est souvent décisive, très éprouvés souvent par les coopératives de consommation. (Certains de ces détaillants, parmi lesquels les petits industriels doivent être compris, ont été les initiateurs de formidables agitations paysannes, notamment les maréchaux ferrants pendant les guerres de Vendée.)

Les bureaux de bienfaisance.

Les comités électoraux eux-mêmes.

Enfin, le *caput mortuum* des individualités « éminentes ».

Rien n'est diversifié comme cette catégorie. Elle comprend tour à tour — et parfois en même temps — un châtelain-novateur, comme il serait aisé d'en trouver des centaines dans la liste des « Agriculteurs de France », un géomètre-arpenteur, un « marchand de biens », un petit propriétaire praticien hors ligne, etc. Le Haut Limousin présente en outre une variété inconnue en d'autres contrées : le régisseur, « homme d'affaires ou de confiance, » d'après la langue locale, qui moyennant une somme fixe en principe, cent, cent cinquante francs, surveille une métairie pour le compte du propriétaire. Les régisseurs groupant ainsi entre leurs mains, dix, quinze, vingt métairies, deviennent la véritable « clef de voûte » de l'agriculture locale. Leur comptabilité constitue une documentation extrêmement complète et intéressante.

d. L'énumération des témoignages une fois acquise, comment en établir la critique, et comment se procurer les relations nécessaires ? — Il n'existe pas de différence appréciable, à ce point de vue, entre la « monographie de pays » et la « monographie de métier ».

e. Quel est le résultat final de l'enquête personnelle ? — 1° L'établissement du panorama du « pays » à vol d'oiseau ; 2° la répartition de ce panorama en *zones*, en *sous-spécialités*, seule conclusion pratique pour le « pays » comme pour le métier.

Ici encore une classification *tripartite :* 1° le « cœur », la surface où les caractères communs à l'ensemble ressortent avec un relief supérieur ; 2° les « bords », le tampon entre le « cœur » et les pays voisins, où un certain mélange se révèle ; 3° ce que l'on peut appeler l'agriculture suburbaine, laiteries et maraîchage, par opposition à l'agriculture normale.

Mais la plupart du temps, dans les « pays » un peu étendus (et le Haut Limousin est du nombre), les trois sous-spécialités ne peuvent être observées que par *fragments* sous la forme de trois circonscriptions *communales*, qui réapparaissent dans leur véritable rôle scientifique : 1° une commune du « cœur » (environs de Saint-Léonard) ; 2° une commune du « bord » (Confolentais) ; 3° une commune de banlieue (près Limoges).

3° Enquête monographique.

Mathématiquement, pour chaque zone entière ou fragmentaire, nous arrivons à l'*Enquête monographique*, c'est-à-dire à l'analyse : 1° du point de vue économique (les *ateliers*) ; 2° du point de vue social (les *familles*), le tout sous le bénéfice d'une observation inédite.

Le monde rural est en apparence plus simple que le monde industriel. On y chercherait en vain, sur sa surface entière, des associations d'efforts équivalents à ceux de nos grands chantiers (chantiers de Panama), ou nos grandes usines (Indret, Roubaix, Anzin, etc., etc.). Sans doute, il est possible de citer les « estancias » des pays neufs, cette « ferme » de la Floride, par exemple, appartenant à un syndicat français, avec 100 kilomètres de long, 42 kilomètres de large, 40.000 têtes de bétail (bœufs et chevaux), ses bâtiments espacés de 6 kilomètres en 6 kilomètres, 31 kilomètres de chemin de fer et 483 kilomètres de rivières et canaux. Mais il s'agit là d'une « terre » au sens ancien du mot, d'une juxtaposition d'exploitations et non d'un rouage unique de production. Pour revenir au vieux mode des comparaisons zoologiques, les grandes espèces, analogues aux mammifères, se rencontrent presque exclusivement sur le terrain des produits extraits ou manufacturés. L'agriculture est le domaine des espèces modestes, parfois même des infiniment petits.

Au fond, cet ordre de « taille » extérieure ne correspond pas à la difficulté de l'analyse. Il n'est pas très malaisé de séparer le système circulatoire, musculaire, nerveux d'un éléphant ou d'un cheval ; la différenciation des fonctions, ainsi que l'écrit Herbert Spencer, permet la disjonction des études. Mais, soumettez aux mêmes investigations l'écrevisse et l'infusoire. Les limites, souvent indécises, réclament une bien autre puissance d'attention et d'esprit de finesse ! Qu'est-ce à dire pour l'enquêteur monographique ? Tout simplement ceci : c'est que dans le plus grand nombre de cas, ateliers et familles demeurent inextricablement emmêlés et ne peuvent être disjoints que par convention et artifice. Cette considération décèle même la cause secrète de la prééminence accordée par·le présent volume à la Cité Moderne sur la Région Rurale. Le respect de la règle « du simple au composé » ne permettait pas de s'engager dans le système d'exposé contraire.

Malgré son caractère artificiel, la distinction est cependant indispensable. Un mot sur l'échantillonnage des ateliers, — et sur celui des familles.

a. **Les ateliers ruraux**. — Leur chiffre total peut être découvert, à quelques vingtaines près (complété par leur surface en hectares). Il suffit de récapituler : 1° les feuilles de l'Enquête agricole sexennale qui visent les cantons homogènes ; 2° les mêmes feuilles, *communales* cette fois, pour les cantons disparates. Une simple addition, et l'on peut consigner le résultat pour la zone entière (pas de difficulté pour un fragment communal).

Mais un but plus relevé reste à atteindre : la *disposition de la série* (dans la catégorie choisie la première, celle du « cœur » du « pays [1] », pour respecter l'étiquette employée plus haut). Cette série doit être graduée d'après l'ordre d'importance économique. Quelle commune mesure choisir ?

Des classements locaux, variables mais commodes, inter-

(1) Par opposition à la zone des « bords » et à la zone de banlieue (laiteries ; fruitières).

viennent le plus souvent. Au début du siècle, Rougier-Châtenet classe le Haut-Limousin agricole en trois groupes d'exploitations : 1° les domaines de 13 à 52 hectares ; 2° les borderies de 3 à 24 hectares ; 3° les petites propriétés de 26 à 180 ares. L'effectif des bœufs et vaches permettait de déterminer la hiérarchie des domaines les uns par rapport aux autres ; de même pour les borderies : la situation des petites propriétés tenait surtout aux gains tirés d'ailleurs par leurs titulaires.

Un domaine, une borderie, une petite propriété, nous possédons les trois étapes nécessaires pour calculer « l'amplitude des variations économiques ».

Mais — et rien ne montre mieux l'inséparable union du point de vue économique et du point de vue social — il faut tâcher de concilier cette classification avec celle du métayage, fermage et régie directe. Cette seconde classification dérive du mode de liaison de l'*atelier* avec le *sol*, de la *culture* avec la *propriété*. Elle est loin de coïncider avec la première. On peut trouver un domaine en régie (rare), une petite propriété en fermage (fréquent), et une borderie (dans le sens de petit domaine) en métayage. Toutefois le métayage correspond à la première section ou à peu près ; la petite régie (surtout) à la troisième ; le fermage, à la seconde (malgré des exemples de métayage et régie directe). Donc il n'est pas nécessaire de modifier nos trois premiers échantillons.

Nota. — Se tenir à égale distance de l'exploitation qui recherche « les succès de concours » et de l'exploitation mal gérée et à l'abandon.

b. **Les Familles**. — Les « séries » sociales, que l'on peut construire avec les familles du « Pays » étudié (le nombre des familles est également fourni par les Enquêtes agricoles corroborées par le total des feuilles d'impôts directs), sont variables, parce que le point de vue social varie lui-même.

Les éléments tirés : 1° de l'origine ; 2° de la durée de transplantation, deviennent inutiles pour le Haut-Limousin. La race est ici homogène et forme même un centre de rayonnement, un réservoir d'hommes, peu actif, mais laissant échapper sur

les régions voisines quelques infiltrations : les Aquitains, les
Celtes noirs, fortement mélangés de Celtes blonds, s'y reconnaissent [1] en groupe compact. Dans la zone circulaire qui
entoure Paris, au contraire, le vis-à-vis de variétés et même de
races opposées s'observe de toutes parts ; le long de la ligne de
Bretagne où les Bretons bretonnants du Finistère colonisent
les campagnes (région de Versailles), et le long de la ligne du
Nord et de l'Est (région de Seine-et-Marne, de l'Aisne, etc.),
où l'on peut suivre les immigrations d'abord périodiques, puis
définitives, des Belges Flamands. En ces régions, le fossé est
trop profond pour être négligé ; et sur le terrain de la population envahissante, il convient de séparer très vite les transplan-
tés de longue date, afin de pouvoir suivre la marche exacte de
l'assimilation.

Un troisième élément : la religion, n'offre non plus, dans la
zone limousine, aucune utilité. Ailleurs, dans les montagnes
Cévenoles, par exemple, le « parquage » religieux est absolu.
La séparation radicale des croyances, des « espérances au sujet
du mode de survie de l'âme » entraîne le plus souvent le divorce
irréductible entre les deux camps. Le fait contraire peut toutefois s'observer, lorsque le scepticisme passe son niveau sur les
deux religions rivales, dans la zone cognaçaise, la « terre des
alcools ». Ici, dans le Haut Limousin, malgré les vestiges des
guerres du xvie siècle, le protestantisme n'a jamais eu de prise
sur des populations mal dégagées de superstitions païennes,
qui pratiquent surtout la « vénération des Saints et des âmes
du purgatoire », c'est-à-dire le culte des héros et le culte des
ancêtres [2].

Restent au contraire les éléments suivants :

1° (Élément inconnu à peu près dans les milieux urbains) *La
forme du groupe familial.* Le chapitre de la Monographie de
famille ouvrière a indiqué la célèbre classification de Fr. Le Play,
basée sur le mode de continuation de la famille d'une généra-

---

(1) Voir *Métayers du Confolentais*, § 4, p. 15.

(2) Voir *Enquête sur le Confolentais* de M. Maze-Sencier (1898, Chas-
seignac, Angoulême). Quelques missions anglaises (méthodistes) se sont
établies dans le pays, mais sans succès.

tion à l'autre. Tour à tour, sous l'influence d'actions diverses, hérédité, milieu, etc., se développent et pullulent les familles patriarcales ou communautés (associations où le chef réunit autour de lui plusieurs ménages et les enfants de ces ménages) ; les familles-souches (pratiquant l'habitude de l'héritier unique et l'essaimage des cadets) ; enfin les familles instables (composées du père, de la mère, des enfants qui, à la mort de ces derniers, dissolvent brusquement le groupe par le partage égal).

En fait : familles patriarcales et familles-souches ne se rencontrent guère dans un même « pays ». Le « pays » implique l'homogénéité : il est la constatation instinctive et populaire de l'unité d'un groupe. Donc les populations organisées d'après le dernier mode auraient été classées sous un vocable, et les populations organisées suivant le second mode auraient été classées sous un autre.

Mais, en face des familles patriarcales, russes et limousines, — qu'il s'agisse de régions décrites par Tolstoï ou par les *Métayers confolentais* — se dressent des familles nouvelles, qui ne sont que des familles patriarcales désorganisées ; entre les deux extrêmes il est facile de désigner des communautés en train de se rompre (c'est la crise sociale actuelle de la Russie comme du Limousin). Et la même observation s'appliquerait au Hanovre et au Pays Basque, régions de familles-souches.

Donc il convient, en *relevant la forme des familles*, de souligner leur degré de COHÉSION ; sous ces étiquettes : ancienne forme (ou vieux ménage), limite de la dissolution, et entre deux, atténuation du lien.

2° *Le nombre des enfants.* — Il est possible de concevoir la disjonction très nette de la cohésion (nombre des ménages) et de la natalité (nombre des enfants par ménage).

En dehors des communautés, pour les familles-souches et les familles instables, la force de la natalité devient la mesure le plus généralement employée.

3° *Le degré de hiérarchie sociale et d'habileté professionnelle.* — La hiérarchie paysanne ménage des surprises. On est habituellement porté à construire une série avec le pro-

priétaire, le fermier, le métayer, le domestique de ferme et le
salarié agricole. C'est l'énumération même des brochures collectivistes agraires. Cette énumération s'évanouit dans le Haut
Limousin. Si le propriétaire aisé tient la tête, le métayer arrive
immédiatement après, dominant parfois de tout petits fermiers
auxquels il a loué un bien de peu d'étendue, afin d'exploiter
lui-même un « domaine » plus considérable ; le petit propriétaire, endetté le plus souvent, clôt la liste, *représentant
imprévu des idées anarchiques latentes* et même de la révolution.

Chaque échelon est occupé par des individualités fort différentes au point de vue de la valeur technique ; mais cette valeur
technique, éminente chez certains propriétaires aisés, certains
métayers et fermiers de la banlieue de Limoges, a trop de
conséquence sur la considération de la famille ou même sur son
bien-être, pour ne pas faire l'objet de mentions conduisant à
une série accessoire.

4° *L'esprit de nouveauté.* — A chaque pas, dans les « pays »
français, en Limousin, Gascogne, Béarn, Bretagne, Provence, etc., l'excursionniste se trouve en présence de civilisations diverses, que revèlent des langages « spéciaux » et que
recouvre peu à peu la civilisation centrale de Paris et de l'Ile-
de-France. C'est par la décadence des idiomes locaux que se
calcule la rapidité envahissante de l'esprit de nouveauté (au
moins en général).

5° *L'esprit de moralité.* — Là aussi, plus brutalement même
que dans les cités, apparaissent les trois vices : du jeu, de
l'alcool, de la débauche, ainsi qne la lutte pour l'épargne, la
tempérance, la chasteté. Cette série relève de l'Académie et des
prix de vertu.

Tout cet appareil de distinctions et de *séries* semble bien
compliqué, n'est-ce pas ? La réalité heureusement passe au
crible les subdivisions des hommes de science.

Les « communautés » de métayers, bien cohérentes et à nombreux enfants, expertes en culture pratique, fidèles à la vieille
langue romane, sans méconnaître les avantages de l'instruction

moderne — et par cela même hautement morales — se détachent comme l'échantillon supérieur qui s'offre à l'analyse.

Les petits propriétaires indigents, à famille instable, et à natalité restreinte, souvent sans instruction ni moralité, offrent l'échantillon inférieur.

Le trajet de l'un à l'autre semble assez long et varié pour permettre de s'arrêter sur l'échantillon intermédiaire qui plaira le mieux.

Par lui sera close l'Enquête monographique, et avec elle l'œuvre de rassemblement des matériaux, si l'on peut dire.

Mais la « rédaction » demeure encore intacte, très analogue pour la « Monographie de Métier » et la « Monographie de pays ». Des trois manuscrits sur le « Haut Limousin », le « Soissonnais », le « Hurepoix », aucun ne présente la même allure. La comparaison avec le peintre de portraits revient d'elle-même. S'imaginer que tous les sujets s'emprisonnent dans la même silhouette hiératique, comme dans l'antique Égypte, serait folie. Autant d'unités, autant d'attitudes.

Le plan suivant, symétrique du plan déjà formulé pour le « Métier », n'est donc qu'un qu'un *pis-aller*, un guide de début, commode pour éviter les oublis graves.

1° **Milieu** (milieu physique, très étudié) ;

2° **Population** (son histoire, son unité, son caractère) ;

3° **Le « pays » est-il à l'état de progrès, de statu quo, de crise**[1] ?

4° **La propriété (répartition du sol) et la culture (atelier) coïncident-ils ? Mode des tenures** ;

5° **Statistiques des « cultures », du personnel agricole, etc.** ;

6° **Détermination des zones et classification des cultures** ;

7° **Échantillons monographiques** : *a*. d'atelier; *b*. de familles ;

8° **Situation des cultures** (à unité ou à pluralité de produits) :

a. Étendue des débouchés (extérieur et intérieur),

(1) Comparez telle commune de la Champagne vinicole (Ay par exemple), telle commune des environs de Cognac (dévastée par le phylloxéra), telle commune à peu de chose près identique depuis vingt ans des montagnes du Forez.

b. La réaction du commerce,

c. Les affaires et les bénéfices ;

9° **Situation de la propriété :**

a. Le prix de la terre, et la petite propriété,

b. Fermage et métayage,

c. Grand faire-valoir (personnel agricole, salaires, heures de travail, rapports sociaux) ;

10° **État d'entente ou de lutte entre les propriétaires ;**

11° **Les œuvres communes** (banques rurales, syndicats, coopératives) ;

12° **L'assistance ;**

13° **Considérations générales** (notamment influence des lois douanières et fiscales sur le « pays ».)

Mais que l'enquêteur assouplisse son cadre le plus possible. L'outil est fait pour le travail, non le travail pour l'outil.

CHAPITRE III

LA MONOGRAPHIE DE « PAYS » (*Suite*)

LE CADRE SUBSIDIAIRE DIT MONOGRAPHIE D'ATELIER RURAL

UNE GRANDE « FERME » DU SOISSONNAIS

Il semble que nous suivions le procédé de ces *Méthodes de lecture*, où le commençant rencontre à chaque page et côte à côte les exercices sur écriture d'imprimerie et sur écriture cursive. Les explications détaillées sont réservées aux premiers : les seconds, simples modifications de caractères, passent par surcroît, avec une courte glose.

La « Cité moderne » représente ici quelque peu l'imprimerie, et la « Région rurale » rappelle à s'y méprendre l'écriture cursive. A quoi bon insister longuement ? Les mêmes mots reviennent ; on les connaît. Il suffit d'insister sur les nuances qui séparent les lettres.

Aussi, sans autre préambule, allons-nous reproduire le cadre de la « Monographie d'atelier rural », à l'état de cadre vide, avec paragraphes laissés en blanc.

Immédiatement après, le même cadre mettra en relief une grande ferme « sucrière », détachée de ce Soissonnais qui forme comme le cœur des 200 000 hectares de la France continentale, ensemencés chaque année en betteraves à sucre. Les « Sucres Indigènes » étaient désignés pour fournir le champ d'expérience nécessaire au second instrument d'observation de l'enquêteur agricole.

I. — CADRE VIDE DE LA MONOGRAPHIE D'ATELIER RURAL

Ce cadre n'a pas d'histoire. Il est né en même temps que le cadre de la Monographie d'atelier *industriel (Réforme sociale,* du 15 mai 1887). Il s'est élaboré, peu à peu, en même temps que le nouveau cadre de la Monographie (administrative) d'atelier. Sa première application a eu lieu au cours de nos enquêtes agraires, sur la « Viande », le « Sucre » et « l'Alcool ».

Peu importe le nom technique, qui désigne l'exploitation visée. Qu'il s'agisse d'un vignoble ou d'une laiterie dirigés par le propriétaire lui-même (Hérault ou banlieue de Paris), d'une métairie d'élevage (Anjou, Bourbonnais), d'une « ferme » avec ou sans outillage mécanique (Seine-et-Marne, Hurepoix, etc.), le cadre demeure immuable.

Toutes ces désignations de régie, métairie et ferme n'expriment qu'une chose : le mode de liaison entre la propriété du sol et la « culture ». Or, une seule chose doit frapper l'enquêteur : la forme de l'atelier.

Est-il en présence d'un petit atelier, comme la laiterie de Mayeras, où ces lignes sont écrites, avec ses dix hectares et ses huit vaches, — d'un atelier industrialisé comme la grande ferme de Trappes (400 hect.), dirigée par M. Pluchet, — d'une « fabrique collective » même, car *exceptionnellement* la fabrique collective agricole se rencontre, à Maurice, par exemple, où les coolies hindous reçoivent des parcelles qui alimentent la Sucrerie Centrale?

Dans les trois cas, le cadre peut servir[1], et ce cadre n'est que le cadre de la « Monographie d'atelier industriel » à peine modifié.

MONOGRAPHIE D'ATELIER RURAL

I.   **Milieu.**

II.   **Mode d'organisation de l'entreprise.** (Ici la distinction, toujours placée en vedette par la conversation courante entre la régie directe, le métayage, le fermage, même à forme de Société anonyme, comme en Allemagne et quelquefois en France.)

III   **Caractéristique sociale du chef de l'entreprise.**

(1) Si par hasard l'on se trouve en présence d'une fabrique collective, le cadre est appliqué d'abord à l'atelier central, puis à trois petits ateliers dépendants (le plus grand, le plus faible, un intermédiaire, d'après le procédé du triple échantillonnage).

IV. **Organisation matérielle technique :**
    1° Bâtiments ;
    2° Terres (avec division en assolement et catégories);
    3° Troupeaux et matériel d'exploitation (machines et outillage).

V. **Organisation commerciale :**
    1° Débouchés : les ventes ;
    2° Approvisionnement : les achats (engrais, animaux ; semences, etc.)

VI. **Composition du personnel :**
    a. Personnel dirigeant.
    b.   —   fixe.   Salaires, heures de travail.
    c.   —   temporaire.

VII. **Chiffres d'affaires.**

VIII. **Bénéfices** (*a*. rente, *b*. profit).

IX. **Observations.**

Documents annexés : 1° plan de l'exploitation ; 2° bail, contrat de colonage, statuts de Société, avec estimation des « cheptels » ; 3° s'il est possible (très rare), un bilan et des prix de revient.

II. — LA « FERME » SUCRIÈRE DU SOISSONNAIS

I. Milieu. — Le Soissonnais a été étudié au moment de la crise aiguë de 1883 par la belle enquête de M. Risler, directeur de l'Institut Agronomique, et la contre-enquête du Conseil général de l'Aisne. Le Soissonnais, dont la capitale — résidence du fils aîné de Clovis, roi de Neustrie — est située à 110 kilomètres de Paris, sur la route des anciennes invasions germaniques, peut être défini une série de plateaux coupés de rainures (Aisne, Oise, Marne et leurs affluents). D'où les deux systèmes tranchés : 1° les vallées, riches d'alluvions, affleurant à l'argile plastique des plateaux qui les surplombent à pente raide ; là se rencontrent les villes, Soissons, Vic-sur-Aisne, Wailly, Braine, et la petite culture (haricots de Soissons) ; 2° les plateaux, vastes tables de 150 à 160 mètres de hauteur, faisant passer le géologue par les sables nummulitiques ou sables du Soissonnais, pour le faire aboutir au calcaire grossier de la Corniche, au-dessus des carrières exploitées pour bâtir Paris. Ces plateaux, anciennes forêts défrichées, présentent cette particularité que les fermes sont bâties sur leur bord, à cause de l'impossibilité de forer ailleurs des puits assez profonds.

La ferme monographiée est située moitié dans la plaine, moitié sur un plateau, à l'extrémité d'un gros village à population dense. Elle tire son origine, comme un très grand nombre de fermes de la contrée, de la célèbre abbaye bénédictine de Saint-Médard, véritable souveraine, qui à l'époque d'Abailard, condamné par le Concile de Soissons, réunissait 220 villages, fermes et manoirs sous sa dépendance.

II. Mode d'organisation de l'entreprise. — C'est une « ferme », c'est-à-dire une exploitation rurale, dirigée par un entrepreneur de culture et soumise au régime de la rente fixe vis-à-vis des propriétaires.

1° La « ferme » est plutôt une petite ferme. Elle contient 150 hectares, tandis que tout autour il serait possible de citer des ateliers ruraux de 200, 250, 300 et même 500 hectares.

2° Cet atelier, qui reproduit d'ailleurs à tous les points de vue les traits généraux des ateliers plus puissants, n'offre pas ce partage rigoureux entre la *propriété* et la *culture*, relevé dans le centre, l'ouest, l'est et le midi de la France. L'entrepreneur est un : les propriétaires sont multiples. Bien plus, l'entrepreneur (le fermier) est propriétaire d'une partie des bâtiments. Un autre propriétaire (parent du fermier) possède le reste de ces bâtiments, et six personnes différentes se partagent presque entièrement la surface arable, passée à l'état de « marché de terre » (lot dépourvu de bâtiments)[1].

Concentration de l'atelier, morcellement de la propriété sous une forme qui aboutit à créer des sortes de « coupons de rente foncière », — et en même temps maîtrise forcée de l'entrepreneur, tels sont les caractères d'une semblable combinaison.

III. Caractéristique sociale du chef de l'entreprise. — Représentant de la grosse bourgeoisie campagnarde (400 000 fr. de

---

[1] Les « marchés de terre » sont des fragments de propriétés agricoles, à la merci de fermiers voisins, sur lesquels la crise agricole a pesé avec le plus d'intensité.

fortune personnelle environ) ; veuf avec deux enfants. Il habite avec son père (ancien fermier) et sa mère.

Les familles de « culture » constituent des dynasties tranchées dans toute la zone nord de la France [1].

IV. Organisation matérielle technique : 1° BATIMENTS. — A l'extrémité de la grande rue du village, deux corps de ferme, séparés par une distance de 100 mètres environ, témoignent du fait dominant : la *concentration de l'exploitation agricole*.

Le corps de ferme n° 1 est la propriété du fermier. Il est composé, suivant la règle, d'un quadrilatère de bâtiments avec une cour au centre. Là se rencontrent, avec la maison d'habitation, comprenant : cuisine, salon, remise avec deux voitures, avec le verger, la basse-cour et le pigeonnier : 1° les écuries, pouvant contenir 12 chevaux ; 2° une étable à vaches, à vingt places environ, disposée comme les écuries, les mangeoires contre le mur ; 3° le logis de la batteuse, mue par un manège à bœufs ; 4° un cellier à betteraves ; 5° la forge. Au-dessus de toutes ces subdivisions, les greniers à blé ou à fourrages.

Le corps de ferme n° 2, où l'installation des bergeries aujourd'hui disparues se retrouve, groupe autour de son carré : 1° les étables à bœufs ; 2° une étable supplémentaire pour les vaches ; 3° une étable pour les génisses ; 4° la série des compartiments pour l'engraissage des veaux de lait, plus les greniers. Une partie de ce second corps de ferme, séparé par un mur de la fraction conservée, a été louée à un voisin.

2° TERRES. — Les 150 hectares de l'atelier rural sont divisés en quinze « pièces », dont la plus plus éloignée, sur le plateau, n'est distante que de deux kilomètres. Ces 150 hectares sont d'une bonne qualité : les trois premières classes de terre (sur les cinq classes distinguées par le cadastre) s'y trouvent en majorité.

L'assolement (révolution des cultures) est le suivant :

1° Un tiers, soit 50 hectares, en blé (froment) ;

2° Un tiers, soit 50 hectares, en betteraves ;

____

(1) Nous avons pu consulter plusieurs généalogies de ces familles à part (Voir le « Sucre » en préparation).

3° 20 hectares en avoine ;

4° Le reste en luzerne et en trèfle (à l'exception d'une pâture naturelle, assez restreinte).

Le total des 150 hectares est ainsi reconstitué.

3° TROUPEAUX (abrégé) :

a. Chevaux de travail, de race ardennaise (1 000 à 1 200 fr. pièce): 12.

b. Bœufs de travail : nivernais ou plutôt charolais (750 à 800 fr. pièce) : 14 ; bœufs dits champenois, plus pesants, destinés à certains travaux particuliers, par exemple au manège de la batteuse (650 à 700 fr.) : 4.

c. Vaches laitières et génisses : normandes, flamandes, hollandaises, suffolk (variété sans cornes), 600 francs en moyenne): 25 ; 2 taureaux. (En tout, avec les élèves : 45 têtes de bétail.)

d. Porcs pour la consommation domestique : 3.

e. Une basse-cour et un colombier.

Nota. — Pas de troupeaux de moutons, alors qu'un peu plus loin, à Ouchy-le-Château et Denys-Saint-Front, on trouverait des bergeries de 1.200 têtes. Ici, la possibilité d'établir une laiterie a fait abandonner la spécialité des plateaux, moins avantageuse qu'autrefois d'ailleurs (la France ne peut suffire à sa consommation en viande de mouton qu'à l'aide de l'étranger et des colonies).

4° MATÉRIEL AGRICOLE. — (Abrégé.)

a. Matériel roulant. — Quatre énormes charrettes à quatre chevaux attelés en flèche (pouvant transporter 3 000 kilogrammes de betteraves) ; tombereaux divers, etc.

b. Matériel agricole proprement dit. — Enumération que l'on retrouve dans toutes les expositions agricoles (le progrès réalisé en Soissonnais depuis l'Enquête de M. Risler est sensible) : brabants, rouleaux Crosskill, semoirs à grain et à engrais, extirpateurs, faucheuses (les moissonneuses sont absentes, remplacées avec avantage par les tâcherons, à cause de la difficulté de faire coïncider le séchage et le liage). A ajouter les menus outils que tout manuel d'agriculture décrit avec complaisance ; enfin la batteuse marchant au manège, qui, avec son système de vis sans fin pour remonter les grains dans les greniers, peut atteindre de 1 500 à 5 000 francs suivant le modèle et l'état d'ancienneté.

5° ENGRAIS. — (Abrégé.)

Les réserves d'engrais doivent figurer en détail dans un tel inventaire : outre le fumier des écuries et étables, la plus large place est faite aux engrais *artificiels* (engrais azotés, tourteaux d'arachide, guano, nitrate pour les blés)[1].

6° PAILLES, FOURRAGES, etc. — (Abrégé.)

Toujours des réserves, d'autant plus que, d'après la coutume locale, la *paille appartient à la terre* et doit être laissée à la sortie.

V. — Organisation commerciale.

Le mécanisme commercial est le suivant :

1° Production du blé ;
2° Production de la betterave à sucre ;
3° Production du lait pour la consommation locale ;
4° Revente des animaux de trait (et des vaches réformées), engraissés avec la pulpe de betterave.

a. BLÉ. — Il donne naissance à un double mouvement d'achats et de ventes, qui se traduit en numéraire.

L'achat porte sur les engrais. Les maisons d'engrais, parisiennes ou locales, ont pris une importance considérable : elles font même la « banque » (les avances aux cultivateurs).

La vente du blé est conclue à (« l'agence », au bureau municipal de Soissons, avec les marchands et les meuneries (grosses minoteries pouvant traiter 100 ou 200 quintaux métriques par 24 heures). Les cours sont rarement variables : 18 francs, 21 francs, 22 francs les 100 kilogrammes. La récolte oscille autour de 1 500 hectolitres annuels pour les 50 hectares (30 hectolitres à l'hectare).

---

(1) Certaines grandes fermes, plus rapprochées de Paris, utilisent les « gadoues » ou boues de la voirie parisienne.

b. BETTERAVES. — Même remarque que plus haut.

L'achat de la graine joue un rôle capital, par suite du rendement en sucre ; des spécialistes la fournissent à raison de 2 francs, 2 fr. 25 le kilogramme.

La vente de la betterave s'effectue naturellement à la sucrerie voisine, à l'usine d'où sort le sucre en sacs de 100 kilos, cristallisé, prêt à être livré à la raffinerie (seconde et dernière étape). La sucrerie est une usine rurale, dominant les exploitations d'alentour. Un contrat annuel, ou pluri-annuel, lie la sucrerie et la ferme. Le cultivateur doit livrer sur wagon (ici la gare est proche) toute sa récolte (environ 30 000 kilogrammes par hectare), pour 26 francs les 1 000 kilogrammes, par exemple, soit 780 francs à l'hectare, à condition que le rendement de la betterave soit de 7 p. 100 [1] à 15° centigrades. Au moment de la récolte, le calcul est effectué sur des lots de 20 à 25 betteraves à l'hectare, prélevés sur 4 hectares. Il y a 0 fr. 75 de diminution ou d'augmentation par degré en cas de baisse ou de hausse. — En outre, le cultivateur a le droit de reprendre, à raison de 4 à 5 francs les 100 kilogrammes, la *pulpe* (ou résidu de la betterave travaillée) jusqu'à concurrence du tiers ou de la moitié du poids des betteraves livrées. — Règlement à la fin de la « campagne » (300 jours d'hiver) par la sucrerie.

c. LAITERIE :

Achat de vaches laitières à des marchands spécialistes qui vont s'approvisionner dans les pays d'origine (Hollande, Flandre, Normandie). La difficulté du choix fait que l'on s'attache en général à un marchand unique, qui « reprend » avec baisse de prix les animaux inserviables (tentative timide d'élevage des veaux et surtout des petites génisses ; mais sans très grand succès, à cause de l'abâtardissement des races).

Vente du lait à 0 fr. 20 le litre, aux nombreux clients de la localité : vente des veaux de lait aux bouchers locaux, à raison de 50 francs les 50 kilogrammes (àge : trois mois). On estime le rapport brut d'une vache à 400 francs par an.

---

(1) Il s'agit de la puissance sucrière de la betterave, mesurée à l'aide d'un instrument d'optique, appelé *polarimètre*.

d. ENGRAISSAGE DES VACHES HORS DE SERVICE ET DES ANIMAUX DE
TRAIT (BŒUFS) :

L'alimentation des vaches et bœufs exige, outre l'achat de
pulpes déjà signalé, l'acquisition des tourteaux (entre autres les
tourteaux de lin). Un commerce spécial s'occupe de cette circulation particulière.

Les bœufs charolais et bourguignons sont amenés par des
marchands particuliers.

Revente des vaches et bœufs, après engraissement, aux marchands expéditeurs de bestiaux pour la Villette (quelquefois
aux bouchers locaux).

Nota. — Les chevaux sont achetés et revendus à des maqui-
gnons, d'origine israélite (comme souvent les marchands
de bestiaux).

En résumé, très vif *mouvement d'argent* (achat et revente)
à la place de l'ancienne « circulation domestique fermée » —
production et consommation sur place — qui forme encore
la règle des pays dits primitifs.

En outre, diminution de l'importance des « foires ». Prédominance des affaires directes avec les marchands se rendant à
la ferme.

VI. — Composition du personnel :

a. PERSONNEL FIXE. — (Aussi réduit que possible, ce qui est
rendu plus facile par la situation de la ferme dans un village
peuplé.)

Le fermier.

Le « commis » (aide de camp préposé à la surveillance) est
ici supprimé ; le père du fermier, retiré des affaires et libre de
son temps, en tient lieu.

3 charretiers, payés au mois (4 mois à 75 francs ; 4 mois à
85 francs ; 4 mois à 95 francs, soit 1.000 francs); ni nourris, ni
logés [1]. Le charretier, c'est le laboureur.

1 valet de cour (soignant les vaches, les bœufs, les chevaux),
un peu mieux rémunéré, 1.020 francs.

----

(1) Ils sont astreints à « garder » la ferme pendant la nuit, à tour de rôle.

2 bonnes de ferme, 30 francs par mois, nourries, logées.

1 « trayeuse » pour la laiterie (femme du village, qui vient deux heures le matin, deux heures le soir), 25 francs par mois.

4 hommes de journée, continuellement utilisés ; 2 fr. 50 l'hiver, 3 francs l'été.

Total : 10 personnes en chiffre rond (sans compter les chefs de l'exploitation).

Nota. — Le payement a lieu toutes les quinzaines. Le travail dure de 8 heures à 6 heures l'hiver, de 5 heures à 7 heures l'été. Le dimanche est à peu près observé (sauf l'époque des forts travaux).

b. Personnel auxiliaire :
Variable. Il est composé de « Cambrelots » (émigrants périodiques de la région de Cambrai) et de Belges, arrivant par bandes.

Les uns et les autres sont des « tâcherons », réclamant 40 francs pour les trois binages d'un hectare de betteraves, 50 francs pour l'arrachage ; 30 francs pour la moisson d'un hectare de blé ; 20 à 22 francs pour un hectare d'avoine, etc.

A ces tâcherons « étrangers » s'adjoignent des journaliers du pays.

VII. — **Chiffre d'affaires** :
Soixante à soixante-dix mille francs d'affaires annuelles.

VIII. — **Bénéfices** :
a. La *rente.* — C'est le fermage payé aux propriétaires. Ce fermage est estimé à 50 francs par hectare ; 60 francs avec les impositions : soit 9 000 francs par an (que le fermier, propriétaire également, se paie en partie à lui-même).

b. Le *profit.* — Le fermier, le « cultivateur », fournit ici tout le cheptel, animaux, outils, approvisionnements, sans exception (les propriétaires n'apportent que les bâtiments et les terres). Ce « capital » d'exploitation est estimé ici à peu près à 600 francs par hectare, soit 90 000 francs, plus 10 000 francs de fonds de roulement ; total : 100 000 francs. Donc un intérêt de 5 000 francs doit être prélevé par l'entrepreneur (sans compter l'amortissement), avant de parler de profit.

Ce profit dépend, d'après l'affirmation du fermier, de la réussite des betteraves et de leurs cours. En 1895 la ferme avait réalisé 10 000 francs de bénéfices nets. En 1896, pas de bénéfice [1]. *Tout est suspendu, dans cette forme d'agriculture, aux lois sucrières et au rendement de l'hectare de betteraves.* D'où l'attachement du Soissonnais au régime de protection agricole et au « rehaussement » des cours par des mesures fiscales et diplomatiques (par exemple, primes de sortie).

IX. **Observations.** — Les observations peuvent être de deux sortes :

1° *Historiques.* — La « Grande Ferme de Trappes », dans le Hurepoix, nous a permis de rédiger à ce point de vue une monographie de la même exploitation, au milieu du xviie siècle ; en 1791 ; en 1845 ; en 1897. Les documents nombreux existent, en effet, sur cette ferme (peu à peu très concentrée) : 1° aux archives de Seine-et-Oise, dans le dossier du tabellionat de Saint-Cyr ; 2° dans la publication de M. Heunett sur la commune de Trappes ; 3° dans la monographie de Trappes, écrite en 1845 par M. Richard de Jouvance. A cette époque l'exploitation a déjà 400 hectares, et essaie l'industrie agricole (féculerie). — De telles études sont naturellement rares.

2° *Économiques*, notamment sur la comptabilité. — La comptabilité agricole varie infiniment, suivant les exploitations.

Ici, dans la ferme du Soissonnais, elle est fort rudimentaire. Un livre-journal (le point de départ de l'année économique est la Saint-Martin, 11 novembre), constate les entrées et les sorties, qui donnent lieu à des mouvements d'argent ; pas autre chose. Les opérations se font d'ailleurs au comptant, sans reçu, ce qui indique une netteté et une bonne foi traditionnelles. La récapitulation par mois et par année, toujours sur deux colonnes,

____

(1) L'impossibilité de séparer la vie familiale de l'exploitation agricole fait qu'il faut toujours entendre par bénéfices les bénéfices qui restent après la nourriture et le logement prélevé. Or combien de bénéfices industriels ont de la peine à payer la nourriture et le logement !!

entrées et sorties, achève tout le système. Pas d'inventaire, au début de l'année. Pas de comptabilité de rendement, c'est-à-dire de *prix de revient* pour le blé, pour la betterave; ce mode de calcul est cependant fort utilisé par les Sociétés d'agriculture, les comices agricoles et les rapports officiels.

Cette comptabilité pourrait affecter une forme plus compliquée, ainsi que va nous l'apprendre, quelques pages plus loin, le commentaire de la « monographie d'atelier rural ».

En cette ferme on peut se procurer le plan et les baux; il faut renoncer à un bilan régulier.

COMMENTAIRE

Préparation, interrogatoire et contrôle, ces trois sections du commentaire de la monographie d'atelier urbain, doivent entraîner trois sections analogues dans le commentaire de la monographie d'atelier rural.

Mais l'ordre de la confiance que l'on doit prêter à ces sources d'information semble complètement renversé. Si la préparation sur documents écrits reste à peu de chose près identique, la méfiance bien connue du campagnard, son entêtement aux réponses vagues ou équivoques restreignent l'ampleur de l'interrogatoire direct. En revanche, l'analogie des exploitations voisines et l'impossibilité de dérober aux attentions toujours en éveil le fonctionnement de rouages, somme toute assez simples, décuple la force de l'interrogatoire circulaire, à la fois préparatoire et critique.

1° *Identité de la préparation sur documents.* — L'individualité des exploitations agricoles, assises sur le sol immuable, est souvent facile à retrouver dans les archives locales, livres de raison, dénombrement des anciennes seigneuries. L'aperçu historique, à travers les âges, est même moins rare pour elles que pour les ateliers industriels, excepté les manufactures royales (Gobelins, Sèvres, etc. [1]) et les exploitations minières. En revanche, les documents contemporains, comparables aux

---

(1) Il existe, à cet égard, des livres de comptes curieux chez quelques familles de fabricants de drap du Languedoc (familles protestantes).

tableaux successifs et aux comptabilités du Creuzot, de Saint-Gobain, d'Anzin, semblent malaisés à réunir. Exception doit être faite pour certaines grandes fermes, celles des environs de Rambouillet, par exemple, où nous avons pu relever le prix de revient des 1 000 kilos de betteraves et le bénéfice à l'hectare, depuis l'introduction de la spécialité dans la région. Les dossiers comptables sont très fréquents dans les pays de métayage ; l'association du propriétaire et du paysan exploitant en fait une nécessité.

2° *Difficultés croissantes de l'interrogatoire direct.* — Supposons-nous un instant transportés en terre normande ou beauceronne, en face de l'impénétrabilité narquoise d'une série de petits propriétaires. C'est le plus difficile problème qui puisse s'offrir à l'ingéniosité du monographiste.

Supposons-nous au contraire en une région de métayage, où le propriétaire, appartenant à une classe éclairée, détient les livres de son exploitation depuis de longues années, et où la *pluralité de domaines* aux mains d'un même titulaire, permet à ce dernier de laisser analyser sans crainte ce qui ne forme qu'un lambeau de sa fortune particulière. Le minimum d'effort suffira. C'est une tâche de débutant.

Entre le tour de force et l'exercice élémentaire, viendra se placer l'enquête des régions à grandes « fermes ». Le « cultivateur » lui aussi est discret; l'objet de vos questions embrasse sa situation entière ; et il peut se faire que les exagérations ou même les restrictions calculées lui soient nécessaires. Souvent aussi, il faut le reconnaître, l'orgueil du succès et l'inexistence de cette concurrence qui est pour l'industriel la cause maîtresse de la dissimulation, le porte aux épanchements et à la franchise. Les « relations personnelles » demeurent la grande affaire. D'ailleurs, la « ferme industrialisée » offre toujours une petite porte entr'ouverte; son importance exige l'emploi de nombreux sous-ordres, commis, chefs de fabrication de distillerie par exemple. Les sous-ordres sont les grandes informateurs en matière agricole, comme en matière industrielle, commerciale et diplomatique.

3° *Facilités croissantes de l'interrogatoire circulaire.* — L'interrogatoire circulaire permet d'arriver à une précision inconnue des milieux industriels. Pourquoi ? Pour deux raisons : la transparence de la vie rurale ; son homogénéité (la ressemblance des ateliers entre eux).

Reprenons l'exemple indiqué comme maximum de difficulté : le village normand, ou, ce qui s'en rapproche, le village des vignerons de la « Champagne charentaise ». Vous avez choisi vos différents échantillons monographiques d'ateliers ; mais la première tentative d'*interview* vous ramène assez vite en arrière, avec une défaite assez décourageante. Que faire ?

1° Se rappeler que toutes ces exploitations voisines sont analogues ; diviser l'analyse en quatre, cinq fractions ou davantage ; et « obtenir » chacune de ces fractions d'un propriétaire différent. Certains propriétaires, relevant des classes libérales et « faisant valoir » par régie directe (laitiers ou vignerons), peuvent même vous servir de guides, au sujet des rendements, des frais moyens, etc., et nous ne citons que pour mémoire les « biens paysans », ostensiblement organisés en vue des concours agricoles, par suite enclins à admettre les visites-réclames.

2° Réunir toutes ces documentations éparses, les rattacher au pivot central : l'exploitation visée, qui est restée le principal objectif. « Que pensez-vous d'un tel ? Arrive-t-il aux mêmes résultats ? » Ce genre de question est toujours reçu avec la plus grande complaisance. La discrétion est vite remplacée par son contraire, quand « on ne parle plus de soi ». La pluralité des témoignages entraîne le contrôle, la « critique ».

Après un tel interrogatoire circulaire, il n'est guère de sujet récalcitrant, tant la dose d'obligeance et même de véracité nécessaire devient minime. *Il s'agit, en effet, non pas d'enregistrer impeccablement des minuties, mais de déterminer les rapports exacts des parties d'un tout : d'un mécanisme économique.*

Inutile d'insister sur l'interrogatoire circulaire des régions de grandes fermes. Le procédé ne varie pas. Après les sous-ordres et outre les « égaux », il est possible de recruter comme auxiliaires des voisins « inférieurs » (la moyenne et petite cul-

ture); des « latéraux » aussi, en quelque sorte : cultures industrielles annexées à des sucreries, fermes en Sociétés anonymes
et soumises à la publicité ; enfin, à un moindre degré, les écoles
d'agriculture « pratiques » ou « nationales » (comme Grignon).

Que dire enfin des régions de métayage ? L'homogénéité plus
évidente encore par le respect commun de coutumes, multiplie
les analogies et les contrôles. Et d'ailleurs, nous l'avons constaté, l'un des associés — le propriétaire noble ou de bourgeoisie
riche — « comprend » et « avoue ».

REMARQUE SUR LA COMPTABILITÉ

L'enquêteur agricole doit savoir lire la comptabilité ; il doit
savoir la reconstituer, lorsqu'elle fait défaut.

a. *Comptabilité de la petite culture.* — Le livre d'entrée et
de sortie (les achats et les ventes) y existe seul, quand il existe.
Le fermier du Soissonnais, malgré la complication de ses opérations, en est resté là. L'inventaire doit être dressé par énumération et estimation d'articles ; l'aide du notaire local est précieuse, quand il prend sur lui de nous communiquer le « partage récent », la déclaration de succession d'il y a quelques
années, etc.

La difficulté majeure réside dans la séparation de l'atelier et
de la vie de famille ; cette difficulté disparaît le plus souvent,
car la monographie du petit atelier rural n'est qu'un fragment
de la monographie de famille, dans toute son ampleur.

b. *Comptabilité du métayer.* — La comptabilité du métayer,
présente, en Limousin, par exemple, trois colonnes. Qu'est-ce à
dire ? L'en-tête fournitures recouvre-t-il donc des opérations
fort malaisées à saisir ? Nullement. Le propriétaire (ou le régisseur qui le représente) reçoit toutes les sommes, effectue
tous les versements, jusqu'au règlement annuel de novembre
ou de décembre. Il est donc obligé de consentir des *avances au
paysan métayer*. Ces avances portent le nom de fournitures.
Elles sont défalquées de la moitié revenant au métayer, après
le calcul de l'excédent des ventes sur les achats (des recettes
sur les dépenses).

DATE	ÉNUMÉRATION DES OBJETS	VENTES	ACHATS	FOURNITURES
.				

c. Comptabilité des grandes cultures. — Telle grande ferme, non située dans le Soissonnais, nous présente un exemple complet de bonne comptabilité agricole : 1° les livres auxiliaires, notamment les feuilles de mois, tenus par le chef de culture. Ces feuilles relatent : *a.* les consommations ; *b.* les travaux des bouviers, des charretiers, des journaliers, etc. ; *c.* les entrées et sorties ; 2° le *livre journal*, transcription quotidienne des opérations ; 3° le *livre d'inventaire*, qui ici a lieu le 30 juin ; 4° le *livre de caisse* ; 5° le *grand livre*, tenue en partie *double*. Six comptes s'y détachent avec leur personnalité accusée : *a.* la ferme proprement dite ; *b.* la maison (toujours la liaison indissoluble de la vie quotidienne et de l'exploitation agricole) ; *c.* les impositions et la banque (caisse et rapports avec le Crédit Lyonnais) ; *e.* le loyer (la rente) ; *f.* le compte-distillerie (qui marque l'importance décisive de l'industrie dominant la ferme).

La comptabilité de la ferme en Société anonyme de Pargny (dans le Laonnois) est rigoureusement commerciale. Elle réalise ainsi les *desiderata* des cours de comptabilité agricole classique.

Mais il est une difficulté dont il faut toujours se méfier, en matière de comptabilité agricole. Séparez soigneusement les sommes qui correspondent à un mouvement d'argent des sommes qui expriment simplement un déplacement de produits en nature (fourrages passés du magasin dans l'écurie, etc.). Sans cette précaution, vous arrivez constamment à des conséquences invraisemblables, que Mathieu de Dombasle n'a pas ignorées. Le compte de l'étable, par exemple, porte aux dépenses un total très élevé de fourrages et litières : il présente comme recettes un chiffre *inférieur* de ventes. Un déficit alors? Nulle-

ment; l'élevage est avantageux, constitue même la clef de voûte
de l'entreprise générale. D'où vient donc cette antinomie entre
le « signe » chiffré et la réalité concrète ? Simplement de ceci :
c'est que les fourrages sont estimés au « cours » et que jamais,
s'ils étaient jetés en grande masse sur le marché, ils n'attein-
draient ce prix ; le seul moyen de les utiliser est donc de les
livrer à la consommation du bétail. Ce que nous venons de
dire du compte « exploitation des animaux » (engraissage, laiterie, bergerie, basse-cour) devrait être par contre renversé, en
ce qui concerne le compte « exploitation des terres, prairies,
arbres épars » (la culture en un mot). Les bénéfices y paraî-
traient démesurés. Pourquoi ? Parce que les pailles, foins, consommés sur place *dans les autres comptes*, semblent donner
lieu à des recettes argent, malheureusement inexistantes. Les
deux colonnes voisines, colonne des valeurs en nature ;
colonne des valeurs en argent, que Le Play a imaginées pour la
comptabilité monographique des familles, restent à notre avis
le véritable remède contre les confusions. Nous les voudrions
voir passer dans la comptabilité agricole « pratique » (non pas
seulement scientifique). Nous demanderions même que la colonne « en nature » fût écrite à l'encre rouge, afin d'arriver à un
plus haut relief. Avec cette précaution, il est aisé d'énumérer :

    1° La culture proprement dite ;
    2° L'étable (avec plus ou moins de sections) ;
    3° La basse-cour ;
    4° Le jardin.

Dans chacune de ces spécialités il convient de noter : *a.* les
matières premières (ou consommations) ; *b.* la main-d'œuvre ;
c. l'intérêt du capital ; et de comparer les recettes (nature-argent)
aux dépenses (nature et argent). Peu importe que l'un des
comptes, n° 2 ou n° 3 se solde par un déficit. La totalisation générale — *seule chose vraie, puisque une compensation générale de bénéfices domine ces spécialités indissolubles dans un
même organisme* — supprimera les recettes et dépenses nature
qui s'équilibreront et ne laissera apparaître que les entrées et
sorties *argent* : la prospérité, le *statu quo*, la crise ; c'est-à-dire
ce qu'il fallait dégager.

CHAPITRE IV

LE CADRE SUBSIDIAIRE DIT MONOGRAPHIE DE FAMILLE
LES FERMIERS MONTAGNARDS DU HAUT FOREZ

L'échantillonnage social de la monographie de « pays » — comme l'échantillonnage social de la monographie de métier — aboutit à la « monographie de famille ». Celle-ci constitue ainsi le point central, auquel se ramènent tous les autres procédés rangés sous le vocable générique. Elle est la bâtisse initiale, autour de laquelle les autres parties de l'édifice sont venues se grouper. Ainsi le petit pavillon de chasse de Louis XIII, à Versailles, a conservé la place d'honneur, à gauche de la cour du Palais, par la double consécration de Louis XIV et de Mansard.

La famille choisie parmi les « Fermiers (laitiers) de la montagne du Haut-Forez » va toutefois nous obliger à rectifier la précédente comparaison. La nécessité des enquêtes contemporaines, faites de coups de sonde répétés et rapides, n'a pas permis de maintenir dans son intégrité l'œuvre d'art, l'instrument de luxe, pour ainsi dire, merveilleusement précis et délicat, qu'avait exécuté peu à peu F. Le Play. On ne veut pas sans doute en ignorer les rouages compliqués, qui *vous imposent, par les exigences impitoyables d'une comptabilité minutieuse, l'attention révélatrice et le sens intime des rapports infiniment petits.* Mais on réclame, en même temps — l'unanimité des nouveaux enquêteurs est à cet égard concluante — un procédé plus rude, plus grossier, plus expéditif.

Monographie de famille *scientifique*, monographie de famille *simplifiée, courante, administrative* si l'on veut, les deux formes ont été appliquées aux « Fermiers Montagnards du Forez » : la première dans la collection des *Ouvriers des Deux Mondes* (n° 80), la seconde en vue des pages qui vont suivre.

Différences et ressemblances en ressortiront avec la plus vive clarté.

I. — LA MONOGRAPHIE DE FAMILLE COMPLÈTE

L'appendice II rapproche le *Piqueur sociétaire de Montieux* des *Fermiers montagnards*. Nul rapprochement n'est plus justifié. Le plateau du Haut Forez est la source de la circulation humaine qui vient s'engouffrer dans les « pays noirs ». Pâturages des montagnes et exploitations minières forment le cadre double où la même race évolue.

Donc, il est impossible de trouver deux exemples monographiques, l'un de famille *ouvrière,* l'autre de famille *paysanne,* qui soient mieux préparés à une comparaison par superposition géométrique [1]. Le mineur avait pour aïeul un laitier rigoureusement semblable au laitier contemporain.

Aucune dissemblance dans la rédaction de l'analyse ne transparaît d'ailleurs au premier abord. La revue des éléments familiaux est figée presque hiératiquement en une sorte de rite immuable. Le centre est le même : budget de recettes avec quatre sections ; budget des dépenses avec cinq sections; et toutes ces sections sont précédées d'étiquettes déjà connues, présentées dans le même ordre. Avant le budget, les *Observations préliminaires* se succèdent en treize paragraphes à intitulés invariables. Après le budget, les *Eléments divers de la Constitution sociale,* débutant toujours par le paragraphe 17, attirent l'attention par des en-têtes forcément nouveaux, mais soumis à une disposition analogue. On a souvent parlé de la symétrie de ces maisons américaines, bâties l'une et l'autre au même coin de deux avenues parallèles, où les locataires retrou-

(1) Voir le chapitre III de la *Deuxième partie.*

vent les mêmes chambres, presque les mêmes serrures, au même étage. Les deux monographies de famille, ouvrière et rurale, apparaissent elles aussi, comme l'œuvre d'un architecte qui intentionnellement n'a pas voulu modifier ses proportions et recalculer son devis.

Néanmoins, les nuances inédites ne tardent pas à se révéler, à un examen plus approfondi. Elles portent sur deux points : 1° *le changement d'importance respective des deux colonnes de la comptabilité (colonne des valeurs en nature, colonne des valeurs en argent)*; 2° *la complication croissante des « comptes d'industries »*.

La monographie de famille « ouvrière » avait déjà mis en vedette ces deux développements comme deux sortes de pierres d'attente: La précédente remarque sur la comptabilité des ateliers ruraux a insensiblement préparé le lecteur à s'élever à ces deux difficultés *majeures* de la « monographie de famille scientifique ». Quelques courtes explications permettront de pénétrer suffisamment le sujet.

a. Dualité de colonnes. — Dans la « monographie des Fermiers Montagnards », comme dans les monographies de famille primitives, la colonne des valeurs en nature est relativement chargée. Pourquoi ? Parce que cette colonne relate la circulation de produits qui ne correspondent pas à un mouvement d'argent, et que dans les milieux ruraux l'auto-production-consommation joue un rôle important. La famille cultive ses terres, surtout pour la production du seigle transformé en pain (1 560 kil. de pain). La famille consomme le lait de ses vaches (en partie); consommation intérieure ; pas d'argent échangé : colonne en nature. Par contre, dans le budget-recettes, le travail quotidien est rémunéré pour une forte part, précisément par ces 1 560 kilogrammes de pain, par ces 180 litres de lait qui résultent de la culture et de l'étable ; pas de déplacement monétaire : colonne en nature. Mais une autre part du travail correspond à des recettes en argent liquide ; celle-ci figurera dans la colonne-argent. C'est l'application chiffrée de la phrase fréquente des campagnards : « Nous sommes nourris en partie; de plus on peut arriver à telle ou telle somme : mais la « propriété » ne va pas plus loin. »

Que le lecteur remarque toutefois une restriction capitale à la précédente règle.

Dans les six monographies de famille dites « scientifiques » que l'auteur du présent livre a publiées dans la collection des *Ouvriers des Deux Mondes* (deux rurales et quatre urbaines), il s'est fait une loi immuable de respecter l'autonomie des deux circulations latérales : circulation-nature, circulation argent. Mais les autres monographistes, à l'exemple de Le Play lui-même (voir *Ouvriers Européens*, 2e édition, t. I, p. 286 à 288), ont préféré, pour des raisons de *simplification de calcul*, le procédé qui consiste à traduire dans la colonne-argent des recettes-natures, lorsqu'il serait impossible *d'assurer autrement l'indépendance d'un compte particulier*. Qu'est-ce à dire ? L'exploitation rurale du *Fermier Montagnard* doit se diviser, d'après le plan consacré, en trois petits comptes distincts : 1° exploitation des champs, des prairies et des arbres épars ; 2° exploitation des bêtes à cornes et à laine ; 3° exploitation de la basse-cour. Le premier compte, pris isolément, si l'on applique rigoureusement le principe de la distinction des colonnes, amènera de formidables recettes en nature (grains, légumes, pailles, foin, herbes des pâtures, etc.), en face d'insignifiantes recettes en argent. Si bien que les dépenses en argent pourront même dépasser ces recettes. Donc, il y aura un bénéfice-nature dans ce compte, et peut-être un déficit-argent ; il ne peut se suffire. — Le compte n° 2, l'étable, fait réapparaître en dépenses nature une forte proportion de recettes-nature du précédent compte. Ces dépenses vont avoir pour vis-à-vis des recettes argent (vente du lait, des vaches engraissées, des veaux, etc.). Donc : déficit-nature, bénéfice argent ! (l'inverse). Ce compte ne se suffit pas — et ainsi de suite. Pour acquérir cette autonomie des trois comptes, il suffirait de supposer, que dans le premier le déficit des valeurs en argent est comblé par une petite partie des recettes en nature, *qui est censée avoir été vendue*. Mais cette vente fictive va avoir cette conséquence que dans le second compte, ces mêmes valeurs devront figurer comme *achat fictif*. Le fermier sera supposé avoir acheté des fourrages, etc. Inexactitude et « convention »! Ces trois comptes ne sont pas indépendants en fait : ils se « compensent », en vertu de l'indissolubilité des opérations agricoles. Il suffit de les enregistrer *tels quels* ; et de réunir *in fine* leurs résultats qui se balancent en un solde définitif et *concret*.

« Le Play a parfaitement reconnu à ce système, a écrit jadis notre regretté maître, Ad. Focillon, le *mérite d'enregistrer les faits tels qu'ils se présentent d'abord à l'observateur*[1]. » Ce mérite suffit à nos yeux. Le chiffre est fait pour l'observation, et non l'observation pour le chiffre. La dualité de circulation nature et argent offre d'ailleurs une importance trop considérable pour ne pas être relevée telle qu'elle se trouve, partout où on la rencontre.

b. Compte annexé. — Le « Piqueur Sociétaire » a déjà permis de signaler en raccourci les comptes-appendices, qui, de même que les livres auxiliaires de la ferme, ne figurent dans le Grand-Livre, ou budget général, que par leurs résultats d'ensemble. Compte de salaires, de vêtements, nous sont connus. Mais la famille « n'exerçant aucune industrie à son compte », n'avait pas donné matière au « démontage » de ces mécanismes, compliqués en apparence, simples en réalité. Seuls les deux moitiés qui les composent : *recettes* et *dépenses*, avec le triple élément des dépenses (intérêt du capital, matière première, main-d'œuvre) avaient été mis en relief. Toute entreprise humaine s'analyse de la sorte, afin d'aboutir à l'équilibre, au bénéfice ou au déficit final.

Les « Fermiers Montagnards », ainsi que toutes les familles rurales, contraignent le monographiste à accumuler les comptes annexés. Les industries sont variées ici, puisque l'atelier se confond avec la famille, et que cet atelier, loin d'être spécialisé, se ramifie en spécialités nombreuses, liées par l'unité d'objet : la terre, — sans compter les spécialités véritablement industrielles, tissage de la toile, fabrication de vêtements, qui se sont

(1) Voir *Métayers en communauté du Confolentais*, p. 31. *Note générale*.

conservées depuis les âges lointains de l'économie domestique complètement fermée. Ces industries doivent être analysées à part, sous peine d'embrouiller inextricablement le budget; d'où leur rejet en annexes.

Rappelons-nous, en effet, ce budget — ce budget général, section des *recettes*, naturellement, la seule qui nous intéresse, puisqu'il s'agit de savoir « ce que gagne la famille ». Il est ainsi conçu dans son ensemble :

RECETTES	VALEURS	
	En nature.	En argent.
§ I. Propriétés.		
§ II. Subventions		
§ III. Travail.		
§ IV. Bénéfices de l'industrie		

Nous avons notre attention fixée sur l'une des spécialités : l'exploitation du jardin potager (superficie, 3 ares). Voici l'aspect que présentera le compte de cette exploitation, isolé sous le n° B des Annexes.

	VALEURS	
Recettes :	En nature.	En argent.
	fr.	fr.
Choux-fourragers (servant surtout à l'alimentation des animaux, moins les feuilles tendres, réservées pour la nourriture de la famille). 800 kil. à 0 fr. 04	30,34	1,65
Salades : 25 kil. à 0 fr. 20	4,74	0,26
Carottes : 10 kil. à 0 fr. 20	1,90	0,10
Oignons : 10 kil. à 0 fr. 40	3,79	0,21
Ail (n'a pas réussi).	»	»
Ciboule : 0 kil. 5 à 0 fr. 60	0,28	0,02
Fruits (6 arbres) griottes (cerises sauvages) : 10 kil. à 0 fr. 10	0,95	0,05
Totaux.	42,00	2,30
Dépenses :		
Plants de choux cabus, achetés au marché du bourg : 400 à 0 fr. 35 le cent	»	1,40
Semences (plants) de salades : 100 à 0 fr. 10 le cent.	»	0,10
A reporter.	»	1,50

	VALEUR	
	En nature.	En argent.
	fr.	fr.
Report.	»	1,50
Semences de carottes : 100 à 0 fr. 10 le cent.	»	0,10
— d'oignons : 100 à 0 fr. 50 — .	»	0,50
— d'ail : 100 à 0 fr. 20 —.	»	0,20
Fumier : 5 000 kil. à 0 fr. 50 les 100 kil. . .	25,00	»
Main-d'œuvre de la famille :		
Arrachage des herbes : hommes. 3 journées à 2 fr. = 6 fr.; — femmes, 10 journées à 1 fr. 10 = 11 fr.	17,00	»
Intérêt (5 p. 100) de la valeur du matériel, pour mémoire	»	»
Bénéfice résultant de l'industrie.	»	»
Totaux comme ci-dessus .	42,00	2,30

Quelle est l'impression qui se dégage de ce compte, où le « correcteur du budget » de la collection des *Ouvriers des Deux Mondes*, a cru devoir rétablir, un peu trop minutieusement à notre avis, les centimes présentés en chiffre rond par notre manuscrit? C'est que le jardin potager du « Fermier montagnard », moyennant une très légère dépense en argent, lui « *paie en produits divers le temps qu'il y consacre* ». Le profit ne va pas au delà (les 25 fr. de fumier fournis par les vaches sont équilibrés par 25 fr. de choux consommés par elles, et les 2 fr. 30 d'achats par 2 fr. 30 de vente).

Donc : il faut porter au budget des recettes un total de 17 fr. ; à la section propriétés (intérêt du capital), 0 fr. 00; à la section des bénéfices, 0 fr. 00; à la section du travail, 17 fr.

En face, au budget des dépenses, on verra figurer à la nourriture (légumes et fruits) : 17 fr., consommés en nature.

L'équilibre sera ainsi parfait et exprimera la réalité des choses, la phrase toute vulgaire, placée plus haut entre guillemets.

Le compte le plus compliqué, celui de « l'Exploitation de la petite ferme », lui-même, ne serait pas compris autrement. Il faudrait suivre la même marche, retrouver des équivalents analogues, répartir *travail, bénéfice* et *intérêt du capital* entre les trois mêmes sections des Recettes, et porter la contre-partie aux *Dépenses*.

D'ailleurs il est inutile aux débutants de s'embarrasser de ces difficultés dont ils n'ont que faire, puisque la monographie de famille, dite « scientifique », reste en dehors de l'enquête sous sa forme nouvelle. Qu'ils réservent ces explications, forcément un peu abstraites, pour le moment où ils jugeront curieux de réessayer l'instrument primitif, d'où la méthode est sortie. On y revient tôt ou tard, au « microscope » de Le Play. Sans doute la nécessité des examens nombreux et presque « instantanés » exige qu'on l'abandonne. Mais il est difficile de *s'entraîner* sans lui au rôle d'observateur exact. Ces rouages de comptabilité, intraduisibles de loin, en dehors du « terrain » même, et bientôt devenus clairs « à l'usage », vous font atteindre pour toutes vos enquêtes postérieures, — nous insistons, sans peur des redites — les *liaisons cachées des choses, dans ces vies différentes de votre vie.* Rapports inaperçus et non pas centigrammes ou centimes, telle est l'essence à dégager de la monographie de famille scientifique, d'après Le Play.

II. — LA MONOGRAPHIE DE FAMILLE « SIMPLIFIÉE »

Rigoureusement identique au cadre de la *Monographie de famille ouvrière*, le cadre de la *Monographie de famille rurale* est tout entier contenu à la page où a été imprimé le tableau du budget ouvrier chiffré, à *une seule colonne (valeurs en argent)*, avec ses quatre sections des recettes, les cinq sections des dépenses, et les trois annexes État civil, Installation matérielle, Histoire de la famille.

Mais une observation domine ici chaque monographie rurale, qui ne devait être formulée que de temps à autre au sujet de la monographie ouvrière. Le « paysan » est le chef d'un petit atelier dont le fonctionnement est intimement lié à la vie familiale (comme la Mouleuse en cartonnage d'ailleurs, ou l'Ébéniste du meuble courant au faubourg Saint-Antoine, tous les façonniers et petits patrons *asservis*). Donc, il est de toute impossibilité de remplir la partie première du budget, les Recettes, avant d'avoir mis en relief les résultats de cette exploitation familiale. *Toute monographie de famille rurale* (sauf de rares exceptions de journaliers agricoles) *a pour préface obligatoire une monographie d'atelier, indissolublement liée à elle.*

En conséquence, au premier rang de la *préparation* de la monographie de famille, intervient la rédaction de la monographie du petit atelier, d'après le cadre indiqué par le chapitre précédent.

Or cette monographie d'atelier nous fournit les éléments suivants :

La Ferme, située tout proche du château, à la limite des « bois noirs », sur une lande à demi défrichée, comprend : 7 hectares (1 hectare de terres; 1 hect. 50 de prés; 4 hect. 5 de pâture); le loyer annuel est de 320 fr. Le cheptel, appartetenant au fermier (3 vaches, race hollandaise et Salers, 1 génisse, 3 brebis, etc.) est estimé 684 fr. Le matériel des travaux et industries s'élève à 622 fr. — Le chiffre annuel des ventes (surtout le lait exporté à Saint-Étienne) atteint 836 fr. par an. Soit le résumé :

RECETTES

	Valeurs en argent
(Outre la plupart des grains consommés par la famille, les légumes, pommes de terre et choux, les pailles, foins, herbes, le porc consommé, le lait consommé directement, etc., etc., *produits perçus en nature.*)	
Avoine vendue.	9,50
Bois vendu	37 »
Produit des vaches.	690,65
— des brebis.	31 »
— de la basse-cour	66 »
Total.	836,15

DÉPENSES

Matières premières (semences; achat de la truie; frais de la vente du lait; nourriture des animaux, etc.).	259,70
Main-d'œuvre de la famille	116,45
Fermage	320 »
Intérêt du matériel et entretien	24,90
Bénéfices de l'industrie.	115,10
Total.	836,15

Tout se réduit à un avantage de 256 fr. 45, qui se décompose en 24 fr. 90 d'intérêt, 116 fr. 45 de travail et 115 fr. 10 de bénéfice, ce que nous désirions établir[1].

Le cadre de la monographie de famille, après cet exorde, se trouve facile à remplir.

BUDGET DES RECETTES ET DÉPENSES DU FERMIER MONTAGNARD DU FOREZ
DU 1er AOUT 1892 AU 1er AOUT 1893

RECETTES

		Valeurs en argent
SECTION I. — **Propriétés.**		
(Intérêts du matériel de la ferme, dons de la fabrication du beurre et du fromage.).		25,45
SECTION II. — **Subventions.**		
(Cadeaux: 10 fr.; — sans compter les cueillettes du bois mort, des airelles, et autres, le tout en nature.)		10 »
SECTION III. — **Salaires.**		
(Travail rémunéré par la ferme.	116,45	
— du père comme terrassier et bûcheron . .	274 »	
— de la fille ainée à la filature de soie.	252 »	688,90
— des deux fils ainés loués comme bergers. . .	35 »	
etc.).		
SECTION IV. — **Bénéfice des industries.**		
(Industrie de la ferme.	115,10	
— de la fabrication du beurre.	7,45	134,70
— de boucherie, exercée par exception.). .	12,10	
TOTAL.		859,05

DÉPENSES

SECTION I. — **Nourriture.**
(Presque toute la nourriture est récoltée
sur le domaine : 460 kilogr. de seigle;

[1] Deux petites industries accessoires de la ferme, la fabrication du beurre et du fromage et l'abatage d'un veau vendu au détail expliquent les chiffres des recettes, incompréhensibles sans cela.

50 kilogr. de lard; 180 litres de lait; la
viande du porc; tous les légumes.)
Acheté seulement : pain, sous la forme
de 1 095 kil. de seigle, 169 fr. 50; huile,
18 fr.; fromage, 18 fr.; vin, 105 fr.;
plus 27 fr. de nourriture payés pendant
l'hiver à l'école des filles   376,55

SECTION II. — **Habitation.**

(Loyer; déduit par ventilation
   du prix total de la ferme . .   60 »
Achats d'objets mobiliers. . .   30 »   105,50
Éclairage.). . . . .   15 »

SECTION III. — **Vêtements.**

(Vêtements du père.   39,95
    —   de la mère.   70,60
    —   des deux fillettes. .   92,15
    —   des trois garçons. .   60,85   304,75
    —   de l'enfant le plus
        jeune.   7,20
Réparations   3,50
Blanchissage.)   7,50

SECTION IV. — **Besoins moraux; récréations; service de santé.**

(Culte . . . .   11 »
Instruction. . . . . :   4 »
Aumônes . . . .   1 »   49,75
Tabac, eau-de-vie. . . . . . :   31,25
Remèdes.).   2,50

SECTION V. — **Dettes; impôts; assurances.**

(Intérêt des dettes, 300 à 3,50.   10,50
Impôts. . . . .   7 »   25,50
Assurance). . . . .   8 »

                       TOTAL.   859,05

RÉSULTAT :

Pas d'épargne; juste équilibre.
(300 fr. de dettes anciennes à 3,50 p. 100.)

LES TROIS PIÈCES ANNEXÉES

1° *État civil de la famille.* — Elle se compose de 8 personnes :

1. Antoine H..., chef de famille. . . . .   46 ans;

2. Catherine M..., sa femme. . . . .   40 ans.
3. Marie-Antoinette II..., leur fille aînée, ouvrière
    d'une fabrique rurale . . . .   14 —
4. Marie-Rose, leur deuxième fille, lingère. . . .   12 —
5. Antoine II..., leur fils aîné, berger chez sa
    grand'mère. . . . .   10 —
6. Joseph II..., leur deuxième fils, berger chez
    une voisine. . . . .   9 —
7. André II..., leur troisième fils. . . . .   7 —
8. Claude-Marc II..., leur quatrième fils. . . . .   1 an et 1/2

2° *Installation matérielle.*

Ferme montagnarde, bâtie à mi-côte, de telle sorte que les charrettes de foin peuvent pénétrer sur le plancher établi au-dessus des étables; jardinet de 3 ares; un bâtiment unique réunissant grange, étable, habitation.

Mobilier de la salle basse : des lits-armoires, une armoire en noyer, une haute pendule campagnarde, une table en noyer, un banc près de la table, six chaises, un miroir, photographies, etc., une « chapelle ».

A côté, une salle voisine, contenant le four, le charnier, le pétrin, etc.

Ustensiles (avec prédominance de la fonte et du fer-blanc); linge de ménage, en toile solide (strict nécessaire); ni nappes, ni serviettes de table.

3° *Histoire de la famille.*

a. Le chef. — Il est sorti d'une famille analogue; domestique chez un vieux gentilhomme des environs, chez lequel il réalisa 600 fr. d'épargne; sa part d'héritage était évaluée à 600 fr.

b. La femme. — Sortie également d'une famille analogue; femme de chambre au château; 250 fr. d'économie.

c. Vie commune. — Les 1450 fr. d'épargne permirent de s'installer, et de louer une ferme pouvant nourrir deux à trois vaches.

Le travail opiniâtre, la survenance des enfants, les pertes résultant des épizooties ont été les seules phases de cette existence monotone, qui représente bien la vie courante de la montagne forézienne. Le *lait,* les *bois,* les « *rubans* », les trois sources de recettes se retrouvent dans le budget, et aussi la

location des enfants tout jeunes comme bergers, pendant la
période d'été. Parmi ces enfants, la plupart émigreront vers la
plaine, l'un d'eux continuera « la ferme ». La coutume exige
un « aîné », comme dans toutes les régions de famille-souche.

COMMENTAIRE

Le commentaire peut se résumer en une page.

1° LA PRÉSENTATION. — Relire ligne par ligne la présentation
à la famille urbaine (p. 69). Le milieu rural, moins dense que
le milieu urbain, et se prêtant avec plus de complaisance aux
informations journalières, vous offre trois « bureaux de renseignements », distincts, rayonnant sur des catégories souvent
opposées : le prêtre, l'instituteur, le propriétaire résident. Ne
comptez pas sur le « sujet » lui-même, il est forcément inerte,
quand il n'est pas récalcitrant. Mais les guides sont clairvoyants
et postés à des «observatoires différents». Ils vous éviteront les
démarches inutiles, en ne vous adressant qu'à des « groupes
familiaux », capables d'intelligence et de confiance relatives.

2° LA PRÉPARATION. — Tout ce qui a été dit sur les précautions
infinies qu'exigent les « milieux ruraux », doit être répété
textuellement ici. L'interrogatoire-préface, par circonvallations
successives, doit ne laisser que le minimum de besogne à l'interrogatoire direct. D'ailleurs, la nécessité d'analyser l'atelier
principal et *les ateliers accessoires*, pour l'établissement des
recettes de la famille, fait rentrer une forte partie de cette préparation dans la rédaction antérieure d'une monographie
d'atelier. Le commentaire spécial de ce procédé d'observation
doit donc faire loi, pour toute la première partie de cette tâche
« d'éclaireur », de « dégrossisseur », si l'on préfère une expression industrielle. Le complément nécessaire est demandé aux
mêmes stratagèmes, notaires, hommes d'affaires, etc., et aux
autorités sociales *choisies comme guides*. Cuisine locale, habitation, vêtement, besoins moraux, etc., sont passés en revue
d'après la même marche que le rendement probable des terres
arables, des prairies, des vignobles, etc

3° L'INTERROGATOIRE. — Même répartition des séances et même programme pour chaque séance prise isolément. Le monographiste de famille doit avoir acquis son expérience dans les faubourgs ouvriers, ou du moins auprès des *ouvriers* ruraux ; la famille *paysanne* constitue un cours de second degré, que l'on ne peut aborder qu'après un entraînement assez long. Mais rien n'est à changer dans le mécanisme coutumier.

Dans la première séance (deux heures) c'est l'état civil, l'histoire de la famille, le budget des dépenses (section IIe, l'habitation ; section Ire, la nourriture).

Dans la deuxième (quinze jours plus tard), c'est la section III, les vêtements ; la section IV, besoins moraux ; la section V, dettes, impôts, assurance ; enfin le budget des recettes, assez court ici, *si nous supposons la monographie d'atelier achevée avant la monographie de famille*, ce qui doit être la règle.

Dans la troisième visite (un mois plus tard), c'est la comparaison des deux parties : recettes, dépenses ; et aussi la série variable, diverse, des corrections.

La monographie de famille rurale, rédigée très ordinairement pendant les vacances — à la montagne ou à la mer, — rejette assez souvent cette dernière épreuve à l'année suivante, au moment du nouveau contact, qui fait surgir les doutes et les désirs d'éclaircissement.

4° LE CONTRÔLE. — Pendant cette halte assez longue, le contrôle — contrôle des membres de la famille les uns par les autres ; contrôle des groupes entre eux par les observations extérieures — devient aisé. Les délégations à des enquêteurs sur place sont possibles ; rien n'empêche même de recourir à ces « cahiers annuels », imaginés par le professeur Bücher. Quels sont ces enquêteurs sur place ? D'abord les « autorités » citées en vedette : et aussi de simples « gens du peuple », ouvriers de l'usine rurale, par exemple, plus ouverts, mieux *apprivoisés*, qui se livrent volontiers à une tâche d'inquisition sur d'autres qu'eux-mêmes. L'art de la monographie est sur la limite, nous l'avons déjà écrit, d'un autre art : celui de l'espionnage.

CHAPITRE V

LA MONOGRAPHIE DE MARCHÉ ET LES MONOGRAPHIES SUBSIDIAIRES :
MAISON DE COMMERCE; FAMILLE D'EMPLOYÉ

Il n'y a pas de monographie de marché *rural*, à proprement
parler; pas de monographie de maison de commerce *rurale ;*
pas de monographie de famille d'employé *rural*. Pourquoi ? Par
une raison bien simple.

Le commerce est un, en ce sens que l'opération de transmission se ramène à des éléments toujours identiques, tandis que
les opérations techniques de fabrication se ramifient en une
diversité toujours renouvelée. Le fait apparaît à tous les yeux
dans les « Maisons de Commission » qui négocient des « cargaisons flottantes » : en blé, farine, sucre, huile, etc., etc., et
dans les modernes Compagnies de Commerce au détail (les
« Grands Magasins »), qui groupent 350 spécialités. L'unité de
l'acte *commercial* est la cause de ces phénomènes de concentration.

Du moment que « l'Unité » du commerce — si l'on peut dire
— se manifeste d'un produit à l'autre, elle doit éclater avec
encore plus d'évidence, lorsqu'on observe un même produit
aux différentes étapes de ses migrations économiques. Que l'on
vende du blé, de la viande, du sucre, de l'alcool dans le milieu
d'une Cité à population dense, ou qu'on vende ce blé, cette
viande, ce sucre, cet alcool dans la tranquillité du milieu rural,
ce sera toujours spectacle de même ordre, susceptible d'être
relevé par une *monographie de marché,* sans épithète. Le milieu
rural n'y aura apporté qu'une extrême simplification de mécanisme.

L'exemple le plus concluant peut être emprunté au « marché des blés ». Le blé part des communes rurales, il se concentre vers les cités. D'où la nécessité d'établir le vis-à-vis : 1° des multiples marchés campagnards où s'enregistrent les prix des mercuriales, çà et là, sur les 536 000 kilomètres carrés de notre territoire; 2° du marché parisien, expression qui réunit plusieurs marchés dissemblables.

Ainsi, non seulement il est impossible de varier le procédé d'enquête pour les marchés ruraux, mais encore on est contraint par la nécessité des choses d'unir l'enquête des marchés ruraux et des marchés urbains de même nature.

S'agit-il de subsistances, le marché rural est la préface.

S'agit-il de produits manufacturés (draperie, toilerie, articles dits « de Paris », etc., etc.), le marché rural est la « conclusion », puisque la conclusion c'est le classement des produits.

PREMIÈRE ENQUÊTE
MONOGRAPHIE D'UN MARCHÉ (MILIEU RURAL[1])

Se rappeler que ce marché minuscule, choisi comme échantillon archaïque, n'est qu'un point imperceptible au milieu de la vaste circulation nationale du blé : soit *cent vingt millions d'hectolitres annuellement consommés* (froment) et un maximum de cent trente millions produits (90 millions seulement dans les années « mauvaises »).

Ce marché campagnard est le centre d'un canton de 12 communes et d'une surface labourable de 15 000 hectares. La production de cette petite zone atteint environ 55 000 hectolitres — froment et seigle. La consommation semble à peu près équivalente (13 300 hab.).

Quel aspect offre donc ce « marché », en désignant par cette expression unique : 1° l'ensemble des transactions qui directement et chaque jour s'opèrent entre les métairies, borderies, maisons particulières d'une part et les petits moulins, minoteries, boulangeries, d'autre part; 2° la Halle de l'ancien Château,

---

(1) Voir *Métayers en communauté du Confolentais,* collection des Ouvriers des Deux Mondes, n° 65.

où le 5 de chaque mois se localisent un certain nombre de transactions rigoureusement semblables aux précédentes.

Une fois de plus, transportons sur ce milieu éminemment simple le cadre tri-partite de la *Monographie de marché* : 1° enquête bibliographique ; 2° enquête personnelle ; 3° enquête monographique.

a. L'Enquête bibliographique nous permet, en insistant sur le point de vue historique (la technique demeure extrêmement simple), de retracer en quelques phrases la circulation du blé dans ce canton.

La règle absolue, jusqu'à une époque relativement récente (voir *Statistique monumentale de la Charente,* de Michon), était la fabrication domestique du pain. Dans chaque métairie, il existe un « fournil » ou four ; dans les agglomérations, le « fournil » se prête ou se loue (entreprise du fournier). Le sac de blé, seigle et froment, s'il n'est pas récolté sur l'exploitation, est acheté soit *directement au grenier du propriétaire,* soit à la « Halle », à ce « minage » signalé plus haut. Alors intervient le meunier local, installé sur la grande rivière ou les petits affluents dont la région est sillonnée. Ce meunier est en principe un *meunier à façon* (ignorant d'ailleurs les procédés modernes du nettoyage avant mouture). Il retient pour son salaire 6 kilog. par hectolitre de 80 kilog. — ou exige une somme de 1 fr. 50 — et restitue la « boulange », farine et son mêlés. Le blutage, c'est-à-dire la séparation du son et de la farine, est exécuté par la famille, à l'aide d'un « blutoir » à la main (cylindre en soies d'épaisseurs différentes, animé d'un mouvement rotatif). La pâte est pétrie d'après les procédés ordinaires, dans le pétrin classique que le patois du pays (langue romane) désigne sous le nom de « mée ». Le four est chauffé avec des fagots de chêne. Le pain obtenu est un pain *bis,* à un tiers ou deux tiers de seigle : il est renouvelé seulement toutes les quinzaines.

Le « boulanger » apparaît comme une transformation du « fournier ». Un petit matériel de quelques centaines de francs, (pétrin, corbeilles, balances, etc., etc.), et l'installation est complète. Tout d'abord, le boulanger accepte le blé et fournit en échange un certain nombre de kilogrammes de pain (plus frais que dans le système précédent, parce qu'il peut « cuire » deux ou trois fois par semaine). Le « meunier à façon » conserve son rôle, mais vis-à-vis du boulanger qui revend le son en détail. Peu à peu, le boulanger *achète* le blé et *revend* le pain.

b. L'enquête personnelle est établie d'abord par la feuille cantonale de l'*Enquête agricole* et ensuite par des investigations particulières auprès des gros marchands de farines et grains, installés au chef-lieu de canton, des « meuniers », des « régisseurs » ou hommes d'affaires, etc., etc.

Elle permet de constater la révolution complète de la circulation des blés en ce milieu rural.

Sans aucun doute, pour une forte partie encore, l'ancien mode s'est maintenu. Les communautés de Métayers notamment respectent les anciens usages. Meuniers à façon, « fournils » domestiques, pétrins et le reste, tout cela subsiste. Mais deux éléments nouveaux interviennent, avec une force croissante : 1° la grande minoterie ; 2° le boulanger achetant la *farine* et revendant le *pain* (système parisien, en un mot).

La grande minoterie, qui utilisait au chef-lieu même une force hydraulique d'environ 180 chevaux et pouvait moudre 80 quintaux par jour a été détruite par un incendie et n'a pas été reconstruite. Le minotier a préféré se transformer en marchand de grains et farines, ce qui lui évite la concurrence des entreprises plus puissantes et mieux outillées. C'est donc en dehors du canton qu'il faut chercher les exemples de la nouvelle organisation, notamment du côté du sud-est (30 kil. environ). La minoterie d'aujourd'hui achète les récoltes des gros propriétaires, soit immédiatement après la moisson, soit peu à peu , dans le cas où des stocks (dits invisibles) ont été constitués. Elle repasse à la culture les sons et recoupes, ordinairement par l'entremise des « régisseurs » devenus les agents du minotier. Mais sa clientèle véritable est celle des boulangers acheteurs de balles de farine.

Le boulanger des bourgs et villages — petit patron tra-

vaillant avec un ouvrier et un apprenti — assume sur sa tête
la responsabilité des colères villageoises, en cas de hausse.
Son pouvoir est dans les crédits qu'il ouvre, et sa faiblesse
dans les crédits qu'il subit de la part du minotier.

Nota. — Tout à côté des minotiers acheteurs, un certain
nombre de marchands de grains, moyennant une commission
ou à leurs risques et périls, transfèrent les sacs de grains à
d'autres collègues ou à des minoteries plus lointaines.

c. L'ENQUÊTE MONOGRAPHIQUE peut donc s'exercer sur deux
catégories très nettement tranchées de « circulations ».

1° *Circulation archaïque conservée intacte.* — La « Halle »
en forme de pivot, pour ainsi dire. Le cadre du « marché organisé » (pavillon n° 9, aux Halles centrales de Paris) est ici indiqué par les circonstances.

Le « fermier » — l'adjudicataire de la perception des droits
des halles et marchés — a droit à la première place. Examen de
son personnel, de son tarif, du mode de perception (0,10 c.
par hectol., etc.).

Le pesage des grains vendus s'opère de la façon la plus primitive, par le recours aux « romaines » (balances) des meuniers.

Sous cette halle, — vaste charpente supportée par des piliers
de bois comme au xvi° ou xvii° siècle — acheteurs et vendeurs
se font vis-à-vis et discutent, non sur *échantillons*, mais sur la
marchandise même.

D'une part, le cadre de la monographie d'exploitation rurale,
d'où l'on détachera la panification domestique, vous rendra
compte du calcul exact des métayers et propriétaires qui tour
à tour achètent ou vendent. Un seul échantillon suffira, par
suite de l'homogénéité — de la ressemblance — des rouages
à étudier.

D'autre part, sous le bénéfice de la même remarque — unité
d'échantillonnage, — il s'agira d'appliquer la monographie
d'atelier aux petits moulins ruraux, dont les titulaires eux
aussi tantôt vendent et tantôt achètent.

2º *Circulation modernisée*. — Elle s'observe principalement, les jours de foire, dans un café de la grande place, où minotiers, marchands de grains et régisseurs (représentants des propriétaires) jugent sur *échantillon*. Les livraisons sont effectuées en gare, dans les sacs des acheteurs.

Deux compartiments encore : celui des vendeurs (toujours les mêmes, les régisseurs ou propriétaires) — celui des acheteurs (les marchands et minotiers).

Le camp des vendeurs est connu par l'analyse des métairies ou « domaines » (côté commercial d'une ou plusieurs *monographies d'exploitations rurales*[1]); l'unité d'exemple est d'ailleurs suffisante, étant donné le milieu.

Le camp des acheteurs est révélé : 1º par UNE *monographie* de *maison de commerce* (une seule, tous ces entrepreneurs se ressemblent) en désignant par cette expression de maison de commerce l'organisation très rudimentaire des marchands et commissionnaires en grains ; 2º par UNE *monographie de minoterie, nouveau modèle*, avec les systèmes récents de nettoyage et de mouture aux cylindres. Cette monographie (toujours *une*, en raison du motif déjà indiqué) contiendra tout naturellement le régime commercial qui sert à dominer le petit boulanger de village. — Il est d'ailleurs possible de s'aventurer, pour plus de précision, dans la monographie *abrégée* de ce métier de boulangerie.

DEUXIÈME ENQUÊTE

MONOGRAPHIE DU MARCHÉ PARISIEN DE BLÉ

Il suffira d'espacer l'un après l'autre les poteaux indicateurs.

Deux marchés s'entrevoient, côte à côte, avec des réactions réciproques : le *Marché libre* et le *Marché de Paris* (marché de spéculation, à la Bourse de Commerce).

a. MARCHÉ LIBRE. — Ce marché libre a remplacé l'ancienne Halle aux blés, la rotonde de Roubo, — sur l'emplacement

(1) Voir *Métayers confolentais*.

actuel de la Bourse de Commerce, — qui au point de vue administratif semble se continuer par le coin du pavillon nº 6 dit des « Grains et Farines »[1].

Il semble *localisé* le mercredi, devant l'entrée de la Bourse du Commerce elle-même.

Mais l'observateur s'aperçoit bientôt que le marché-marchandises de Paris, avec les adjudications de l'Assistance publique, de la Guerre, etc., ne tient pas sur cet emplacement exigu. Une masse colossale d'affaires se traite par correspondance, télégraphes et téléphones, entre la grande culture et les maisons d'importations d'une part, et, d'autre part les grands marchés de blés et les minotiers à 200, voire même 3 000 quintaux métriques de consommation quotidienne.

Alors, avec leur statistique d'ensemble, doivent défiler les échantillons triples par catégorie des rouages commerciaux figurant sur le marché : 1º grande culture ; 2º maisons d'importation, telles que la maison Ephrussi ; 3º maisons ordinaires de commerce de grains ; 4º minoteries.

b. MARCHÉ DE PARIS. — Le marché-type, thermomètre des valeurs, nécessite :

Une monographie de la *Bourse de Commerce*, — la Société immobilière, propriétaire de cet immeuble.

Une monographie du *Syndicat général des grains, graines, farines, huiles, sucres et alcools*, fondé le 15 juillet 1893, principal locataire de la Bourse (association de 800 personnes environ).

Une monographie du *Marché de blé de Paris* (règlement du 19 octobre 1891), de l'Association syndicale des blés, seigles et graines (150 personnes), avec description détaillée de cette assemblée de courtiers abritée par la vaste coupole. — L'échantillonnage des « maisons de courtage » dévoilera la matière du jeu (avec une monographie des *Magasins généraux* au 11, rue Croix-des-Petits-Champs), puis le procédé de la filière, le mé-

---

(1) Le marché du pavillon 6 — marché organisé (voir Rapport annuel du service de l'approvisionnement), — est surtout un marché de semences, et aussi de haricots.

canisme du marché à terme, les risques des clients, etc., enfin *l'établissement de la cote.*

Mais toute cette analyse est précisément celle qui, dans la deuxième partie du volume (*la Cité moderne*), a été désignée sous le nom général de *Monographie de marché* urbain. Il n'est pas nécessaire d'y revenir.

Nota. — Le modèle précédent s'appliquerait au *Marché des farines, trait d'union des minotiers et boulangers*, si l'on désirait en poursuivre l'étude, très distincte à Paris, de celle du *Marché des blés.*

La conclusion de ce chapitre V est qu'il aurait pu se remplacer par cette simple remarque : *Voir au chapitre* V *de la Première Partie.*

C'est là qu'il conviendra de chercher les renseignements supplémentaires, notamment pour le côté social de la vie des « employés ruraux », que nous avons négligé.

CHAPITRE VI

LES MONOGRAPHIES DES ORGANISATIONS D'INTÉRÈT GÉNÉRAL

Même remarque initiale que pour la monographie de marché,
au chapitre précédent.

Qu'elle s'observe dans la Cité moderne ou dans la Région
rurale, l'organisation d'intérêt général peut être soumise au
même cadre, au même instrument de topographie.

En effet, la distinction entre les rouages « libres », si l'on
peut dire, et les rouages sanctionnés par la « contrainte
publique », se retrouve exactement dans les mêmes termes.

D'une part défilent : 1° le Syndicat agricole, — l'un quelconque des syndicats énumérés par le petit annuaire du Musée
social; 2° la Société de secours mutuels; 3° la Coopérative de
production et de consommation; 4° la Caisse rurale. — Coopératives et caisses rurales sont des maisons de commerce et relèvent de ce cadre spécial. Syndicat et groupement de mutualité doivent être analysés comme le Compagnonnage du Devoir
ou la première venue des mutualités urbaines [1].

Tout en face, le rouage communal, le rouage cantonal (dans
certaines nations), le rouage d'arrondissement, le rouage départemental. Pour toutes ces organisations le plan indiqué pour le
mécanisme administratif de la Cité moderne peut être réédité
presque sans changement.

Le présent chapitre pourrait donc être clos par ces quelques
observations, s'il ne subsistait un « rouage » d'ordre supérieur,
classé dans la « Région rurale » par simplification, mais sans

---

[1] La Société d'Assurance mutuelle (bétail, grêle) retombe dans la
atégorie des maisons de commerce, au point de vue de la description.

raison sérieuse, puisqu'il comprend les cités et les campagnes, les « boroughs » et les « comtés », je veux dire l'*État lui-même*, mécanisme de la Nation.

La monographie d'un État. la « Statistique » — au sens élevé et exact du mot — a été tentée par F. Le Play presque aussitôt après la monographie de famille. Le groupe, que l'on peut dire infiniment compliqué, a sollicité le grand observateur presque en même temps que le groupe minuscule et relativement simple. La *Constitution de l'Angleterre* parut en réalité dans la *Réforme sociale* (1864), puis se développa peu à peu au point de remplir sous un titre spécial les deux volumes publiés en 1875. Elle devint alors « le spécimen des travaux à entreprendre pour tous les pays [1] ».

Le plan général de ce dernier essai mérite que l'on rappelle ses douze livres [2], et surtout les budgets exposés en annexes. Toutefois, il convient de signaler la différence entre une *description* ainsi comprise et la « Monographie d'un État », telle que nous l'entendons aujourd'hui.

La « Constitution de l'Angleterre » est la condensation d'enquêtes multiples qui enveloppent toutes les cités et leurs commerces, toutes les régions rurales et leurs cultures, avec toute la hiérarchie des pouvoirs communaux, régionaux, et enfin l'État lui-même.

La « Monographie de l'État », au contraire, ne s'attache qu'à l'unique objet précisé par son titre : elle se réduit aux livres dixième et onzième de l'œuvre précitée, intitulés : *l'État britannique et son œuvre de paix intérieure; la Souveraineté et le gouvernement de l'État.*

La conséquence nécessaire est une dissemblance complète de structure du cadre.

Exactement comme pour le « *rouage administratif de la cité* », l'outil d'observation, utilisé pour les organisations d'intérêt général, va être transporté :

(1) *La Constitution de l'Angleterre*, par F. Le Play et A. Delaire. Mame, 1875, préface, p. xxv.

(2) Voir Appendice V.

1° Sur l'État dans son ensemble (État français);

2° Sur l'une des pièces de cet ensemble, — qui, pour revenir à la Région rurale, sera précisément le Ministère de l'Agriculture.

I. — L'ÉTAT DANS SON ENSEMBLE

Milieu. — La France *continentale* (un peu plus du millième de la surface terrestre, la deux cent cinquante-cinquième partie des espaces émergés), est tout entière située dans la zone tempérée, moitié vers l'Océan Atlantique et moitié vers la Méditerranée, par suite *mi-continentale, mi-maritime*. Elle est située entre le 42°,20 et le 51°,5 de latitude nord, et entre 7°,11 long. O. et 5°, 10 long. E. Superficie avec la Corse : 536 463 kilom. carrés. — (V. *La France* de Reclus, et l'*Annuaire statistique* de la France.)

Tableau physique de la nation dont l'État forme le mécanisme central (France *continentale*).

1° *Population :* 38 517 973 habitants (avec 2 899 cantons et 36 170 communes). Faible natalité. Population stationnaire.

2° *Moyens de communication avec l'extérieur.* — La position de la France à l'extrémité de la presqu'île européenne, aujourd'hui où les grandes routes commerciales se dirigent vers l'Extrême-Orient (canal de Suez) et l'Amérique Nord ou Sud, en fait un lieu de transit, pour les marchandises, mais surtout pour les voyageurs, — notamment à cause du prestige de Paris. Le premier « indicateur » venu donne une idée du réseau des Express européens, qui unissent Paris à Pétersbourg, Moscou, Constantinople, Madrid, Londres. — Nous rappelons aux lecteurs les Cours du regretté Pigeonneau sur les grandes lignes de communications maritimes (Messageries, Transatlantiques, Chargeurs Réunis, etc., etc.) [1].

3° *Topographie physique.* — Une ossature centrale en granit, d'autres murailles frontières la plupart en granit, Pyrénées,

(1) Ces cours ont été professés à l'*Ecole libre des Sciences politiques.*

Alpes, Jura, Vosges, puis cinq grandes vallées de terrains variables, unissant les cultures méridionales à la végétation du Nord (V. *Géologie agricole de Risler*); la fertilité extraordinaire, — céréales, vins, bestiaux — mettant l'aisance à la portée du grand nombre. Pas de fer, peu de houille (le meilleur bassin houiller est à l'écart des communications), ce qui écarte toute idée de suprématie dans la lutte du grand industrialisme moderne (au moins dans l'état actuel des inventions). — Sur les 2 690 kilom. de côtes (2 070 sur l'Atlantique et 670 sur la Méditerranée), la pêche côtière et la grande pêche permettent de tenir en réserve l'une des plus belles populations de marins.

4° Activité économique, — Avec une majorite d'agriculteurs (26 millions d'habitants, un peu plus des deux tiers sont installés dans les hameaux, villages et villes de moins de 5 000 hab.), la France a une tendance à « se suffire » à elle-même, affirmée par la politique douanière des tarifs du 11 janvier 1892. Néanmoins son commerce spécial avec l'extérieur s'élève en 1897 à 7 milliards et demi (près de 4 milliards d'importations; 3 milliards et demi d'exportations). A ce mouvement il faut ajouter : 1° les milliards dépensés par les étrangers en France, parce que la France, avec Paris et les villes d'eaux, constitue la grande hôtellerie de l'univers — une Suisse agrandie ; 2° les revenus des 26 milliards placés par les Français — peuple de rentiers et d'épargnistes, — dans les Caisses d'État et les industries de l'étranger.

On estime en général le revenu de la France à 22 milliards (voir *Bulletin de statistique*, février 1896).

5° Physionomie morale. — La France se signale par le développement de ses classes moyennes (la petite noblesse rurale, nombreuse et vivace en certaines provinces, est considérée par nous comme une classe moyenne, puisque le point de vue de classement est la richesse)[1]. Cette répartition équitable du bien-être rend compte d'un grand nombre de traits du carac-

---

[1] Nous ne faisons pas intervenir ici l'idée d'unité de race (race celte), à cause des divergences qu'elle peut entrainer. Cependant cette unité et le rôle des « races » infiltrées (l'ancienne noblesse du Nord) forment un sujet d'étude intéressant.

tère national (le caractère national aperçu de l'étranger étant celui des classes moyennes) : travail, économie, individualisme traditionnel, partage égal entre les enfants, vanité même qui, à l'état de vanité collective, produit de merveilleux élans de patriotisme.

Un trait souvent relevé est l'*identité* du tempérament des Français, d'un bout à l'autre de la série de leurs partis religieux et politiques.

Mode d'organisation de l'État. — Depuis 1792, la bourgeoisie française s'est soumise au régime de la monarchie *élective* sous différentes étiquettes. Royauté, Empire ou République, ont amené ce résultat que le « perpétuel » est devenu provisoire », et que le provisoire s'est prolongé avec persistance.

La Constitution de février-juillet 1875, appliquant ce qu'il est convenu d'appeler, depuis Montesquieu, la séparation des pouvoirs, distingue : 1° un président de la République, nommé par les deux Chambres réunies en « Congrès »; 2° un Sénat de 300 membres; 3° une chambre des députés de 587 membres.

Le rôle du président est de choisir, ordinairement parmi les membres des assemblées, un cabinet collectivement responsable, dont le chef est désigné sous le nom de premier ministre, président du conseil.

En réalité, la plus forte partie de la puissance publique est détenue par les administrations hiérarchisées, qu'organisa jadis le premier Empire, et aussi par les « influences » dites parlementaires.

Composition du personnel central. — L'énumération des divers services ou *Ministères* devrait prendre place sous cet alinéa. Nous renvoyons à la monographie d'une pièce détachée, qui suivra cet abrégé général (Voir plus loin).

Budget de l'État. — Le budget général pour l'exercice 1898 (projet), atteint un total de 3 359 679 433 francs (Dépenses prévues).

Les recettes correspondantes sont établies par :

§ 1. Impôts et revenus 2 513 821 010
§ 2. Monopoles et exploitations
    industrielles de l'État . .   679 564 200

                 3 193 385 210   3 193 385 210

§ 3. Produits et revenus du do-
    maine. 57 110 886
§ 4. Produits divers du budget .   55 795 059
§ 5. Ressources exceptionnelles .   7 600 000
§ 6. Recettes d'ordre 66 734 876

                 187 240 821   187 240 821

             TOTAL[1] 3 380 626 031

Soit : 187 *millions d'excédent en chiffres ronds.*

Donc l'impôt (au sens agrandi) n'est représenté que par une somme de 3 milliards passés.

Histoire de l'État. — A recommander le premier volume de l'*Histoire de Richelieu*, de M. G. Hanoteaux, qui a fixé le point *culminant* de l'histoire française.

Annexe I

Énumération des services généraux ou « ministères ».

A. **Ministères correspondant aux recettes :**

1° PROPRIÉTÉS DE L'ÉTAT (ancien domaine).

La plus grande partie des « revenus » du domaine de l'État, provient de la *Direction générale des forêts,* rattachée au ministère de l'Agriculture depuis le décret du 15 décembre 1877.

La *Direction générale de l'enregistrement, des* DOMAINES *et du Timbre* (ministère des Finances) peut revendiquer aussi une partie de ces revenus (aliénation d'objets mobiliers et d'immeubles, successions en déshérence, etc., etc.).

Quant aux autres revenus des propriétés, il serait nécessaire de les rechercher dans les ministères les plus divers (produits

(1) Le projet de 1900 dépasse 3 milliards et demi.

de l'exploitation des établissements régis ou affermés : écoles vétérinaires, écoles d'agriculture, compagnies thermales, etc., etc., etc.)

2° MONOPOLES ET EXPLOITATIONS INDUSTRIELLES DE L'ÉTAT (domaine moderne).

Le *Ministère des Finances* présente : 1° les tabacs ; 2° les allumettes ; 3° les poudres (direction générale des manufactures de l'État).

Le *Ministère du Commerce :* 1° les postes ; 2° les télégraphes ; 3° les téléphones (sous-secrétariat des postes et télégraphes). .

Le *Ministère des Travaux publics* : le réseau de chemins de fer de l'État.

3° IMPÔTS. — Le *Ministère des Finances* concentre tous les services d'impôts en un certain nombre de grandes directions générales.

    a. Direction générale des contributions directes.

    b. Direction générale de l'enregistrement, des domaines et du timbre ;

    c. Direction générale des douanes ;

    d. Direction générale des contributions indirectes.

Mais quatre services doivent être repris à part, afin d'arriver à l'ensemble du ministère des Finances, et à l'achèvement de l'ensemble des recettes.

    a. La Direction générale des douanes, à cause de la politique économique générale. (Voir Monographie de M. Pallain.)

    b. La Direction du mouvement général des fonds et la *Caisse centrale du Trésor public* (Annexe : la *Banque de France*).

    c. La Direction générale de la comptabilité et le contrôle (Annexe : la *Cour des Comptes*).

    d. Le Service de la Dette (dette consolidée, dette remboursable à terme ou par annuités ; dette viagère, etc.), soit : 1 255 748 884 francs d'intérêts annuels ;

    e. L'Administration des monnaies et médailles.

B. **Ministères correspondant aux dépenses.**

GROUPE A. — **Milieu artificiel de la nation.**

1° *Ministère des travaux publics* (voirie, transports, navigation fluviale).

2° *Sous-secrétariat des postes et télégraphes* (côté dépenses).

GROUPE B. — **Œuvres collectives :**

1° Approvisionnement (*Ministère de l'Agriculture, Ministère du Commerce*).

2° Instruction (*Ministère de l'Instruction publique*, avec les *Cultes*, les *Beaux-Arts ;* une partie du *Ministère du Commerce.*)

3° Assistance et hygiène (partie du *Ministère de l'Intérieur;* partie du *Ministère du Commerce :* caisses diverses).

GROUPE C. — **Paix publique intérieure :**

1° Police et répression (*Ministère de l'Intérieur*) ;
2° Justice (*Ministère de la Justice*).

GROUPE D. — **Paix extérieure :**

1° *Affaires étrangères ;*
2° *Guerre ;*
3° *Marine.*

Annexe II

La plus grande France.

En face de la France continentale, la France a essayé pendant ce siècle, d'élever — après les insuccès du siècle dernier — son empire colonial : *la plus grande France.*

Total : une superficie quatre ou cinq fois plus grande que celle de la France, et 45 millions d'habitants environ, avec trois groupes majeurs (Afrique septentrionale, Madagascar, Indo-Chine).

Le *Ministère des Colonies* a été créé pour la direction de cet empire (il se trouve fréquemment en conflit avec le ministère de la Marine, au sujet de l'œuvre de défense).

Chaque colonie exigerait une analyse à part, analogue à celle de la Cité moderne, avec l'étude du lien qui la rattache au pouvoir de la métropole[1].

II. — LA MONOGRAPHIE D'UN MINISTÈRE (AGRICULTURE)

Le lecteur ne doit pas attendre de nous la monographie elle-même, qui a fait l'objet d'un cours spécial [2], mais simplement le raccourci de la marche à suivre pour bâtir la monographie. L'exemple doit « illustrer » la règle, et non l'enfouir sous des détails, inutiles au but visé.

Avant toute étude de ce genre, l'enquêteur est dans l'obligation de se procurer : 1° les documents bibliographiques ; 2° les relations personnelles de renseignement et de contrôle.

1° *Documents bibliographiques.* — Un aperçu historique toujours succinct. A cet égard, rien n'est plus utile à consulter que les dictionnaires : dictionnaire d'administration de Block, dictionnaire des finances de Léon Say, dictionnaire d'économie politique du même, etc., etc. En outre, *deux* pièces capitales se rencontrent toujours au début de l'analyse d'un ministère : *a*, l'annuaire ; *b*, le budget.

2° *Relations personnelles.* — La « vie sur le papier » — la vie réelle, cette opposition banale démontre à elle seule l'urgence de la collaboration parfois inconsciente des « praticiens ». Ici ne pas oublier la supériorité des sous-ordres, au point de vue de la précision des témoignages ; ne pas oublier non plus la nécessité de multiplier ces témoignages. A chaque pas, les passions ou les préjugés doivent être rectifiés par les passions ou les préjugés contraires.

(1) Nous disons : de la Cité moderne, parce qu'il s'agit d'étudier seulement le rouage administratif de la colonie. Dans l'intérieur de la colonie, il faudrait distinguer : les Cités et les Régions rurales.

(2) *Collège libre des Sciences sociales* (année 1898-99).

L'enquêteur ainsi préparé doit avoir présent à l'esprit le « cadre » toujours identique, qu'il va avoir à reporter sur les différentes fractions de l'ensemble.

1° **Milieu** ;
2° **Mode d'organisation du rouage** ;
3° **Caractéristique sociale du chef du rouage** ;
4° **Organisation administrative** (travail) ;
5° **Composition du personnel** (Salaires ; heures de travail) ;
6° **Organisation financière** ;
7° **Observations.**

Quels résultats cette préparation et le maniement de ce cadre fourniront-ils en ce qui concerne le *ministère de l'Agriculture ?*

Comme tous les rouages similaires, le ministère de la rue de Varennes se compose :

1° D'un grand ensemble, obéissant à l'autorité d'un ministre, membre du cabinet ;

2° D'un certain nombre de divisions ou directions, qui dépendent de chefs ou de directeurs ;

3° D'un certain nombre de bureaux, où commandent des chefs de bureau.

C'est la série bien connue du régiment, du bataillon, de la compagnie. Les administrations impériales sont des reflets de l'organisation militaire.

En conséquence, le cadre devra être appliqué : 1° sur l'ensemble ; 2° sur une direction générale avec *service extérieur* 3° sur un bureau.

La silhouette des trois tableaux est la suivante :

1° Le *Ministère de l'Agriculture* a été institué par le décret du 14 novembre 1881. Il occupe deux hôtels de la rue de Varennes, au second plan par rapport à certains services du Ministère du Commerce.

Depuis 1881, il a compté 15 ministres ; depuis 1892 (protectionnisme douanier motivé surtout par la crise agricole), les mêmes personnalités se succèdent (MM. Méline, Viger, etc.).

Six sections dans ce ministère : 1° le cabinet, état-major du ministre (tout à côté : les conseils, comités, commissions) ; 2° la division du secrétariat et de la comptabilité (rôle de maîtresse de maison) ; 3° la direction générale de l'agriculture ; 4° la direction générale des forêts ; 5° la direction générale des haras ; 6° la direction générale de l'hydraulique agricole.

Nota. — Chacune de ces quatre directions générales domine un nombreux personnel extérieur (en province).

L'effectif total de ce ministère est de 175 personnes environ (dont 30 brigadiers, huissiers, concierges, gardes).

Le budget de 1899 (en projet) évaluait les dépenses totales du ministère à 43 800 000 francs.

Mais, comme les forêts rapportent 30 millions environ (avec recettes annexes), il suffirait de trouver 13 millions pour que le ministère — débris de l'ancien domaine royal — se *suffît à lui-même*.

2° *La direction générale des haras* a été fondée comme administration distincte en 1806. Depuis le 15 mai 1870, elle fait partie du ministère de l'Agriculture et du Commerce et a suivi l'Agriculture au moment du détachement.

Cette administration est très cohérente. La loi du 29 mai 1874 en lui garantissant comme directeur général un chef sorti d'elle-même et en organisant l'école des haras du Pin, l'a érigée en un monde à part (gentlemens-fonctionnaires s'occupant du maintien du *pur sang* anglais et arabe en France).

A côté du directeur général et du conseil supérieur des haras (23 membres), deux bureaux se rencontrent : 1° un bureau d'administration ; c'est le pivot des 22 dépôts d'étalons ; 2° un bureau de contrôle : celui de l'encouragement par l'État (surveillance des étalons libres, primes, courses, etc., etc.).

En tout, un effectif de 17 personnes environ, plus les huissiers et garçons de bureau.

Les étalons nationaux étaient en 1898 au nombre de 2 842.

Les dépenses totales montent à 7 millions et demi, qui, semble-t-il, pourraient être comblées avec une nouvelle organisation du « pari mutuel » (les recettes, en effet, sont insignifiantes).

Nota. — Pour le *service extérieur*, même marche à suivre

que pour les maisons de commerce comprenant des « rayons » ou des « succursales ».

La carte hippique de France se divise en six inspections générales. Les dépôts sont au nombre de 22 (plus 1 station permanente à Ajaccio).

Il conviendra de monographier *avec le même cadre*, le dépôt le plus important, celui du Pin (6 personnes pour le personnel dirigeant) — le plus petit, la station d'Ajaccio (2 personnes) — un échantillon intermédiaire, le haras-jumenterie de Pompadour.

3° Le *bureau de comptabilité* (division du secrétariat et de la comptabilité), avec la série des chefs, sous-chefs, commis d'ordre, etc., — le traitement — les heures de travail, nous permet de découvrir sur le vif, le mécanisme des *dépenses et de leur contrôle*, c'est-à-dire la question vitale de l'administration actuelle en France.

La « monographie d'un Ministère » conduit tout naturellement à cette considération. « Toute organisation d'intérêt public doit être conçue comme une maison de commerce » (axiome de Mollien). Les économies rêvées se réaliseront, lorsque le contrôle de ces organisations sera emprunté au contrôle des entreprises prospères : *Crédit Lyonnais, Bon Marché, Compagnie d'Orléans*.

Un champ indéterminé s'ouvre ainsi devant les enquêtes et les enquêteurs.

CHAPITRE VII

CE QUI DEMEURE APRÈS LES ANALYSES PRÉCÉDENTES. UN NOUVEL
EMPLOI DE LA MONOGRAPHIE DE FAMILLE

Ce chapitre VII de la 3ᵉ partie correspond au chapitre VIII
de la 2ᵉ partie, d'autant plus que les familles « vivant de leurs
rentes » ont une résidence urbaine et une résidence rurale —
du moins le plus souvent.

La « monographie de famille » va nous permettre de
relever les dernières « grandes existences » terriennes et de
collectionner, si l'on peut dire, les familles historiques, possé-
dant encore les « terres » de plusieurs milliers d'hectares
(la terre de Valençay, par exemple).

La galerie « des rois de l'usine ou de la finance » méritait
bien comme pendant la galerie « des races seigneuriales ».

La « monographie » dépasse de beaucoup, on le constate, le
cercle étroit de la famille ouvrière. On peut même dire, qu'elle
fait pénétrer les séries de l'évolution d'une nation, quand elle
suit les familles-têtes de cette nation.

Dans les migrations des espèces, ce sont les chefs de file qu'il
faut viser.

QUATRIÈME PARTIE

LA FORMATION EMPIRIQUE DE L'ESPRIT

CHAPITRE PREMIER

LA LUTTE CONTRE LE LIVRE

Le livre, c'est l'abstration économique.

Le premier exercice intellectuel de l'économiste empirique, c'est de résister au livre, c'est-à-dire à l'impression abstractivement généralisée des économistes de cabinet.

Remarquez qu'il ne s'agit pas de tuer en soi l'admiration pour des œuvres immortelles., *Recherches* d'*Adam Smith*, ou *Capital* de *Marx*. Il s'agit d'annihiler l'influence de ces œuvres sur la direction vers laquelle on regarde et sur la traduction de ce que l'on voit. N'avons-nous pas adopté l'habitude de déposer nos auteurs à la porte de certaines salles d'examen? Il est nécessaire d'en déposer même le souvenir, au seuil d'une enquête.

L'effort scientifique de ce siècle aboutit à cette constatation : que rien ne remplace pour la formation de l'esprit le *contact immédiat* des choses. L'officier qui *a vu le feu* est proclamé supérieur au professeur de stratégie; le procédurier est préféré au juriste théorique; le contremaître bat très souvent l'ingénieur. Pourquoi ? A cause de leur contact antérieur avec les réalités de leur spécialité même. Mais, par le développement des spécialités de travail, par les divisions infinies des plus petites branches, chacun perd de plus en plus le contact avec tous les points circonvoisins, sauf un seul — et encore. L'enquête a pour but de reconstituer artificiellement notre contact, à nous tous, déracinés intellectuels.

Cela posé. qu'est-ce que le livre, le livre le plus puissant et le plus sincère? Une « reproduction » — disons peut-être — déformée, qui s'intercale entre vous et le réel. Watt, le plus grand découvreur de relations nouvelles que la Mécanique ait connu, avait senti le danger : il se faisait tenir au courant de toutes les publications littéraires et scientifiques de son temps — *excepté sur sa propre spécialité : la mécanique*. C'était veiller jalousement sur la fraicheur d'originalité de son point de vue. Sans imiter l'abstinence de Watt, pourquoi vouloir s'obstiner à « prendre un cliché » à travers la pensée d'un autre?

La suggestion du livre est à redouter avant, pendant, après l'enquête.

CHAPITRE II

COMMENT UNE « QUESTION » ÉCONOMIQUE DEVIENT CONCRÈTE ?

Le livre porte le disciple, frais émoulu de l'école, à poser la
« question » pendante, suivant le cadre des abstractions con-
ventionnelles.

Parcourez plutôt les « sujets de thèses » du nouveau doctorat
des sciences politiques et économiques — et aussi les titres des
articles de revues. Un double niveau d'abstractions s'y trouve
superposé, ensevelissant le phénomène vivant, le fait en
quelque sorte plastique.

Il y a l'abstraction du point de vue — et l'abstraction de la
matière.

On écrit : « Répartition des richesses dans l'état industriel
moderne », alors qu'il serait autrement « saisissant » de dire :
« Comment se sont constituées les grandes fortunes modernes,
à Paris par exemple et à Chicago ? » On étudie « la petite propriété (en général !) » tandis que Lujo Brentano vous fournit la
formule réellement concrète « Pourquoi n'y a-t-il pas de hobe-
reaux dans telle partie de la Bavière ? » Toute la poussière des
vieux grimoires se lève sous le premier pas de l'auteur, comme
jadis l'insoluble antithèse des « réaux » et des « nominaux » au
seuil de tout problème philosophique. Avec un pareil début,
on peut marcher ; mais on ne sortira pas du nuage.

La seconde forme d'abstraction est plus trompeuse, car elle
consiste dans une « apparence » de concret. Au milieu des théories de la Valeur, du Salaire nécessaire, des grandes et petites
cultures, de l'étalon unique ou multiple, etc., etc., « l'attention
du débutant », — un peu abasourdi par cet étalage de métaphy-

sique qu'il ne soupçonnait pas dans le terre à terre du gagne-pain, — se repose sur des sortes d'oasis « pratiques » où lui arrivent des échos de la vie journalière : « la question des blés — des sucres — des alcools ». Qu'il se méfie ! L'économiste de cabinet est un sorcier qui donne la vie à des « entités » aussi imaginaires que celles des contes de nourrice, et qui par contre fait passer le « réel et le solide » dans le domaine du rêve. Sous sa baguette, le commerce des blés devient une sorte de « circulation » fantastique, où l'on ne voit ni le rouage vendeur, ni l'acheteur, ni les coutumes, ni même les objets de la vente. Les « sucres », ce sujet de conversation banal, qu'un bettera-vier du Nord ou un colonial des îles vous résumerait en quelques notions vivantes, s'évaporent en une fastidieuse énumération de textes, d'où le *fil rouge* est absent. Et quant à « l'alcool », on étonnerait grandement certaines autorités scientifiques en biffant l'expression, pour la remplacer par celle plus exacte « d'al-cools » (au pluriel) et en leur affirmant que le « peuple » ne boit pas d'alcool, mais des compositions à base d'alcool, de sirops et de parfums divers, rhums, curaçaos, apéritifs, ou digestifs, ainsi que cela se constate chez le distillateur-liquoriste, ou même sur le plus humble comptoir.

Toute étude économique, pour devenir concrète, doit se ramener à un certain nombre de monographies de métier (ou de région), de marché et de rouages d'intérêt général.

Tel est le principe (ou si l'on préfère le procédé), que les développements de la seconde et troisième partie rendent aisé à accepter.

Par quelle gymnastique spéciale l'esprit arrive-t-il à suppri-mer l'une et l'autre des deux formes d'abstraction relevée plus haut, et cela par cette simple traduction monographique ?

Il nous faut, pour le comprendre, intervertir l'ordre des deux obstacles.

Comment, d'abord, expulser l'abstrait de la notion concrète des *blés, sucres, alcools* ?

Comment, en second lieu, installer le point de vue concret à la place de « l'entité », de l'abstraction même ?

§ I. — SUBSTITUTION DE LA NOTION CONCRÈTE PURE A LA NOTION
MI-ABSTRAITE, MI-CONCRÈTE

Le lecteur va nous permettre de revenir sur la question de
« l'alcool ».

Il est plusieurs façons de concevoir l'*idée* de l'alcool, comme
il est plusieurs façons, d'après M. Grosclaude, d'interpréter la
notion de « chameau ».

On se rappelle l'amusante anecdote de la préface du *Voyage
dans le Midi* (à Madagascar). Trois gentlemens, un Français,
un Anglais, un Allemand, conviennent de traiter un sujet commun : le chameau. Le Français court au Jardin des Plantes et
publie le lendemain une chronique étincelante, terminée par
un calembour. L'Anglais prend un billet circulaire, réside trois
ans en Arabie, et revient avec une volumineuse documentation
sur les races de chameaux, leur élevage, leur commerce, etc.
L'Allemand — un Allemand de la vieille école — s'enferme au
sixième étage d'une maison enfumée de Heidelberg et produit
en six années un savant ouvrage intitulé : « De l'idée fondamentale du chameau tirée de la conception du moi. »

Le point de vue anglais a converti l'Allemand. Quant au
Français, il a toujours de l'esprit. Mais il a modifié sa manière
depuis que l'expérience lui a enseigné la nécessité des voyages.
Il effleure, sur le sujet donné, les législations des différents
pays, Suède, Norvège, Russie, Allemagne, sans compter les
deux Amériques. A tout cela, il ajoute un commentaire subtil
de la législation de son pays, avec des comptes rendus fiscaux.
L'étude de l'Alcool, pour lui, demeure alors achevée et il con-
clut hardiment sur les questions d'hygiène, de production nationale et de monopole.

La marche empirique est tout autre ; il lui faudrait :

1° Se borner à un seul État ;

2° Préciser les compartiments du sujet et les limiter ;

3° Réduire chaque compartiment à des monographies de
région ou de métier — de marché — de rouages d'intérêt général.

1° Se borner a un seul État. La raison? — Parce que l'unité d'État peut seule nous offrir l'unité de législation et de pratiques administratives, en un mot, de régime économique.

Tout autour, c'est le même cercle de douanes. Au dedans, c'est l'uniformité rigoureuse de la pesée des forces légales. On a ainsi le vase clos, nécessaire aux expériences bien faites. L'activité économique peut être suivie, *toutes choses étant égales d'ailleurs*. Les perturbations législatives peuvent être notées, sur un fond identique d'activité.

L'excursion internationale à travers une même question conduit aux erreurs de bonne foi. Que pouvez-vous conclure du monopole de l'alcool russe? Avez-vous des populations de mentalité analogue? Pouvez-vous citer en Russie comme en France un seul district — le Calvados — où l'on compte 50 000 bouilleurs de cru [1]? Je passe sous silence les sophismes, les erreurs voulues, qui peuvent y prendre vie.

Est-ce à dire que la législation comparée doit être considérée comme le pire des égarements? Évidemment non. Mais le tort est d'en faire une *préface*, tandis qu'elle constitue la plus haute partie de l'étude dernière. Qu'est-ce que la législation, autrement dit l'ensemble des lois? La « résultante de la nature des choses ». Mais comment saisir la « résultante », avant de connaître la nature des choses elles-mêmes ? L'étranger vous échappe sur ce point particulier et sa législation, comme conséquence. Enquête monographique, c'est la première étape; législation, c'est la seconde. Plus tard seulement, par le côte à côte des enquêtes et des législations nationales, il sera aisé de s'élever à une sorte d'économie internationale comparée.

2° Préciser les compartiments du sujet et les limiter. — Qu'est-ce à dire ?

Rien que de très simple pour ceux qui, dans une monographie de métier ou de « pays rural », ont déjà appris à distinguer les spécialités ou zones et à « échantillonner » les ateliers ainsi que les familles. C'est le même procédé de « séparation » et le même mode de simplification par échantillonnage.

—————

[1] Propriétaires distillant eux-mêmes leur récolte.

Prenons comme exemple : le *Jouet* et l'*Alcool*.

Le jouet d'ailleurs, en même temps qu'un sujet d'analyse, est une industrie : l'industrie du jouet. Le rayon des jouets d'un grand magasin vous force à parcourir au moins cinq catégories : d'abord la catégorie innomée des équipements militaires, animaux peaucés, céramique, industrie du bois, puis les quatre classes tranchées du *cartonnage* (groupement des objets les plus disparates, dans un carton ou boîte); des *poupées et bébés*, du *jouet-métal* et du *jouet-caoutchouc*. Ainsi se parcourt l'échelle ascendante du petit atelier patronal, de l'atelier en chambre, de l'usine mécanique. Donc, cinq compartiments : cinq monographies.

L'Alcool nous conduit à une conclusion analogue. La statistique annuelle, fournie par l'administration des contributions indirectes, en fait foi[1]. Sur les 2 300 000 hectolitres produits en moyenne par la France continentale, huit sections nettement précisées établissent leurs domaines inégaux : substances farineuses (grains), mélasses, betteraves, vins, cidres et poirés, marcs et lies, fruits, enfin substances diverses (toujours le *caput mortuum*). Et quelle inégalité entre l'étendue de ces provinces limitrophes ! L'alcool industriel, à base de betteraves (mélasses et betteraves proprement dites), la création de Dubrunfaut, qui, à partir de 1854, détrôna au profit du marché de Lille les troix-six de vins du marché de Montpellier, figure pour 1 590 000 hectolitres et le vin, l'antique alcool éthylique, « l'eau-de-vie » des apothicaires du xvie siècle est réduit à 60 000 hectolitres. Quelle antithèse entre leurs régimes intérieurs ! D'une part, la grande usine; de l'autre, la brûlerie paysanne, quand il ne s'agit pas d'un simple alambic dans le *chai* du cultivateur.

Dans le *Jouet*, comme dans l'*Alcool*, *l'isolement des groupements réels (résumés par la notion générale courante) est la condition* sine quâ non *de la première nécessité méthodique . l'unité d'objet.*

Une fois l'isolement établi, la marche la meilleure consisterait à analyser, avec une patience minutieuse, toutes les cases

____

(1) Voir *Bulletin de statistique et de législation comparée du Ministère des Finances* (juin 1897).

du damier. Mais l'impossibilité en est flagrante. Comment sortir de cette tâche à la fois nécessaire et irréalisable? Toujours par le stratagème déjà connu de l'échantillon.

Et comment échantillonner au milieu des huit districts de l'*Alcool*? (Bornons-nous pour plus de brièveté à l'*Alcool* en négligeant le *Jouet*.) Toujours par l'échelle d'une classification qui ici est déterminée par l'importance de la production — signe matériel, facilement saisissable, et qui place tout en haut l'alcool de betteraves, de mélasses et de grains et tout en bas, l'alcool éthylique, l'alcool de vins, l'alcool primitif, demeuré produit de luxe [1]. Puis, après l'établissement de la série graduée, le mécanisme en quelque sorte automatique du procédé nous amène à choisir : le groupe le plus élevé de la série (alcool industriel de betteraves) ; le groupe le plus faible qui est le groupe initial (alcool de vins) et un groupe intermédiaire (par exemple, l'alcool de cidre). Toutes les variations d'un même ordre de faits sont emprisonnées entre les deux variations extrêmes. La comparaison des deux oscillations les plus écartées du pendule autour de la verticale demeure le symbole inévitable de ce mode de raisonnement. Le propre de la simplicité de méthode est la banalité des redites.

3° RÉDUIRE CHAQUE COMPARTIMENT A DES MONOGRAPHIES DE PAYS OU DE MÉTIERS — DE MARCHÉS — DE ROUAGES D'INTÉRÊT GÉNÉRAL. — Et en effet, l'alcool de betteraves, comme l'alcool de vins peut se localiser sur bien des points du territoire essentiellement diversifié qui porte le nom de France. Où fixer son attention? Sur le département du Nord, du Pas-de-Calais, de Seine-et-Marne, de Seine-Inférieure, de Seine-et-Oise, pour le premier? Sur les Deux-Charentes, l'Armagnac, la Gironde, pour le second? En outre chacune de ces productions territoriales forme une espèce de filière, une « circulation » par l'échafaudage des activités agricoles (la culture), des activités industrielles (la distillation et les transformations en produits con-

---

(1) Pour l'alcool — comme souvent d'ailleurs — la classification d'après la quantité de la production est à peu près inverse de la classification d'après le degré de qualité.

sommables), enfin des activités commerciales (aux divers échelons et surtout au dernier, la consommation). *Localiser, établir la filière locale* qui va aboutir au marché général des alcools, tel est le sens de la « réduction en monographie ».

a. *Alcools de betteraves.* — Le « Nord » au sens large du mot — l'ancienne *Gallia Belgica* de César — est devenu la zone préférée des alcools industriels. Ce fait d'expérience limite déjà l'incertitude. Il ne la supprime pas.

Un « phénomène » doit toujours être saisi sur le point de sa plus vive intensité. Cet axiome, bien connu de tous les expérimentateurs, fait analyser le « Soissonnais » quand il s'agit de sucres indigènes, le « Perche », si l'on s'attache à l'élevage du cheval, Roubaix pour les tissages, Lyon pour la soierie, etc., etc. Ici l'intensité semble être tenue en balance par des districts assez divers.

Toutefois, le Hurepoix, le plateau insensiblement abaissé qui s'étend de Rambouillet à Versailles, et d'où jadis furent drainées les eaux du parc royal, mérite d'obtenir la primauté, et parmi les communes du Hurepoix, celle de Trappes présente un relief particulier, puisqu'elle est le centre de onze distilleries agricoles, sur les 53 rouages producteurs du département entier. Cette région a vu d'ailleurs les débuts de l'alcool industriel. Dubrunfaut installa sa première usine à Versailles et Champonnois, l'initiateur des fermes-distilleries (fabrication dans l'exploitation rurale même) a laissé une empreinte encore reconnaissable dans les installations de cette grande culture, toute proche de Grignon et de Port-Royal-des-Champs.

La zone de Trappes peut être citée comme l'échantillon le plus net de la *forme agricole de la production*, celle où la distillerie est installée dans la ferme, en vue des betteraves de la ferme elle-même.

Cet alcool apparaît sous l'aspect de « flegmes », d'alcool non rectifié.

Donc au-dessus des fermes, qui forment le premier échelon de la filière, une industrie urbaine (Pantin, Puteaux, etc.) s'est organisée : celle des *Rectificateurs*. La tâche de cette industrie consiste à séparer les alcools « bon goût » des *têtes* et *queues*, par une nouvelle distillation.

Un pas de plus, et l'on rencontre ces commerçants en gros d'alcools, presque supprimés aujourd'hui, par le contact direct, bien que quelques-uns subsistent à l'entrepôt Saint-Bernard, par exemple, pour les alcools dénaturés (éclairage, chauffage, etc.).

Plus haut encore s'entrevoient les distillateurs-liquoristes (Cusenier, Delizy et Doistau), fabricants de curaçaos, anisettes, rhums, absinthes, amers, etc., etc. (et unissant parfois une usine de rectification à leur usine de liquoriste).

Enfin, au sommet, la gamme variée des cafés et débits, ceux de la bourgeoisie et ceux du peuple, puisque l'alcoolisme a su se concilier toutes les nuances du suffrage universel.

« Mais, dira-t-on, le Hurepoix et Trappes ne peuvent fournir qu'une idée incomplète de la production de l'alcool industriel. Nous avons rencontré dans le Nord, le Pas-de-Calais, etc., la *fabrique d'alcool*, achetant les betteraves des exploitations voisines, comme les sucreries des alentours, et rendant à la sortie l'alcool bel et bien *rectifié*. » Rien n'est plus vrai. Distillerie agricole et rectification équivalant à la fabrique d'alcool (analogue à la fabrique d'alcool de mélasses ou de grains) dominant les cultures. Une double monographie serait ici de mise. Toutefois, en cas de hâte (ce qu'il faut toujours supposer), la ferme industrielle du Hurepoix peut fournir une analyse se suffisant à elle-même : elle « achète » aux petites exploitations entremêlées dans les nombreuses parcelles de ses 400 hectares : à côté de sa *colonne à distiller*, s'aperçoit, inusité aujourd'hui, un appareil de rectification. L'observateur saisit ainsi les deux tableaux pour ainsi dire au travers l'un de l'autre, par transparence. Après la monographie principale, un précis achèvera l'affaire.

b. *Alcool éthylique : eaux-de-vie.* — Pas d'hésitation sur cette catégorie. La zone d'élection est le vignoble charentais, avec Cognac pour centre, le fleuve de Charente pour grand'route, et un million d'hectares pour surface, au moment de sa plus grande prospérité.

Ici l'homogénéité fait défaut, plus que partout ailleurs.

Au point de vue de la valeur de la production, ce cercle est divisé en cinq catégories : fine champagne, petite champagne, borderies, fins bois, bois ordinaires [1]. Toutes les cartes commerciales de la région en témoignent. Ces cinq degrés de la hiérarchie sont déterminés par la structure du sol, les ceps et le climat restant les mêmes : la plus ou moins grande quantité de chaux détermine seule la classification. Au premier rang vient la calcaire Champagne, dont les anciennes eaux-de-vie atteignent jusqu'à 5 000 et 6 000 francs l'hectolitre.

Mais de 1877 à 1880, le phylloxéra anéantit complètement le vignoble, avec une rapidité presque foudroyante

Un oasis de préservation toutefois se dessine : c'est le « pays-bas », fraction des fins bois, au nord et tout auprès de Cognac, composé d'une douzaine de communes. Le sous-sol argileux y empêche par son humidité le fléau phylloxérique de se répandre, sans succès sur le haut des vallonnements, mais avec une pleine efficacité dans les creux. La vigne française directement confiée au sol se retrouve sur de vastes espaces, avec une fécondité analogue à celle de jadis.

Allons plus loin. A partir de 1889, la reconstitution du vignoble commence avec énergie, sous l'impulsion du Comité de viticulture de Cognac et de la Station viticole, organisée par l'État. L'emploi des ceps dits américains (riparia, rupestris, etc.) sur lesquels la folle blanche, le cep charentais, est greffé, amène cette constatation, que les terres inférieures des bois, fins bois, borderies, se plient seules à la nouvelle méthode. Aussitôt soumis à l'action des carbonates des champagnes, les ceps étrangers disparaissent par l'effet de la chlorose.

Il en résulte que trois monographies doivent être tentées : l'une, aussi complète que possible, doit viser le paysan, autrefois bouilleur de cru, cultivant ses douze hectares avec l'aide

---

(1) La Champagne et la petite Champagne sur la rive gauche de la Charente ; les Borderies sur la rive droite ; les fins bois et bois en double zone annulaire autour des catégories précédentes prises comme centre.

de sa famille, représentant de la traditionnelle richesse du vignoble de Cognac, et naturellement choisi dans l'oasis stable ; les deux autres, simples raccourcis, résumeront une reconstitution dans les terres réputées inférieures, et une culture « d'attente », sur les terres désolées, qui furent les terres de haute marque, aux alentours de Segonzac, par exemple.

Sur cette triple base, la seconde étape de la filière s'échafaudera : le distillateur dépendant d'une maison d'eaux-de-vie, transformation de l'ancien courtier, qui *achète les vins et distille lui-même* pour le compte d'un grand négociant, et dépossède ainsi de plus en plus le bouilleur de cru.

Enfin, la maison de commerce de Cognac, qui pourrait être celle de Jarnac, d'Angoulême, de Saintes, etc., achèvera l'esquisse, avec ses « chais », l'atelier des coupages et des dosages savants, et son « comptoir » ou bureau, qui dirige les expéditions sur les points les plus divers du territoire et de l'extérieur. L'eau-de-vie de luxe est par essence un article d'exportation.

c. *Marché des alcools.*— La monographie générale du marché des alcools va rassembler les deux circulations opposées, entre lesquelles toutes les autres « circulations » d'alcools (grains, mélasses, cidres, marcs) doivent prendre place.

La lecture des « ressources » et des « emplois » annuels, qui tient une page du *Bulletin de statistique*, se prête à la glose la plus vivante et par suite la plus instructive.

D'une part, l'extension extérieure des eaux-de-vie de luxe et de nos « marques » célèbres (analogues aux marques de champagne, de parfumerie, etc., etc.) nous met en contact avec les manœuvres de nos rivaux que déjoue, partiellement, l'*Union des fabricants*, ce contentieux international à forme syndicale reconnu d'utilité publique [1].

De l'autre, l'invasion des alcools étrangers, assez réduite d'ailleurs (270 000 h. environ, dont 11 000 pour l'Allemagne, et 89 000 pour l'Angleterre), fait ressortir le mécanisme de

____

(1) Avenue du Coq, 4 ; 85, rue Saint-Lazare.

l'administration des douanes, gardienne de notre tarif général de 1892, au besoin par une monographie de service public (rouage d'intérêt général).

Puis, après la détermination de l'amplitude et des coutumes de ce *marché-marchandises*, le *marché-spéculation*, réduit ici aux seuls alcools d'industrie, sera décrit avec son centre, la *Bourse du commerce* et le *Syndicat général*, d'où se dégage la *Chambre syndicale des alcools*, et aussi ses annexes : les Magasins généraux où sont déposés les enjeux, surtout ceux de Saint-Denis et d'Aubervilliers.

Les incidences extérieures sur le double marché pourront être calculées dès lors avec une mesure précise : la réaction de la consommation, avec les points de vue d'hygiène et de propagande morale : la réaction de l'Etat par ses lois fiscales et au besoin le Monopole. Mais qui ne voit encore matière à « monographies » dans cette suprême partie de l'étude : monographies de Sociétés de tempérance, de laboratoires municipaux, d'administrations publiques, puisque tout impôt et tout monopole se matérialise dans le rouage chargé de l'appliquer ?

L'œuvre de traduction est donc complète : aucune parcelle du sujet n'est restée en dehors de l'instrument chargé de le ramener dans le champ du concret.

§ 2. — Substitution du point de vue concret a l'« entité », a l'abstraction pure

Cette seconde forme de questions ne vise plus un objet déterminé, dont le lecteur saura dorénavant acquérir la notion *complète*. Elle est l'indice de la recherche de ce que le langage courant désigne par le nom de « lois » ou mieux de « tendances », de « faits permanents ».

Prenons trois problèmes de cet ordre, posés suivant la coutume des manuels :

1° La loi du salaire nécessaire, la *loi d'airain* existe-t-elle ?

2° La grande industrie agricole ou grande culture ne doit-elle pas fatalement anéantir la petite ?

3° Le salut social ne réside-t-il pas dans la coopération?

PROBLÈME DE LA LOI D'AIRAIN. — La croyance en cette loi se développe de la façon suivante : « Le jeu des lois économiques de la population et de la concurrence a pour conséquence fatale d'empêcher le salaire, ou prix de la main-d'œuvre, de s'élever au-dessus du cours minimum de la vie, — de ce que l'on appelle le salaire nécessaire. » En effet, si le salaire augmentait, la population s'accroîtrait pour abaisser le niveau ; si le salaire s'abaissait, la mort ferait des vides et le besoin d'ouvriers entraînerait une hausse compensatrice.

Le *fait permanent* supposé par les économistes Ricardo, Stuart-Mill, Lassalle, etc., devient erroné, si l'on prouve qu'il n'est qu'accidentel.

Il suffit donc d'apporter un seul exemple monographique (monographie de métier) en contradiction avec lui.

Or ici, fidèles à la méthode des contraires, il nous est facile d'apporter contre l'existence de ce « niveau » soi-disant fatal, l'exemple d'industries où le salaire s'est maintenu obstinément au-dessus de lui et d'industries opposées où le salaire ne s'élève jamais jusque-là !

a. *L'industrie de la charpente à Paris.* — Le fait — fait permanent celui-là — qui a empêché la loi d'airain de se vérifier pour une foule de métiers, est l'union des travailleurs. L'histoire des Trade-Unions est la réfutation de la loi d'airain. Le collectivisme l'a d'ailleurs admirablement compris, puisque l'homme éminent qui en a donné la formule imagée a été l'un des initiateurs de l'*Internationale*. C'était avouer que le mur d'airain était basé sur l'argile.

Or, l'industrie parisienne de la charpente est une des industries françaises où les vieux syndicats à rites secrets, appelés compagnonnages, ont le mieux solidarisé l'action des ouvriers. Il en est résulté une courbe ascendante des salaires.

Première période. — (Depuis la loi du 14 juin 1791 qui, rendue à l'occasion d'une grève de charpentiers, interdit les *Syn-*

dicats ouvriers [1], jusqu'à la loi de 1864, autorisant les coalitions.)

1791 (grève).	par jour	2 fr. 50
1822 (grève).	par heure	0 fr. 35
1832-33 (grève)	—	0 fr. 40
1845 (grève)	—	0 fr. 50

Deuxième période. — (De la loi de 1864 jusqu'à la loi de 1884 sur la liberté des syndicats professionnels.)

1876 (grève).	par heure	0 fr. 70
1879 (grève)	—	0 fr. 80
1881-82 (grève), réclamation sans résultat. . . .		0 fr. 90

Troisième période. — A partir de la loi de 1884.

Maintien du tarif de 1879.

En 1856, le charpentier compagnon réalise, d'après la monographie de famille de MM. Le Play et Focillon, une recette annuelle de 1 700 fr.

En 1889, le charpentier indépendant arrive, d'après nos propres observations, à un total de 2 550 fr.

Il est évident que ce salaire s'est maintenu au-dessus du coût minimum de la vie. Sinon, que penser de la situation du petit employé, ou du gardien de la paix, qui gagne de 1 500 à 1 800 fr. et *réprime des grévistes à 2 500 fr. de recettes !*

Et l'observation est d'autant plus curieuse, que la demande de travail s'est continuellement réduite, par suite de l'invasion de la charpente en fer pour les combles et les escaliers. Le salaire aurait dû baisser, *d'après la loi !*

b. *Le vêtement à Paris.* — Si nous ouvrons l'enquête de l'Office du travail, publiée sous ce titre en 1896, nous lisons page 518 : « La rémunération du salaire de la femme — que quelques-uns appellent la moitié de la question sociale — demeure relégué dans des régions inférieures et déconsidérées... L'ouvrière couturière (sur mesure) se contente d'une *recette d'appoint*, qui ne fait que compléter le budget familial... Ce salaire doit cependant suffire à la totalité des besoins des abandonnées, des indépendantes. C'est là que l'insuffisance de ce

____

(1) Bien entendu sous un autre nom.

« supplément » apparaît et que les privations, en même temps que les désordres, s'observent. En résumé, la quantité et la nature des offres de travail a établi, comme base du calcul du salaire de la femme, *non pas le coût de la vie de l'ouvrière elle-même, mais le surplus nécessaire aux ressources du groupe, dont elle est censée faire partie.* » Même observation, exposée avec encore plus de force, page 666, au sujet de l'ouvrière confectionneuse. « Quelle est la cause de cet affaissement du salaire?... La concurrence des ouvrières sans doute, mais aussi la nature de cette concurrence... Le point de vue de presque toutes est le même : constituer un petit article nouveau dans les recettes totales, payer le loyer du groupe familial, combler les dépenses de toilette, compléter un pécule personnel..... Les concurrentes les plus dangereuses sont précisément celles dont les besoins urgents paraissent le mieux satisfaits. Où les entrepreneurs distributeurs d'ouvrage s'installent-ils de préférence? Dans les faubourgs extérieurs, tout auprès des chantiers, des usines, des gares de marchandises, à proximité *d'une agglomération de femmes de hauts ouvriers, d'employés,* ouvrières *amateurs*, quelquefois mêmes accidentelles, ce sont elles qui par leur nombre incalculé ont fait peser sur leurs rivales *abandonnées à elles-mêmes*, et sans le sentir pour leur compte, les impitoyables conséquences du salaire d'appoint. »

Il est donc établi par cela même que pour une série considérable de spécialités, vêtements, lingerie, modes, etc., etc. — les spécialités féministes — le salaire reste obstinément *audessous du coût minimum de la vie* [1]. Que devient l'automatisme de la *loi* économique ?

Mais d'autres monographies de métier permettent d'accentuer encore la puissance de ce phénomène, qui est loin d'être un phénomène d'exception.

Dans le tissage, par exemple dans la petite ville industrieuse de Thizy (Rhône), où l'usine se substitue avec une grande rapidité au régime du travail à domicile, il est facile de constater une hausse du salaire des femmes, et un abaissement corres-

---

(1) Voir dans *le Vêtement*, le budget de l'ouvrière isolée, page 526 (935 fr. 10 de recette annuelle).

pondant du travail de l'homme. Par une conséquence de la concurrence économique des sexes, le salaire de l'homme devient un salaire d'*appoint*, inférieur au coût de la vie. L'homme est-il anéanti par la faim? Pas le moins du monde. Le fait est accepté et le budget domestique s'équilibre par la mise en commun des deux salaires, l'un raisonnable, l'autre proportionnellement insuffisant.

Bien plus, la description de l'atelier du « fabricant d'articles de Paris » (ouistitis en chenille) nous met en présence de deux salaires *insuffisants l'un et l'autre*, de deux *appoints* accumulés. Que gagne l'ouvrier? En moyenne 2 fr. 70 par jour; et l'ouvrière? Le même chiffre : 2 fr. 70. Mais le total arrive à 5 fr. 40 [1]. Combien de façonniers à Charonne, à Belleville, ont laissé triompher le même point de vue? Ces salaires au-dessous de la loi d'airain, forment un faisceau de salaire *familial*, global, a-t-on écrit quelquefois [2].

La « loi d'airain » n'est plus d'airain; c'est une *tendance*, à peu près comme une direction d'ensemble (le travail doit suffire à la vie), sans cesse modifiée par le degré de prévoyance et par les compensations du milieu ambiant.

L'exercice précédent habitue le lecteur à secouer le joug d'une prétendue loi et à ramener cette loi à sa signification véritable.

2° Problème de la supériorité de la grande culture sur la petite culture. — M. de Molinari l'a formulé ainsi qu'il suit : « Les jours de l'agriculture individuelle sont comptés. Aux petites fermes, aux exploitations parcellaires des paysans propriétaires, succéderont, dans un avenir plus rapproché qu'on ne pense, les vastes exploitations agricoles où les travaux seront économiquement accomplis par des machines de toutes sortes, où le capital d'exploitation se comptera par millions et le personnel dirigeant et auxiliaire par milliers [3]. » Par une coïnci-

---

(1) « Jouet Parisien », p. 183.

(2) Remarquez que nous ne faisons pas intervenir les cas très nombreux, où les salaires forment l'appoint de l'*assistance* publique ou privée.

(3) L'*Evolution économique*, p. 321.

dence à laquelle nous sommes d'ailleurs habitués, le marxisme
scientifique ne raisonne pas d'une façon différente [1], et chacun
sait les difficultés que rencontre Van der Velde pour adoucir
cette thèse évidemment mal reçue de la démocratie rurale. Le
néo-collectivisme, l'illogisme relevé habilement par M. Paul
Deschanel dans son discours sur le *Socialisme agraire*, a précisément pour but de masquer aux petits agriculteurs condam-
nés l'instrument de leur décapitation finale.

Tout d'abord, il convient d'écarter une confusion inhérente
à ce genre de discussion. Question de culture et question de
propriété doivent rester distinctes. La culture, c'est l'organisation de l'atelier ; la propriété, c'est la répartition du sol. La
grande ferme du nord de la France, atelier agricole concentré,
peut être superposée à 32 propriétaires et le propriétaire de
vingt hectares autour des fortifications de Paris peut donner
asile à vingt ateliers agricoles de maraichers. Laissons complètement de côté le mouvement de concentration de la *propriété*.

Bornons-nous à esquisser à grands traits l'application de la
méthode des contraires, qui convient à ce problème.

a. *Phénomène de concentration.* — La monographie rurale
du Soissonnais offre un exemple très net de concentration, en ce
qui concerne la culture betteravière. Les hauts plateaux du Soissonnais, jadis sous la dépendance des monastères bénédictins,
forment le cœur des 200 000 hectares, ensemencés chaque
année en betteraves sur le territoire français [2]. Les grandes
fermes, de 200, 300 hectares (unités d'atelier superposées sur
des propriétés multiples) nous montrent des usines agricoles,
à matériel coûteux, à fumures multipliées, qui sont tournées
vers la bi-culture du *blé* et de la *betterave*. Nous sommes loin
de la conception agricole d'une communauté orientale et des
anciennes races paysannes, qui visent surtout à se « suffire ».
En face des grands ateliers urbains, qui produisent un ou deux

(1) Voir les articles de Kautsky dans la revue : *l'Ère nouvelle.*
(2) Voir Enquête de M. Risler et contre-enquête du Conseil général de
Aisne. au moment de la crise agricole (1885). Voir également *Troisième
partie*, ch. III, p. 131.

articles destinés à la vente, le grand atelier rural produit deux articles destinés, eux aussi, à la vente, et développés par l'importance de ces deux débouchés : le grand minotier, le grand fabricant de sucres. Or, ici, à chaque pas, on retrouve des exploitations agricoles, composées de deux « cours », alors que la cour (le hof) est l'indice primitif de l'indépendance de production. Le fermier, plus particulièrement décrit par notre Enquête sur les Sucres, a distribué son organisation entre les deux îlots de bâtiment. *Deux moyennes fermes se sont soudées en une seule.* Le courant économique les a fondues ; mais elles sont encore reconnaissables, comme les villages engloutis des îles normandes. De plus en plus, dans ce milieu rural, comme dans une foule d'industries urbaines, les deux extrêmes subsistent seuls : les grands entrepreneurs, les petits paysans qui résistent, grâce à la main-d'œuvre familiale.

La tendance signalée par M. de Molinari et Karl Marx est donc absolument juste. L'atelier se concentre. Toutefois, ajoutons immédiatement que cet atelier, victorieux autour de lui, comme l'arbre d'essence vigoureuse sur des voisins plus débiles, a besoin d'une législation artificielle pour lutter contre le grand atelier des pays neufs, sans impôts, sans capitalisation exagérée, et *sans fumures !*

b. *Phénomène de pulvérisation.* — Toujours l'industrie agricole des sucres, et le même marché général avec ses perturbations spéciales. Mais il s'agit de l'île Maurice, l'ancienne Ile de France, perdue en 1804. Les grandes exploitations dominées par leur usine centrale, s'y morcèlent. Le propriétaire installe sur chaque parcelle de terre un cultivateur indou, qui alimente ainsi la sucrerie. C'est une sorte de *manufacture à domicile* (fabrique collective), appliquée à l'agriculture.

Si nous sortions de la culture sucrière, nous retrouverions les exemples connus du maraîchage[1], de la laiterie, de la viticulture (avec des nuances, car les grands crus bordelais, par exemple, fournissent un exemple de concentration). De toutes

____

(1) Voir l'étude de M. Paul Vincey sur les maraîchers de Paris, et les *Halles Centrales* (le Carreau).

parts, les monographies rurales multiplient des indices contraires à la *loi*, sur laquelle l'orthodoxie et le collectivisme tombent d'accord.

c. *Phénomène d'immobilité*. — Depuis des siècles, la « Zadruga » des Balkans, la famille serbe ou bulgare se maintiennent à l'état d'équilibre économique presque parfait. Les premières monographies de Le Play demeurent les *fac-simile* les plus exacts de la « cellule sociale » particulière à l'immobile Orient. Tout l'effort de la communauté est tourné vers elle-même. Le régime d'auto-production, de circulation domestique fermée, triomphe. Le blé ou le maïs produit est transformé en aliments ; les moutons sont consommés directement ; la laine est filée, tissée au foyer ; les femmes fabriquent des costumes nationaux, parfois admirables. La *vente* a pour objet le paiement des impôts, qui sont parfois encore soldés en nature, l'achat des armes, etc., etc. Dans ces conditions, l'atelier du temps de la conquête turque diffère peu de l'atelier contemporain de l'émancipation.

Le lecteur s'aperçoit-il que la véritable *tendance* s'est fait jour peu à peu, ou pour mieux dire que rien n'est fatal dans la grande ni dans la petite culture. « Il existe simplement des circonstances particulières, nationales et internationales, qui font osciller les peuples de l'une à l'autre » (Funck-Brentano).

Ces circonstances sont : 1° les *débouchés*, dont l'importance a été entrevue depuis longtemps par l'école historique allemande ; 2° l'*état de la technique* ; 3° le *développement intellectuel des populations*.

Supposons les trois éléments immuables. Rien ne change : le laitier de petite ville, le jardinier-maraîcher suburbain [1].

Au contraire : 1° les vastes débouchés interviennent. On voit les grands approvisionnements impliquer la fondation de grandes minoteries et sucreries, qui entraînent à leur tour les grandes fermes à outillage mécanique, dirigées par des ingénieurs agricoles.

---

(1) L'atelier anarchique organisé en vue de l'auto-production ne se modifierait pas (voir les brochures de Kropotkine). Comparez les monastères de la règle de Saint-Benoît.

2° La technique de la spécialité s'oppose à la concentration de l'atelier, malgré l'amplitude des débouchés. Le petit atelier se maintient avec un rouage commercial commun à plusieurs maisons de commission en fruits, laiterie, fruiterie, etc.).

3° Les débouchés et la technique semblent exiger la grande culture, mais une race plus rude, moins payée (les Indous mauriciens), ramène l'atelier de la forme n° 1 à la forme n° 2.

La prédiction des économistes se réalisera donc tout autrement qu'ils ne se l'imaginent, avec toutes sortes de diversités.

L'exercice précédent conduit à l'établissement d'une tendance réelle.

PROBLÈME DU SALUT SOCIAL PAR LA COOPÉRATION. — *L'Alliance coopérative internationale* le proclame chaque jour et chacun se souvient du Congrès qui fut tenu par elle, au *Musée social*, en octobre 1896.. « Coopératives de production, coopératives de consommation, coopératives de crédit » constituent suivant ce point de vue une sorte de trinité mystique, à laquelle la rénovation du monde est attachée. Cet acte de foi semble avoir pénétré les courants polititiques les plus divers. Collectivistes de la « Bourse des coopératives », radicaux de la « Chambre consultative », conservateurs des « Syndicats agricoles », tous acceptent cette forme nouvelle de *Credo*.

N'y a-t-il pas, sous ce mot magique, une équivoque ? Et par suite, — *sans-préjuger le bon côté de ces organisations* — n'en résulte-t-il pas des *effets contraires ?* Le procédé d'analyse déjà indiqué va nous permettre de l'apercevoir rapidement.

Pour plus de simplicité, écartons la coopération de crédit (simple formule de caution modernisée), pour ne laisser face à face que la « production » et la « consommation ».

a. *Coopératives de production.* — Le volume intitulé les « Associations ouvrières de production », que publia en 1897 l'*Office du travail*, nous en présente, pour la France, un tableau exact. La coopérative de production s'y révèle, le *plus souvent*, comme un moyen employé par les hauts ouvriers d'une industrie, afin d'organiser un petit patronat collectif. La concentration des entreprises leur ferme, en effet, de plus en plus le premier rang, le patronat de jadis « assurant à chacun son autonomie et l'intégralité de son produit ». Ce qui était aisé sous l'ancien régime industriel, sauf à la fin des maîtrises et jurandes, s'est haussé au niveau des quasi-impossibilités, en présence d'ateliers de trois, quatre, dix mille collaborateurs. Ces hommes intelligents, énergiques, commencent, pour la plupart, par la foi « syndicale », la lutte pour les salaires et les règlements meilleurs à l'aide de cette coalition permanente, qui s'appelle *Syndicat.* Ils deviennent présidents ou secrétaires de ces « unions de liberté » (trade-unions). Peu à peu, naturellement, ils inclinent à devenir les concurrents des grands patrons, au lieu de combattre dans l'atelier patronal lui-même, et fondent une sorte de « République ouvrière » en face de « l'hérédité patronale ». Ainsi les communes-jurées, associations de bourgeois, se dressaient contre les féodaux du moyen âge. Les « Charpentiers de Paris » (26, rue Labrouste), le « Travail » des peintres (50, rue de Maistre) — avant sa transformation récente — etc., etc., permettent de saisir sur le vif cette « émancipation collective », qui se réclame de Buchez et de Fourier.

Toutefois, une monographie antithétique permettrait d'apercevoir certaines coopératives de production, par exemple : la « Société des lunetiers »[1], qui sont arrivées à « monopoliser » pour ainsi dire le métier, en agglomérant les petits patrons préexistants. Concentration et coopération se sont effectuées en un seul mouvement, au lieu de s'étayer par deux évolutions successives.

b. *Coopératives de consommation.* — Les maisons de commerce désignées sous ce nom peuvent être symbolisées par la célèbre « Moissonneuse »[2], si l'on ne veut pas aller jusqu'au « Voruit » de Gand.

Les « Coopératives » — l'étiquette toute nue a prévalu pour elles — obéissent à une préoccupation diamétralement opposée

---

(1) Page 203. *Associations ouvrières.*
(2) Voir les *Halles Centrales de Paris,* p. 177.

à celle des « Associations ouvrières ». Elles ne sont pas un *groupement d'employés, visant à remplacer un puissant patronat commercial* (ce qui formerait la coopérative symétrique par rapport à la coopérative industrielle), mais un *groupement de consommateurs*, engagés dans la recherche du « moindre prix » en matière de subsistances, de vêtements, etc. Rien ne fait mieux ressortir cette dissemblance fondamentale, que la juxtaposition d'une boulangerie organisée en association ouvrière et d'une boulangerie, atelier annexe d'une coopérative. Il y a quelques années, Limoges — la ville la plus coopérative de France — comptait une « boulangerie aux boulangers », assez prospère, 12, rue de la Loi, et plusieurs « boulangeries aux porcelainiers et autres corps d'état », relevant de la grande coopérative « l'Union ». Pendant que les ouvriers de la première entreprise avaient reconquis « leur autonomie et l'intégralité de leur produit », les ouvriers de la seconde, aussi durement commandés que sous le patronat, étaient licenciés à la suite d'une grève. Être « son maître » ou le salarié d'une société anonyme, telle est la question[1].

Joignez à cela que, par la juxtaposition des rayons multiples, épicerie, boulangerie, boucherie, chaussures, etc., etc., la « Coopérative » a sous la main les procédés d'anéantissement utilisés par le Grand Magasin contre les spécialités modestes (compensation des bénéfices, jeux de banque), sans parler de l'impitoyable pesée sur les fabricants fournisseurs.

La « Coopérative de consommation » est donc devenue un agent actif de « concentration commerciale et industrielle » — juste le contraire de la « Coopérative de production ».

Le petit commerce libre et la petite industrie, favorables, somme toute, à « l'Association ouvrière » — reconstitution artificielle du Tiers État — ont déclaré aux coopératives une guerre à outrance. Chacun connaît la « Ligue » de 195 000 membres, qui a son siège, 16, faubourg Saint-Denis et dont l'organe s'appelle la « Revendication ». La lutte entre les coopératives

---

(1) Question d'autant plus évidente, que très souvent la Société anonyme est exclusivement composée de « bourgeois » (officiers de terre et de mer, employés civils de l'État, etc.).

et les bouchers d'Écosse prouve que la bataille dépasse nos frontières.

Sans aller plus loin, n'est-il pas permis de demander aux coopérateurs théoriques d'opter pour l'un ou l'autre des résultats antithétiques de leur « moyen de salut »[1] ?.

Ce *troisième exemple fournit le moyen d'anéantir les formules de problèmes contradictoires et nécessairement insolubles.*

*
* *

Le lecteur entrevoit certainement dans les exposés précédents une ample matière à discussions délicates.

L'acquisition de la notion complète d'un objet comme l'Alcool, le Jouet ou le Sucre, ne soulèvera que peu de répugnances.

Mais l'établissement du « point de vue » concret n'aura pas le même sort. Beaucoup s'obstineront à considérer comme vraie la « loi orthodoxe », comme contestable « la tendance capricieuse » des cultures, comme évidente la régénération coopératrice.

Peu importe : les oppositions de sentiment ont à leur portée dans la « traduction et la comparaison monographique », un cadre sûr, qui permet aux esprits sincères d'écarter au moins une partie des divergences apparentes et de se rapprocher de l'identité fondamentale d'idées.

---

(1) L'auteur du présent livre a donné assez de preuves de son attachement à la cause de la coopération *émancipatrice,* pour n'être pas suspect.

CHAPITRE III

COMMENT LE POINT DE VUE CONCRET SE MAINTIENT AU COURS
DE L'ÉTUDE D'UNE QUESTION ?

Le vœu d'empirisme a beau avoir été fait de bonne foi, au moment de « l'énoncé concret du problème ». La tentation de l'abstrait — cette vieille habitude — vous guette à chaque pas sans se soucier de l'acte de renoncement. Le moins idéologue des hommes, le premier Bonaparte, a péri par l'idéologie de sa politique étrangère.

A cet égard, les pièges les plus dangereux se retrouvent dans le vocabulaire même de l'économie politique. Ce n'était pas sans raison que Le Play avait rédigé un lexique nouveau contre les malentendus et surtout les amphibologies. Mais le lexique est resté inemployé. Il n'était pas d'ailleurs lui-même sans confusions graves.

L'économiste empirique doit surtout se garder des mots : *travail et capital* et de l'expression de *valeur*.

§ 1. — TRAVAIL ET CAPITAL

Il est des cas où vous écrivez le travail et le capital de telle entreprise. Il en est d'autres où vous vous surprenez à tracer, avec des majuscules, le Travail, le Capital, sans rien ajouter.

Vous avez conservé le contact avec le sol, la première fois. Vous êtes entré dans la nuée, la seconde fois.

Pour acquérir la notion concrète du capital et du travail, il faut se rappeler que ces mots ont pour unique objet de faire pénétrer plus intimement l'analyse d'une organisation économique.

La comptabilité ne va pas sans compartiments, sans en-têtes. Ceux-là semblaient commodes. On y a eu recours.

Parcourez, en effet, le compte rendu chiffré de la plus humble des industries domestiques. Le budget monographique (monographie de famille) vous contraint, sous ce rapport, à une admirable précision.

Quand bien même il ne s'agirait que du blanchissage du linge de l'ouvrière mouleuse en cartonnage [1], ce budget distingue : 1° les recettes, c'est-à-dire le chiffre d'affaires total de la petite entreprise ; 2° les dépenses.

Or, ces dépenses se ramifient : *a*, en matières premières (savon, amidon, eau de javelle, bleu, carbonate de potasse) ; *b*, en travail de la femme (nombre de journées multiplié par le salaire); *c*, en intérêt du matériel ou « capital » (battoir, brosse, fers à repasser, gril).

La différence entre ces recettes et ces dépenses forme le bénéfice.

Il n'est donc pas permis à un ouvrier de laver son linge, sans être à la fois capitaliste et travailleur, puisqu'il est possible de distinguer dans cette minuscule entreprise le capital et le travail.

a. *L'industrie minière* passe avec raison pour l'une des plus concentrées. La Compagnie des Houillères de Montrambert et de la Béraudière peut servir d'exemple, dans le bassin de la Loire. Ses concessions mesurent 1 146 hectares. Ses actions sont au nombre de 80 000. Outillage colossal : 14 puits, 3 500 chevaux-vapeur, 63 chaudières avec 5 000 mètres carrés de surface de chauffe, 2 kilomètres de grande voie, 80 kilomètres de petite voie pour le roulage des bennes. Personnel : 2 500 employés et ouvriers en chiffres ronds.

Il est facile de lui appliquer le cadre du budget indiqué plus haut.

Les recettes seraient représentées par la production de l'année : 584 460 tonnes de charbon, au cours (année 1894), plus les sous-produits possibles.

(1) *Le Jouet Parisien*, p. 153.
(2) *Piqueur sociétaire de Monthieux*, p. 418.

Les dépenses comprendraient : *a.* les achats divers en vue de l'entretien, frais de dégâts de surface, etc., etc. ; *b.* le travail, direction, employés, ouvriers ; *c.* l'intérêt de l'énorme capital, matériel et fonds de roulement.

Ainsi ressortiraient les bénéfices annuels : 3 576 276 fr. 02 (1894) et même 4 445 756 fr. 62 (en ajoutant le compte des profits et pertes).

Les éléments, éternellement les mêmes, se retrouvent en cette organisation, comme le cœur, les poumons, le cerveau dans un organisme humain.

Pourquoi cependant, l'entreprise est-elle regardée comme essentiellement « capitalistique »? Parce que peu à peu les raisons économiques (débouchés) et aussi *techniques* ont exigé des accumulations considérables de travaux et de mécanismes. La « Monographie historique des Mines de houilles de la Loire », par le sénateur Brossard, permet de suivre, après l'extraction à ciel ouvert par de simples ouvriers carriers, l'établissement des puits, l'épuisement par des pompes à bras, la formation des premières Compagnies (la Compagnie Lacombe, 1753), en vue de l'approvisionnement de Lyon et de l'exécution des travaux plus perfectionnés, etc. [1]. L'évolution s'y suit pas à pas, dans sa poussée insensible, apportant sa justification à chaque nouvel effort. Aujourd'hui, sans « capitaux » (terme concret), une Compagnie minière est vouée à la ruine. Les « travaux neufs » doivent engloutir des sommes énormes, sans profits immédiats, en vue de bénéfices futurs. Cette « compensation » entre le présent et l'avenir n'est accessible qu'aux organisations riches.

b. *Le commerce des quatre-saisons* occupe un rang très inférieur dans la hiérarchie des transactions. C'est une sorte de métier-refuge, où échouent les débris sociaux des autres commerces et industries.

Muni de l'autorisation du préfet de police, le « médaillé » semble la personnification du Travail autonome, affranchi du Capital.

(1) Voir *Piqueur sociétaire de la Mine aux Mineurs,* de Monthieux, § 17.

L'illusion est flagrante : la petite entreprise est soumise aux règles physiologiques de toutes les organisations de vente ou de fabrication. En face des recettes (le débit), interviennent là aussi les dépenses ; *a.* l'acquisition journalière des 10 à 20 francs d'épinards, de choux-fleurs, effectuée sur le Carreau des Halles, l'entretien de la petite voiture, la location d'un réduit où la voiture est abritée, etc.; *b.* le travail, les heures consacrées à l'achat, au transport, au stationnement, à la vente: *c.* l'intérêt du capital engagé (les 170 francs de la petite voiture), l'intérêt de l'argent prêté chaque matin ou la part de bénéfices abandonnée au prêteur[1].

Le « capital » — capital-argent — existe si bien, que le domaine de ces cellules « commerciales » est par essence le domaine de l'usure, sous forme de « location de médailles ». « L'exploitation » y sévit, exercée de pauvre à pauvre. Pascal nous avait déjà averti que la patte d'un ciron contient l'univers.

Que conclure de cet exposé antithétique de l'organisation dite capitaliste et de l'organisation du travail à l'état rudimentaire ? L'affirmation nouvelle de la remarque du début.

Il est des entreprises *vivantes, concrètes.* On s'est habitué à y distinguer pour l'établissement et la lecture de la comptabilité certains points de repère, appelés *travail, capital.* Transformer ces points de repère en abstractions à majuscule, c'est être dupe de ses métaphores. Lorsque vous dites d'un homme « c'est un cerveau », ou moins élogieusement « c'est un estomac », vous ne doutez pas un seul instant que cet homme ne conserve les autres organes vitaux, malgré la prédominance de l'un d'eux. Une classification est un outil. Il ne faut pas que l'outil domine l'ouvrier, ou, comme le disait de Harlay « que le vaslet chasse le maître ».

Cette façon de voir et de « solidifier » pour ainsi dire le point de vue concret, débarrasse l'enquêteur d'un certain nombre de difficultés plus théoriques que réelles.

Si on lui rappelle la fameuse « force du capital qui s'accroît par son propre mouvement », il répond immédiatement. « Le

---

[1] Voir sur l'assujettissement des médaillés par les « capitalistes » minuscules les *Halles Centrales,* p. 40 et suiv.

capital ne fonctionne pas seul. Je ne conçois pas la tête ou le bras, vivant en dehors du corps même. Vous voulez parler de la lutte d'organisations compliquées et d'organisations plus simples dans un ordre d'activité économique : le « Creuzot » contre une ancienne forge au bois ; le « Bon Marché » contre un petit magasin spécialisé. Effectivement, le premier anéantit le second. Mais *considérez les deux mécanismes dans leur entier*. A égalité de capital, vous admettez bien que le point vif de la machine est la pensée du chef. Chaque jour, nous assistons au dépérissement des maisons commerciales, jadis glorieuses, à l'agonie des journaux autrefois tout-puissants. Par contre, l'arrivée d'un homme nouveau dans le Conseil de telle banque provoque un sursaut dans le cours des actions. A inégalité de capital, n'asistez-vous pas au même spectacle ? L'armée la mieux commandée et la mieux disciplinée bat l'armée la plus nombreuse, même avec un armement inférieur, ainsi que le témoigne la bataille d'Adoua. L'entreprise de vente qui mesurait quatre mètres de façade anéantit les majestueux étalages des quartiers circonvoisins : Crespin-Dufayel en est la preuve. Une « combinaison » nouvelle fait le succès. Le capital, c'est l'outillage, c'est la marchandise achetée pour la revente. Installez-vous à l'aveugle ; achetez à contretemps. L'usine coûteuse se fermera sur ses chaudières nouveau modèle, et les millions s'écouleront dans le sable, comme à la première Compagnie de Panama, qui fut à la fois la plus formidable concentration de capitaux et la plus gigantesque faillite de l'ère moderne. La *meilleure organisation triomphe de la moins bonne*. Tel est l'axiome, si un axiome est nécessaire[1]. »

Quant à la supériorité du « travail manuel » — autre source de discussions qui jaillit de l'analyse abstraite de la *production des richesses* — l'économiste empirique en fait bon marché. Il a devant les yeux toute la série des *Associations ouvrières*, des « ateliers à forme républicaine, sans patron héréditaire », où le préjugé du début imposait au directeur les mêmes besogne[s] physiques qu'aux simples travailleurs. Peu à peu, dans toutes

____

(1) En certaines formes d'activité, le capital disparaît presque entièrement, notamment pour le courtage, source de fortunes parfois élevées.

les entreprises prospères, le « travail commercial » du chef
s'est dégagé par la force des choses. Le « pourvoyeur de
travail » a grandi ; on lui a toléré l'apparent abandon de
l'outil, parce que son absence arrêtait les outils de l'atelier
tout entier ; on a admis pour lui une tenue plus soignée, parfois même des chevaux et des voitures. « *Tout cela est une
condition du succès*, c'est-à-dire du travail de tous. » Un pas de
plus, la fondation de la *Banque coopérative*, auprès de la fédération d'ateliers appelée « Chambre consultative », a justifié le
travail *spéculateur*, moins matérialisé que tous les autres, qui
rejoint le travail d'ailleurs respecté de l'instituteur ou du man-
dataire public [1]. La coopération de production, comme la statue
de Condillac, a repassé par les phases de l'humanité, pour arrri-
ver à la même constatation [2].

§ 2. — La valeur

L'expression a pénétré le langage économique jusqu'aux
moelles. Elle est à double entente, et il convient de l'asseoir
solidement, si l'on ne veut pas qu'elle se dérobe perpétuellement
sous la pensée.

De nombreux logiciens ont essayé d'établir la formule mathématique de la valeur.

La seule démonstration mathématique aboutit à l'insolubilité
du problème, comme pour la quadrature du cercle.

La valeur est l'idée que l'on se fait des choses, « l'intérêt de
jouissance qu'on y attache [3] ».

a. Si vous concevez un homme seul, comme Robinson, il
comparera deux idées différentes, mais dans un même esprit,

---

(1) Voir appendice V : La Classification du Travail (ou mieux des
organisations économiques), par M. Th. Funck-Brentano.

(2) D'ailleurs le travail se prouve par le surmenage. Le surmenage
physique n'entraîne pas les mêmes ravages que le surmenage intellectuel.

(3) On pourrait parfaitement nous objecter « Dès lors, ce sont les affec-
tions humaines qui décident des choses ! L'*idée* n'intervient que lorsqu'il
s'agit de la mise en œuvre et de l'échange de la valeur. » Pour plus de
simplicité, nous désignons par le mot *idée* toute opération de l'esprit,
quelle que soit la part du sentiment et du jugement. Ainsi le mot *penser*
dans l'axiome célèbre « Je pense, donc je suis ».

par exemple : sa cabane et sa caverne, comme formes d'habitation.

L'identité serait la suivante (en désignant par X la mentalité de Robinson) :

$$\frac{\text{idée de cabane}}{X} = \frac{\text{idée de caverne}}{X}.$$

Après le tremblement de terre, l'idée de cabane prend le dessus, parce que les éboulements n'y sont pas à craindre. L'identité est détruite.

Remarquez que la mentalité de Robinson n'est pas identique à l'état de santé et à l'état de fièvre. Nous laissons cependant le signe X immuable, parce qu'on peut soutenir que l'esprit demeure le même, et que l'idée seule se modifie. C'est un des mauvais côtés de l'analyse abstraite.

b. Deux hommes sont réunis : Vendredi est revenu rejoindre Robinson. Le maître est chrétien fervent ; le serviteur est idolâtre. Mais le premier convertit le second. Dès lors, l'objet unique qui sera, si vous le voulez, une idole païenne, sera considérée par tous les deux avec la même répugnance ; il aura la même valeur.

L'identité devient (X désigne la mentalité de Robinson, Y celle de Vendredi) :

$$\frac{\text{idée d'idole}}{X} = \frac{\text{idée d'idole}}{Y}.$$

L'*accord* des deux idées est la base de la formule.

c. Robinson (au début de ses voyages), isolé sur la chaloupe du Maure qui l'a réduit en esclavage, veut commercer avec les nègres de Guinée. Ceux-ci déposent sur le rivage de la viande et des grains, et se retirent. Lui leur abandonne la chair d'un léopard qu'il a tué.

L'identité devient plus compliquée parce qu'il faut concilier deux sujets, par rapport à deux objets :

$$\frac{\text{idée de grains et viande}}{X} = \frac{\text{idée de léopard}}{Y}.$$

L'idée de grains et de viande provoque dans l'esprit de Robinson (soit X) l'expression du contentement, que l'esprit des sauvages (soit Y) ressent à l'offre du léopard.

Le phénomène initial du « troc » ou de l'échange est d'autant plus intéressant, qu'il se pratique ici par présents réciproques et que l'équilibration des valeurs chez les deux parties ne se manifeste qu'après coup, au moyen de démonstrations de joie.

Substituez au « troc », « l'achat-vente » au moyen de verroterie, thé, poudre d'or, ou monnaie, peu importe. La proportion demeure analogue :

$$\frac{\text{idée de produit à acheter}}{X} = \frac{\text{telle somme}}{Y}.$$

La « valeur » — appelée valeur d'usage, dans le cas d'unité de sujet ou d'objet, et valeur d'échange, lorsque sujets et objets deviennent doubles — ne peut donc être déterminée mathématiquement. Une seule chose est acquise, par hypothèse, l'*identité*, en pratique l'*accord*. Mais l'équation contient, pour elle seule, *trois* ou *quatre* inconnues. Comment résoudre ?

Or ces inconnues sont de perpétuelles variables.

Du moment que la valeur d'un produit (un objet matériel) ou d'un service (c'est-à-dire un acte) [1] est déterminée par l'*opinion*, qui se modifie de l'un à l'autre, et d'un moment à l'autre, il faut s'attendre à des variations désordonnées des « *valeurs* » du produit, suivant qu'il est offert à celui-ci ou celui-là. Tel est le fait, chaque jour affirmé par l'expérience de tous, sans lequel le commerce intérieur et extérieur devient inexplicable.

Supposez avec Adam Smith, Proudhon et Karl Marx, que la « Valeur » (la majuscule avertit de l'abstraction) ou « valeur normale » ait pour mesure « l'unité de travail fourni par le producteur », vous êtes contraint d'admettre que c'est là une raison déterminante que le « public » connaît peu.

En effet :

a. Présentez un produit, supposé fixe, à deux acheteurs de mentalité divergente : un avare et un prodigue, Harpagon et

---

(1) Pour plus de simplicité. nous avons raisonné sur des produits; mais le service doit être traité comme le produit (exemple : échange de travail d'une communauté à l'autre chez les paysans limousins, etc.).

son fils. Pourquoi obtiendrez-vous deux prix différents ? Tout simplement par suite de l'antithèse des *opinions individuelles*. L'opinion est le principe de la valeur.

Le « marchandage » de l'ancien commerce était l'épreuve des dispositions réciproques des contractants. Aujourd'hui encore les foires rurales ont conservé l'habitude de « tâter l'adversaire [1] ».

b. Passons aux groupements, qui sont d'accord sur certaines manières de voir, aux « grandes masses » pour ainsi dire.

Que cherche le « Grand Magasin », fournisseur tout-puissant des classes moyennes d'aujourd'hui ? A régler l'établissement de ses *prix fixe* (des valeurs) d'après l'*opinion collective* de la clientèle. L'étalage stimule le désir ; la « possibilité du rendu » incite à la décision hâtive. Enfin, la *compensation des bénéfices* — l'un des pivots de l'organisation et la négation même de la « mesure du travail fourni », — établit *une graduation des valeurs, suivant la facilité de débit des articles et leur force d'entrainement réciproque*. Les petits magasins, juxtaposés dans le plus grand sous le nom de *rayons*, obéissent à une tactique analogue : chacun d'eux est disposé de façon à aider, par ses cours, les rayons circonvoisins. Toujours l'*opinion*, et pas autre chose. A certains moments des perturbations surviennent, qui contraignent la vaste machine à modifier son allure : ce sont les fantaisies de la « Mode » : l'*opinion la plus capricieuse*, qui « discrédite une paire de gants fourrés nouveau modèle, parce qu'un concurrent de l'inventeur a eu le mauvais esprit de les faire porter par le bourreau [2] ».

Quel motif détermine, au contraire, les « grands riches internationaux », comme l'ancienne aristocratie d'ailleurs, à mépriser, au moins en principe, le Grand Magasin ? En ce milieu, la « valeur » n'est reconnue qu'aux produits « signés », qu'aux grandes « marques ». Coupé de chez Belvalette, toilette de Doucet ou Paquin, chapeau de Camille Reboux, etc., etc. ; ce

---

(1) La tendance à la prodigalité existe chez tous, pour les toutes petites dépenses. Vous ne « marchandez pas » un article de quelques sous ; cependant cet article peut être coté au triple du travail fourni.

(2) Anecdote du xviiie siècle.

sont là des fragments de la « grande vie », comme le déjeuner chez Paillard et l'hivernage à la Côte d'Azur. Affaire d'*opinion*, opinion changeante que tout le système des réclames et de la publicité a pour but de faire évoluer. La « marque », si importante pour le commerce français, est proche parente de la « Mode ».

Mais en dehors du territoire national, surtout chez les nations orientales ou les peuplades primitives, quel bouleversement des niveaux de valeurs ! Seul, le point de vue des « opinions collectives et *relatives* » justifie le commerce au long cours, dont les profits ont toujours été réputés les plus légitimes. Échanger des ciseaux à 0 fr. 15 contre de la poudre d'or devient le plus épouvantable vol avec la théorie de la valeur déterminée par le travail — théorie britannique !

c. Nous voici dans les « marchés de gros », dans les *marchés* tout court. Les deux camps en présence, acheteurs et vendeurs, sont des groupes de spécialistes, bien informés sur le travail fourni. D'où viennent alors les fluctuations, indépendamment des grandes causes : importance des stocks, importance de la demande ?

S'agit-il d'un marché-marchandises dispersé, comme celui de la parfumerie par exemple, où toute une armée de « voyageurs » s'éparpille de la « fabrique » vers les marchands de gros et les détaillants ? L'influence personnelle du « voyageur » peut devenir extrême. Tel réussit où l'autre échoue. L'un persuade, l'autre repousse. C'est proclamer la force de persuasion, mise en relief par la simplicité du cadre où elle s'exerce. Mais la relation des organisations économiques en présence (grande fabrique contre petit commerce) apporte aussi sa part de « suggestion coercitive ». Comparez à l'inverse, dans le marché-marchandises du blé, la situation du petit cultivateur en face du

---

(1) Constamment, dans l'industrie de la parfumerie (et dans bien d'autres, teinturerie, etc.) des découvertes chimiques viennent abaisser le prix de revient (du travail fourni). Le fabricant maintient néanmoins ses prix, tant qu'il lui est possible. Est-ce de son côté action malhonnête ? Nullement, et le sentiment général reconnaît qu'il n'y a pas d'autre moyen pour lui de défendre la « plus légitime des propriétés », celle de l'invention.

grand minotier. Ici l'opinion a beau être éclairée, judicieuse :
elle est contrainte. Une oscillation de valeur en résulte.

S'agit-il d'un marché-marchandises concentré (la Villette) ou
d'un marché de spéculation (Bourse du commerce, marché des
farines, des sucres, des alcools, des fonds publics et privés)?
La cote — en la supposant exacte — indique des prix extrêmes, en une même séance ! N'avons-nous pas en face de nous
les plus fins connaisseurs, et ne se bornent-ils pas à un prix
unique, déterminé par le travail fourni ? Nullement. L'idée,
l'opinion de la valeur ne peut pas coïncider exactement, même
en deux têtes bien faites. Au Tattersall, tel cheval sera payé
100 francs de plus, malgré une tare évidente, parce qu'il en
appareille un autre. La *connexité* de mes affaires vous permet-
elle de juger pourquoi j'achète cher et je vends bon marché ? Sous la coupole de la rue du Louvre, il en sera de même.
Les dépêches amoncelées prouvent l'effort exercé sur l'opinion.
Les « unions », les « cartels » (des raffineurs, des importa-
teurs) sont la démonstration vivante que parfois on cherche à
la violenter. Les « campagnes de la presse spéciale », comme
celle des Mines d'Or, établissent qu'on préfère cependant
l'affoler, l'*emballer*. Mais pour tous ces hommes, précipités
vers le gain terre à terre, c'est dans l'idée que gît la Valeur [1].

En résumé, que reste-t-il du « fameux étalon » de la valeur ?
Cette remarque fort juste, c'est qu'en général un commerçant
ne conservera pas longtemps de hauts profits à cause de la
concurrence et que par contre il ne s'obstinera pas à vendre au-
dessous du prix de revient, par suite de ce terme fatal, qui
s'appelle la faillite.

Encore faut-il s'empresser d'ajouter qu'un monopole de fait
peut durer des siècles, et que les paysans tyroliens vendent traditionnellement de petits jouets, fabriqués l'hiver,
au-dessous de ce que ces jouets leur coûtent. Recettes d'appoint, salaires d'appoint. L'analyse des organisations écono-

---

(1) Beaucoup de praticiens admettent que la « valeur est déterminée par
l'utilité et la rareté de la chose ». Il suffit d'un peu d'attention pour constater
que l'utilité et la rareté est l'*idée* que nous nous en faisons. Donc, les deux
définitions (celle-ci et la nôtre) se confondent, avec plus d'ampleur en
faveur de la seconde.

miques nous a familiarisé avec ce point de vue plus fréquent qu'on ne le suppose.

Les nuages que nous avons amoncelés autour de la notion de « Valeur » n'auront certainement pas le résultat d'ébranler les « vieilles croyances » de tous. Nous voudrions éviter au lecteur les grands déchirements d'une conversion. Qu'il se borne, au cours de ses enquêtes, à biffer l'expression antique, comme celle de travail et de capital. Qu'il écrive « le prix », cela suffira. Au bout d'un certain nombre d'années d'expérience, il observera de lui-même que « pour les produits comme pour les sonnets le temps (ou le travail) ne fait rien à l'affaire, et que pour vendre (ou pour acheter), il faut conquérir un suffrage restreint ou universel, mais toujours peu soucieux du « travail fourni ».

CHAPITRE IV

COMMENT L'« IDÉE COMPLÈTE » ET LES « FAITS PERMANENTS » DOIVENT VENIR SE RATTACHER A CERTAINES « DIRECTIONS » D'ENSEMBLE, QUE L'ON PEUT ADMETTRE PROVISOIREMENT

L'étudiant de Faust admettait « qu'avant lui le monde n'existait pas ».

Quand nous conseillons le « doute méthodique » et l'observation « sans préjugés », cela revient à faire revivre en nous l'étudiant de Faust.

Rien de meilleur pour acquérir les « idées complètes » ni pour s'élever aux « faits permanents ».

Mais, si l'enquêteur s'arrêtait là, il s'apercevrait bien vite que sa croissance scientifique « se noue ». Les volumes entassés de toutes parts, et empilés sans ordre du corridor au grenier, ne forment pas une bibliothèque : les plantes récoltées en vingt régions et jetées l'une sur l'autre ne constituent pas un herbier. *Il faut un classement et pour ce classement une « direction d'ensemble »*.

Cette « direction » d'ensemble est tout simplement un faisceau de « faits permanents » d'ordre supérieur, qui embrassent les « faits permanents » secondaires. *Elle peut être juste, elle peut être fausse*, mais elle est nécessaire ; en dehors d'elle, tout gît pêle-mêle, sans coordination.

La nécessité est telle, que les différentes écoles économiques n'ont pas d'autre raison d'être. Le « Collège libre des Sciences sociales », dont parlait le chapitre II de la première partie de ce volume, demeure la matérialisation la plus originale de l'unanimité avec laquelle les esprits les plus divergents aboutissent à la recherche des « hypothèses dernières ». En apparence, c'est la discorde : Karl Marx, Ketteler, Le Play, Auguste Comte, Kropotkine et Bastiat ! En réalité, c'est la conformité d'un besoin identique chez tous : celui de « conclure » et par suite « d'appliquer ».

Savoir poser une question concrète est quelque chose ; achever l'exécution de l'enquête de façon à éviter les pièges de l'abstraction, vous hausse d'un degré. Mais ces deux étapes de la formation empirique ne se suffisent pas à elles-mêmes. Prenez les meilleurs élèves d'un « séminaire expérimental ». L'enseignement qu'ils reçoivent les maintient dans un état d'esprit plutôt négatif : beaucoup de critique, peu d'affirmations générales. Aussitôt que la vie pratique les reçoit, ils s'éparpillent vers l'orthodoxie, vers le marxisme. Il leur a fallu une *direction* ; ils l'ont choisie par hérédité, par suggestion ou par intérêt. Le « livre » devait ressaisir ses victimes.

Aussi nous a-t-il paru indispensable de dévoiler ici notre *direction personnelle*, de mettre à la disposition de tous les grands cadres où viennent se ranger d'eux-mêmes nos documents et nos liaisons de faits — en un mot nos « procédés de derrière la tête ». Hypothèses, sans aucun doute ! puisque avec cet agrandissement du champ de vision, tout devient hypothèses. Celles-ci se recommandent par leur origine. Une fantaisie momentanée ne les a point produites, mais bien un contact expérimental de douze années, qui se sont transformées en douze années de contrôle par le rapprochement des phénomènes observés. Avec elles — le débutant en aura bientôt acquis la conviction intime — tout se déchiffre et s'éclaire, comme les pages énigmatiques d'une correspondance dont on a saisi la clef.

Ou l'abstraction absorbera l'enquête, ou il faudra se résigner à marcher en avant sous la protection de *directions* d'ensemble, hypothétiques, provisoires, mais *semblant résulter des faits* jusqu'à la revision prochaine, comme cela se passe dans les sciences (voisines) de la nature. Être empirique, c'est aboutir !

I. — LES NATIONS : GRANDEUR ET DÉCADENCE

L'unité dernière des sociétés humaines est la *nation*, ensemble de groupements subordonnés qu'unit une communauté de traditions, de sentiments, d'idées, matérialisé dans un organe : l'État [1].

L'enquêteur, même perdu dans un recoin d'industrie minuscule, doit avoir présente à l'esprit la carte du monde. Il faut qu'il sache calculer le « point », suivant l'expression marine : indiquer sa place exacte sur l'atlas de la géographie politique et commerciale du globe [2].

Pratiquement, il doit s'en référer constamment à ces abrégés, où la terre, les continents, les États sont analysés en quelque cinquante pages, avec la superficie, la population, les voies de communication, les budgets, les armées.

Mais il doit surtout se rappeler que chaque nation constitue une sorte d'organisme, soumis à la naissance, au développement, à la mort. Cette évolution se ramène à deux phases, que Montesquieu a admirablement retracées pour l'Empire de Rome, la *grandeur* et la *décadence*.

Il n'est pas de nation qui ne soit sur la pente de la décadence, ou qui ne se hausse insensiblement vers la grandeur. Toutefois les périodes de grandeur et de décadence peuvent se succéder tour à tour en s'entremêlant pendant de longs siècles. Il y a des renouveaux de vouloir national, et par suite de vigueur, que l'individu ne connaît pas. La guerre de Cent ans, les guerres de religion, les désastres de Louis XV sont effacés par Jeanne d'Arc, Louis XIV, Napoléon.

Ces souvenirs ont pour but de faire ressortir un autre caractère des évolutions nationales, beaucoup trop oublié. La notion

(1) Pour les nations dites indépendantes, non pour les autres (Pologne, Irlande).

(2) L'enquête est l'instrument de la géographie politique et commerciale.

de grandeur et celle de décadence sont *éminemment relatives*.
Qu'est-ce qu'un homme grand ? Le plus haut des Niams'Niams
sera le plus minime soldat en Poméranie. Qu'est-ce qu'une
nation grande ? Celle qui arrive au premier rang parmi les
autres.

Que m'importe de comparer en *elle-même* la France de
Louis XVI et celle de la 3ᵉ République ? Ce qui m'intéresse,
c'est le face à face de sa double situation européenne en 1789
et 1899. Dans un cas, elle vaut la moitié de l'Europe occidentale ; dans l'autre, le quart. — Dans tous les deux, c'est l'*extérieur* qui détermine l'étiage.

II. — Différentes formes de nation [1]

On a créé depuis peu les expressions *puissances mondiales*.

Ces puissances mondiales sont des nations assez fortes pour
dominer en plusieurs continents et non plus seulement dans la
presqu'île européenne.

Les différences de forme des nations s'aperçoivent surtout en
ces puissances mondiales, où tous les éléments se trouvent
démesurément grossis.

L'antithèse est ici fournie par la Russie et l'Angleterre
(120 millions et 275 millions de sujets).

La Russie représente la nation purement terrienne, répandue
sans discontinuité (signe capital) sur les 23 millions de kilomètres carrés de l'Europe orientale et de la Sibérie. Son développement s'opère en quelque sorte par juxtaposition. La
colonisation russe est *intérieure*.

En outre, la Russie est une nation agricole. L'Empire des

---

(1) On abuse beaucoup depuis ces derniers temps de l'expression *races*.
Il n'en est pas de plus inexacte. Qu'est-ce que la prétendue race anglo-
saxonne ? Nous lisons dans un vieux pamphlet de Daniel de Foë, l'auteur
de *Robinson* (l'*Anglais de vieille roche*) : « Nos aïeux ont été des Saxons,
des Normands, des Danois. Nous *sommes un peuple métis*. » Qu'écrirait-il
aujourd'hui où l'élément celte (écossais et irlandais) a pris le dessus ?
(Watt, Walter Scott, Gladstone, etc., etc., sont celtes). Qu'est-ce que la
race prétendue latine ? Un composé de celtes, de germains ! et ainsi de suite.
— Il serait plus prudent de parler de « cultures ». Il est, en effet, une
« culture » civilisation) latine et une « culture » anglo-saxonne.

Tzars est un empire de paysans, *presque* homogène au point
de vue religieux et social.

L'Angleterre est l'échantillon le plus net de la puissance
éparpillée. C'est l'empire des « Nouveaux phéniciens », écri-
vent les publicistes allemands, par exemple le Dr Péez. Tous
les membres épars sont reliés à la tête par la « maîtrise des
mers ». L'expansion se produit par *essaimage* lointain, au
point que, dans le langage politique occidental, le mot de colonie implique un établissement *au delà des mers*.

Point central d'une mosaïque de peuples, de religions opposées et semés çà et là, l'Angleterre est devenue peu à peu une
« union de commerçants et d'industriels ». Les paysans disparaissent sur le sol du « Vieux pays ». M. Balfour peut dire :
« l'Angleterre est une cité industrielle, coupée de cultures », et
il ajoute « fait historique sans précédent ! »

Entre ces deux échantillons tranchés, la « France » — France
continentale et « plus grande France » — offre une combinaison mixte : près de 40 millions de terriens, soudés à 45 millions
de « coloniaux ».

L'oscillation malheureuse de sa politique extérieure a toujours été la conséquence de cette position compliquée. Deux
systèmes ont tour à tour prévalu : le système colonial et le
système d'hégémonie européenne : Colbert et Napoléon.

III. — LA POPULATION D'UNE NATION
(PREMIER ÉLÉMENT DE GRANDEUR)

La Chine compte, dit-on, 450 millions d'habitants. Elle a été
écrasée par le Japon, dont la population est égale à la nôtre.

Le nombre, qui ne suffit pas, n'en est pas moins, de même
que la taille, la première condition de la force. Que pèsent les
petits États, qui ne sont pas agglomérés dans une confédéra-
tion, en face des grandes puissances modernes ? Le Danemark
et le Portugal en ont fait tour à tour l'épreuve.

Deux problèmes doivent être examinés au sujet de la population : 1° ses courants ; 2° sa progression (le débit).

a. *Les courants*. — Le lecteur n'a pas oublié les remarques

formulées au sujet de la « Cité moderne » et de la « Région
rurale ». La population d'un État ne doit pas être symbolisée
par une sorte de bassin à sol homogène et à niveau stagnant.
Sur ce sol, il est des *sources*, d'où un afflux nouveau jaillit à
toute heure : ce sont les campagnes, surtout les campagnes
montagnardes, qui jouent en tout petit le rôle du réservoir asia-
tique pour les migrations générales. Sur ce sol, il est aussi des
sortes de *gouffres*, ou pour mieux dire de « plaques surchauf-
fées » dont le contact vaporise et par suite absorbe l'eau voisine : ce sont les villes « ces mangeuses d'hommes [1] ». De ce
double mouvement en sens contraire, résultent des courants
multiples. En déplorant l'émigration vers les villes, le sociologue dresse le procès-verbal de constat du phénomène. Le
plus souvent, il n'en analyse pas la direction [2], non plus que la
nature. Et cependant, rien n'est instructif comme l'évolution
de chacune des familles nouvelles saisies par le remous de
Paris, si l'on préfère cet exemple. Le « paysan » implanté,
journalier dans un dépôt de bois du faubourg Saint-Antoine,
fait de son fils un ébéniste, du fils de celui-ci un sculpteur, plus
haut encore un dessinateur, un commerçant. Journalier d'un
dépôt de fer, il aurait choisi la serrurerie ; la serrurerie aurait
entraîné la mécanique ; le mécanicien aurait rêvé d'un ingénieur et l'aurait peut-être réalisé. Ainsi chaque génération se
hausse en une hiérarchie qui lui a paru la plus enviable
en vertu des préjugés ambiants, et les derniers descendants
parviennent au premier rang, *à moins que l'essor ne soit brisé
en chemin par les tentations du crime ou du vice.*

Dans un État centralisé comme la France, et bâti de provinces composites, il est du plus haut intérêt de connaître l'hérédité du « sous-sol » de la Ville-tête, si l'on peut dire. On sait
que l'heure actuelle à Paris appartient aux Bretons et aux

____

(1) Beaucoup de campagnes riches sont assimilables aux villes à ce
point de vue.

(2) Voir les travaux déjà cités de M. Turquan.

(3) Un des rôles d'une organisation comme le «Musée Social» devrait être
de constituer 25.000 à 30.000 monographies de familles rurales *modifiées
par le régime urbain.* En les suivant pendant cent années, on saisirait le
secret de bien des événements *politiques* et *économiques.*

Auvergnats (qui comprennent les Aveyronnais). L'hérédité des « races » ou des « individualités » qui gouvernent n'offre pas moins d'importance. Comparez les familles des secrétaires d'État, qui arrivent avec Richelieu sous l'Ancien Régime (les Letellier, les Amelot, etc.) — celles des maréchaux de Napoléon — et les « nouvelles couches » de la troisième République.

b. *Le débit*. — On peut concevoir que la compensation entre les villes et les campagnes amène un abaissement du niveau ou au contraire un exhaussement (dépopulation ou surpopulation). Le plus souvent, dans ce dernier cas, une partie du trop-plein se répand au dehors (émigration). Mais *l'émigration peut coïncider avec la baisse du niveau* ; exemple : nos Basses-Alpes et l'anémie de l'Espagne continentale par la colonisation américaine.

D'où vient la « dépopulation », phénomène souvent relevé pour la France, « l'oliganthropie » — la disette d'hommes — ainsi que l'écrivaient jadis les historiens de la Grèce antique?

C'est une question très peu physiologique, quelque peu « morale » et surtout économique (subsistances).

Les races, très raffinées, ne se reproduisent plus, de même que les plantes artificielles. Les généalogistes des lignées historiques relèvent sans cesse ce fait : la tombée en quenouille, puis l'arrêt. La fatigue nerveuse, les vices du sang font désirer d'ailleurs souvent cet arrêt pour bien des familles jadis glorieuses.

Le côté moral (purement féminin, celui-là) est la « peur de l'enfant ». On sait que le « féminisme » moderne — et nulle éducation n'est plus féministe que l'éducation américaine — est surtout l'émancipation « de la maternité ». Cette « peur », inconnue de la femme primitive, est faite d'angoisses physiques et de résistance à la perspective d'une sujétion.

Mais la dépopulation est surtout liée au problème des subsistances. « Là où les moyens de vivre foisonnent, les races se multiplient, » nous dit la vieille loi de nature. Nos moyens de vivre sont aujourd'hui déterminés en partie par l'organisation économique de l'État. Il en résulte que tel ou tel acte de politique (un traité de commerce avantageux) aura son contre-coup sur les naissances. Le plus curieux est que les « moyens de vivre » doivent être considérés *surtout au point de vue de l'idée que l'on s'en fait*. L'Irlandais pauvre croît et multiplie. Le Charentais ou le Beauceron, malgré sa richesse, « pratique la coutume du fils unique ». Pourquoi? C'est que le premier (indépendamment de ses croyances religieuses, qui ont leur part d'action) voit devant lui la perspective des villes indus-trielles de l'Angleterre, du Nouveau-Monde — si d'ailleurs, il se donne la peine de regarder. C'est que le second, fait de pré-voyance et de calcul, établit une proportion entre le milieu qui l'entoure et le confort qu'il croit nécessaire à ses enfants. Rien n'est *relatif* comme l'idée de richesse[1].

Qu'est-ce que l'émigration? L'interrogation peut sembler étrange. C'est faute de la poser ainsi, au point de vue concret, bien entendu, qu'un grand pays laisse perdre des forces vives en des directions sans issue.

Étant donné que les «sources» campagnardes peuvent à peine suffire à combler les vides des cités, et que toutes ces familles rurales, une fois déracinées, sont saisies d'une fièvre d'*élévation incessante*, il faut bien comprendre qu'en France l'*expulsion au dehors* n'entraînera que des individualités ou des races déjà affinées (sauf pour un petit groupe de paysans laitiers ou viti-culteurs). Et en effet, l'émigration française est une émigration de missionnaires (prêtres et sœurs de charité), d'explorateurs-aventuriers, de fonctionnaires (réservés pour nos colonies), d'ingénieurs (Russie, Transvaal), de petits industriels et com-merçants (notamment dans les républiques espagnoles). Nous ne voulons pas dissimuler l'émigration de la petite noblesse rurale, qui avait constitué les admirables « îles » des Antilles et de l'Océan Indien, et qui semble reprendre aujourd'hui (Tunisie, Madagascar, etc.).

En politique, il convient d'être « cause-finalier ». Le genre de

---

(1) Ce point de vue explique comment un *procédé,* qui entre certaines mains produit les meilleurs effets, la « liberté de tester » est impuis-sant par lui-même, sans la contre-partie : l'établissement avantageux des cadets par l'émigration. En France, où actuellement cette contre-partie n'est pas aperçue, l'instrument semble inutilisable à la plupart.

produit humain — l'émigrant n'est pas autre chose — indique la direction de l'expansion nationale. Lorsqu'on s'installe au hasard, et qu'on bataille de même, on collectionne à grands frais les territoires « inoccupés ». Est-il si difficile de faire correspondre l'effort du classement avec le produit à classer ? Si vous avez une surproduction de vos fabriques de glaces, l'enverrez-vous au pôle nord ?

Nota. — L'immigration étrangère en un État est analogue à la « langue d'Ésope ». C'est le bien et le mal et tout dépend de l'*assimilation*. Assimilée, l'immigration des *classes inférieures* venues du dehors forme un élément reconstituant du corps social : l'immigration des Belges et Allemands du Palatinat est la survivance des conquêtes de jadis. Non assimilée, la *colonie* populaire est un « kyste » qui peut amener aux époques de troubles les pires complications. Il faut la réduire ou la supprimer.

Comme tout échappe aux principes trop absolus, un groupe d'étrangers riches et *inassimilables* peut entraîner pour leur pays de résidence une prospérité très appréciable (Paris, la Suisse, les villes d'eaux). Mais toute tentative d'action politique ou de propagande religieuse (missions *méthodistes* sur les côtes de France) devrait tomber immédiatement sous la répression de la police générale.

IV. — L'UNION D'UNE NATION
(SECOND ÉLÉMENT DE GRANDEUR)

L'expérience n'a rien ajouté au précepte évangélique « tout royaume divisé contre lui-même périra ». L'union supplée au nombre : elle prépare la richesse.

Le tort des lettrés français — tout Français est lettré comme tout méridional est poète — a été de voir le signe de la force nationale dans la forme de la Constitution. Nul n'a démontré avec plus de vigueur que Le Play l'inanité de la série de nos chartes successives. Il a établi qu'une Constitution, par exemple celle de l'Angleterre, était la résultante d'un régime social. Malheureusement, sa conclusion a été d'adopter ce régime ; ce

qui revient à conseiller d'emprunter les jambes, les bras et
l'estomac du voisin. Nous avons « *notre* estomac », *notre* régime
et *notre* résultante.

Peu à peu, d'ailleurs, l'instabilité constitutionnelle a fait
toucher du doigt le véritable *centre de gravité* de notre Constitution. C'est l'*Administration*, le faisceau des grandes hiérarchies presque militaires, qui forment l'ossature de nos populations individualisées à l'aide de ce double lien de fer : le
percepteur et le gendarme. Elle seule, ébauchée par l'Ancien
Régime et définitivement solidifiée par le premier Empereur,
satisfait notre besoin d'unité contre les invasions toujours
menaçantes de l'est ou de l'ouest, et aussi notre besoin d'égalité, c'est-à-dire d'accès possible pour tous vers les hauts grades
du commandement. Les férus « d'anglo-saxonisme » parlent
de décentralisation et méconnaissent ce point vital. Il est vrai
que les publicistes anglo-saxons s'inclinent devant l'évidence,
ainsi que le prouve le livre récent de M. Bodley[1]. C'est le cas
de donner raison, pour un instant, à nos théoriciens et de les
forcer à s'incliner devant le « sens supérieur » qu'ils admirent.

Si l'Administration est le pivot, et si l'*extérieur* demeure,
quoi qu'on veuille, l'objectif principal, que devient l'utilité
des querelles toutes françaises sur les conceptions gouverne-
mentales et les croyances religieuses ? L'utilité s'évanouit,
pour ne plus laisser subsister qu'un danger public : le danger
de l'union rompue — alors que l'union est la condition *sine
quâ non* de l'existence.

A quoi bon s'entre-détruire en s'opiniâtrant sur la meilleure
façon de rendre une nation prospère ? Pendant l'argumenta-
tion la prospérité s'écroule. Mieux vaut un gouvernement *inférieur* accepté des fous et des sages, qu'un gouvernement *supérieur*, que les sages auraient fort à faire pour défendre contre
les attaques des fous[2].

---

(1) Voir *Réforme sociale*, livraison du 1er juillet 1898.

(2) On ne remarque pas assez la correspondance qui s'établit entre
l'organisation politique et les organisations privées. La royauté *pater-
nelle* s'est maintenue en Russie, là où dure toujours la communauté
patriarcale. Chez nous, la forme privée d'organisation est le syndicat,

Quant aux luttes religieuses, ceux qui les fomentent veulent bien reconnaître qu'elles relèvent d'un autre siècle. Que nous importe de concevoir d'une façon différente le monde supranaturel, si nous avons la même conception de ce monde-ci ? Le heurt des croyances n'a pas d'issue autre que la destruction commune. Tôt ou tard, l'instinct de conservation conduit à un « Édit de Nantes ». Autant vaudrait y arriver de suite, afin d'épargner le temps et les forces perdues. L'unité complète est un mirage, qui a trompé la théologie de Louis XIV comme l'esprit laïque de ce temps-ci.

J'entends l'objection : « l'union s'opère par l'éducation nationale. La question est de savoir qui dirigera cette éducation ? » Les voyages ont bien vite calmé cette inquiétude. Vu de l'étranger, le « Français », clérical ou laïque, ne laisse apercevoir que la même silhouette. Si le « bloc » existe, c'est bien en son éducation nationale. Les rouages de celle-ci, même avec des manifestes irréductiblement hostiles, sont calqués les uns sur les autres, entassant à des degrés divers les mêmes qualités et les mêmes défauts — surtout l'absence d'esprit concret.

V. — La richesse d'une nation
(troisième élément de grandeur)

Pour les nations, comme pour les individus, la richesse, c'est le pouvoir.

Mais il ne faut pas oublier que la richesse est faite pour l'homme et non l'homme pour la richesse. Le gouvernement qui laisserait anéantir sa population rurale, sous le prétexte d'une meilleure organisation de la production, c'est-à-dire d'un supplément apparent de richesse, est comparable à un homme qui, pour ne pas mourir de faim, mangerait jusqu'à ce que mort s'ensuive. Le but est de vivre : ici le moyen a détruit le but.

L'agriculture est pour une large part le *support des races prolifiques, des réservoirs de reconstitution ;* pour une autre

---

l'association, la société anonyme. Le pouvoir politique se modèle sur celui d'un directeur, d'un « président » plus ou moins indépendant.

part, elle est le fournisseur de l'alimentation des cités concentrées, commerçantes et industrielles. De ce rôle mixte, il résulte que si le *moindre prix* des subsistances a son intérêt, il ne constitue pas tout le problème. « Peu importe le système, disait devant nous un homme d'État français[1], mais il faut sauver le *paysan*. » Telle est la raison de la puissance des partis agrariens dans toute l'Europe centrale ; telle est la cause de la préoccupation des politiques anglais, qui signalent dans la raréfaction du paysan le pied d'argile du colosse britannique.

Cette restriction établie, il est aisé d'apercevoir que l'*économie nationale* d'un État, que sa circulation générale, va dépendre de deux directions politiques, également importantes : 1° sa politique douanière ; 2° sa politique monétaire.

1° POLITIQUE DOUANIÈRE. — Les députés « d'affaires », c'est-à-dire apparemment les députés ennemis des théories absolues, se divisent au Parlement français, en deux camps irréconciliables : les *libre-échangistes*, les *protectionnistes*. La nécessité des circonstances a embrigadé dans la seconde armée beaucoup d'hommes techniques, qui ont vu, au travers de la thèse, leur salut ou leurs bénéfices. En vertu du raisonnement symétrique, il est aussi des hommes techniques dans le contingent ennemi.

La lutte d'arguments sera d'autant plus interminable, que chacune des deux *doctrines* est vraie tour à tour, parce qu'elle est l'expression d'un expédient.

Votre « économie nationale » est-elle vigoureuse, bien constituée, capable en un mot de ruiner dans la lutte internationale les « économies » concurrentes, enseignez comme un dogme incontestable que les frontières doivent être abaissées, et que tout appartient « au laisser-passer, laisser-faire ». C'est le rôle de l'Angleterre depuis Adam Smith, et même auparavant, ainsi que le prouve le traité de Méthuen (1703), cause de l'asservissement du Portugal.

Au contraire, sentez-vous un fléchissement ; vous apercevez-

(1) M. Méline.

vous qu'une « économie nationale » nouvelle entame vos marchés, soit par le moindre prix, soit par l'initiative du perfectionnement : immédiatement la prudence vous conseille la *digue douanière*, comme elle vous conseillerait la digue maritime contre un débordement de l'Océan. La dénonciation du traité de commerce anglo-allemand, en août 1897, a été l'ébauche d'une volte-face de ce genre, justifiée par un seul point de vue : l'intérêt[1].

Marche en avant, en cas de succès ; retraite derrière un épaulement en cas d'échec, ne voit-on pas qu'il n'y a là que des moyens de tactique — et que les doctrines ne sont que des arguments d'avocats ?

Mais, objecte-t-on parfois, le procédé de la muraille de Chine fait *monter les prix*. C'est la misère à l'intérieur, c'est la fermeture des débouchés à l'extérieur.

La montée des prix ne signifie rien par elle-même, au point de vue du bien-être intérieur. Pourquoi ? Parce qu'elle est accompagnée d'une montée des recettes. Consommation et production sont des éléments, abstractivement séparés, qui se retrouvent en fait chez la plupart des individus. Ce qui vous abaisse d'un côté, vous élève de l'autre. Vous restez à la surface, comme le flotteur sur l'eau. « Je me soucie peu du bon marché d'un produit, répète justement le populaire, si je ne gagne pas de quoi l'acheter. »

Et l'extérieur ? L'expansion redoutable des États-Unis, qui se sont recueillis pendant de longues années en un protectionnisme intransigeant, établit, pour notre siècle, que l'extérieur n'est point fermé aux « isolés » ; tout au contraire. Chez les nations saines et travailleuses, la réserve du marché intérieur produit une sorte d'apprentissage à huis-clos : les organismes économiques, en s'opposant les uns aux autres, arrivent assez

____

(1) Voir *Figaro* du 4 août 1897 : *Un tournant de l'histoire.* — Bien plus, l'intérêt ne fait pas hésiter les gouvernements coloniaux anglais devant le « retour » au système pourvoyeur, l'ancien système de jadis, qui *empêche de sortir les produits :* comme d'ailleurs en d'autres cas il les « force à entrer ». Afin de maintenir au Cap l'élevage des autruches, la sortie de chaque oiseau est frappée d'un droit de L. 100, et celle de chaque œuf d'un droit de L. 5. (Voir l'*Afrique du Sud,* par Georges Aubert.)

vite à la production surabondante et aux bas prix, qui reconquièrent les débouchés internationaux. D'ailleurs, l'analyse d'un assez grand nombre de grands commerces, les sucres, par exemple, témoignent de la coexistence de la cherté nationale d'un produit et de son bon marché « étranger ». Sans même faire intervenir les « primes de sortie », les gains du plus petit marché contre-balancent le minime profit du marché plus vaste. C'est une « compensation de bénéfices » entre deux clients distincts. — En outre, il est une forme de conquête « garantie », que l'on peut pratiquer avec plus ou moins de bonheur, les « Unions coloniales » et (surtout au centre de l'Europe) les « Unions douanières ».

Nota. — Ne jamais oublier que, malgré les confusions courantes, traités et tarifs deviennent tour à tour des instruments de « retraite » ou « d'offensive ». L'utopie libre-échangiste serait réalisée par un tarif, avec simples « droits de statistique ». Le traité d'Eden, qui a eu une si large part dans les troubles ouvriers de la Révolution française, était de la part du négociateur anglais une œuvre d'habile protection. La conduite la plus dangereuse consiste à se hérisser d'un tarif rébarbatif, qui, au fond, est criblé de fissures. L'idéal est constitué par le piège du libéralisme apparent et des obstacles cachés. Le livre de MM. Funck-Brentano et Dupuis sur les « Tarifs » recèle à cet égard d'utiles considérations.

2º POLITIQUE MONÉTAIRE. — Swift avait prédit les luttes sans issue entre les « procédés » relatifs, qui se sont transformés en « principes » absolus. Les *gros-boutiens* et les *petits-boutiens* sont les précurseurs des monométallistes et des bimétallistes[1]. Tout dépend encore ici de l'*intérêt contingent et variable* de « l'économie nationale » à laquelle on appartient. Percevoir cet intérêt constitue une difficulté extrême, et les financiers les plus avisés — anglais par exemple — avouent que sur ce sujet ils n'avancent qu'avec des sondages continuels, comme en une

---

(1) Une soudure s'est opérée entre le protectionnisme et le bimétallisme (et inversement entre le monométallisme et le libre-échangisme). Voir l'*Économiste Européen* et les articles de M. E. Théry.

passe inexplorée, préoccupés des seuls salut et avantage immédiats.

Les métaux, or et argent — métal jaune et métal blanc — forment les signes matériels de la « valeur », mais l'idée de valeur qu'on y attache, absolument comme pour tel ou tel produit, est une *opinion*, ondoyante suivant les situations, c'est-à-dire les points de vue.

Prenez les producteurs et détenteurs d'un métal (blanc ou jaune, mais unique). Ainsi que les industriels et marchands de tous les siècles, ils affirmeront la prééminence de leur « article ». Les fabricants de fûts en bois ne font pas une guerre plus archarnée aux fabricants de fûts en fer. L'argument est le même; notez-le bien : la nécessité d'un signe unique. « Conçoit-on deux espèces de mètre ? » s'écrient-ils, par une confusion volontaire entre l'étalon monétaire, mesure qui doit être unique et la monnaie, l'instrument qui peut se subdiviser, « comme le mètre en décimètre et centimètre[1] ».

Les « Silbermen » ont eu leur heure. Michel Chevalier n'a-t-il pas parlé un instant de la démonétisation de l'or? Aujourd'hui, ils ne songent qu'à un traité d'alliance, comme les vaincus de tous les temps. La candidature Bryan en est la preuve. — Au contraire, les « professionnels » de l'or conquièrent jusqu'au Japon, dans la zone survivante du monométallisme blanc. L'Afrique du Sud permet d'entrevoir même le moment où les plus prévoyants d'entre eux, *maîtres du réservoir de la valeur-signe*, en établiront la cote à leur gré, comme telle ou telle grande raffinerie sur le marché des sucres. C'est le rêve général de Cécil Rhodes et des grands banquiers, anglais et hébreux.

Le « client », qui sera ici une nation quelconque — lisez toujours une « économie nationale » — ne sera pas forcément du même avis. Il ne sera même pas forcément d'un avis contraire.

L'homme d'État de cette nation devra d'abord se rendre un compte exact de la façon plus ou moins complète dont *se boucle la circulation intérieure*. Voici ce que cette expression signifie.

____

[1] Th. Funck-Brentano.

Chacun connaît la circulation de la communauté primitive, famille de baschkirs, d'arabes ou de bulgares : elle est dite « économie domestique *fermée* » parce que ce microcosme est organisé pour se suffire à peu de choses près : l'auto-production et l'auto-consommation, blé, viande, légumes, vêtements, en forment les deux pôles ; la sortie-argent n'a lieu que pour des achats d'armes, de parures et le paiement de l'impôt ; la rentrée-argent correspond à la vente de quelques produits surabondants ou de fabrication domestique. Substituez à la famille, la commune, un district reculé et vous avez devant vous un de ces exemples de *circulation interlocale fermée*, fréquents au moyen âge et dans l'Orient de nos jours. Le rayon du cercle s'est allongé, mais il s'agit toujours d'un *cercle*, d'une ligne courbe qui se *referme*, avec va-et-vient extérieur très limité. Enfin, arrivez à la *circulation nationale*. Il est aisé de la concevoir de même ordre, c'est-à-dire repliée sur elle-même, malgré son ampleur, comme la circulation du sang d'un vertébré supérieur. Les éliminations et les acquisitions, malgré leur importance, ne joueront qu'un rôle secondaire (échanges du dedans ou dehors et réciproquement, soit en *marchandises*, *soit en espèces*).

Une fois cette notion acquise (degré de fermeture de la circulation nationale,) — la balance du commerce *réelle* et non fictive, constitue à cet égard un indice supplémentaire très utile [1], — l'homme d'État doit se rappeler ces deux faits permanents, à savoir :

1° Que la circulation monétaire est *le signe de la circulation des produits*. En effet, à l'état d'isolement complet (fermeture absolue, phénomène d'ailleurs invraisemblable), on pourrait imaginer que tout se réglât en un pays par des échanges de travail comme en certaines régions rurales, par des « bons » conventionnels comme entre coopérateurs de la « Moissonneuse », par des « compensations » comme au « Clearing-house ». A l'état de pénétration avec une ou plusieurs circulations nationales voisines, il faut, au contraire, se préoccuper d'une com-

---

[1] Voir plus loin ce qu'il faut entendre par *balance du commerce*.

mune mesure d'échange avec l'extérieur, de même qu'il faut
établir une commune largeur de rails à droite et à gauche d'une
frontière, pour laisser passer les trains internationaux. Quelle
est cette commune mesure ? Ce sera celle de la nation dont
l'autre ne peut se passer.

2° Qu'il est entre les mains de l'État, grâce au prélèvement
formidable des impôts payables en argent, d'influer sur le cours
de telle ou telle catégorie de monnaie, puisqu'il est le plus gros
demandeur sans parler de la contrainte qu'il impose entre
particuliers à l'aide du cours légal.

Ainsi s'explique la prospérité des nations soumises à des
régimes contraires.

La France se trouve bien de son bimétallisme mitigé [1]. Sa circulation *intérieure* est extrêmement forte, et ce remous retient
une circulation considérable d'argent, provenant des époques
antérieures et toujours commode pour les règlements du petit
commerce et de la petite industrie. En outre, vis-à-vis de l'extérieur, la balance du commerce, le passage des étrangers, l'expansion de l'épargne nationale au dehors constituent un boni
annuel, qui se solde en or. Les caisses d'État peuvent indiffé-
remment accepter l'un et l'autre métal et relèvent ainsi le pouvoir de l'argent.

L'Angleterre a une circulation *intérieure* beaucoup plus
faible ; elle achète ses subsistances, vend ses produits manufacturés, transporte sur ses vaisseaux les marchandises et les
voyageurs du monde entier. Il lui faut l'or pour payer en or.
La partie du Royaume-Uni qui traite avec l'Inde et reçoit de
l'argent, serait volontiers bimétalliste (ligue de Manchester).
On s'y souvient de la politique des Hollandais, les grands commerçants de l'Extrême-Orient (monométallistes-argent jusqu'en
1875).

Enfin le monométallisme-argent pourrait se concevoir comme
un coup de politique pour une nation qui se *suffirait rigoureusement à elle-même*. Insensiblement, le surplus de sa production conquerrait le monde, puisque tout se réglerait en mon-

(1) Nous disons mitigé, parce que depuis la loi du 5 août 1876, la
frappe libre de l'argent a cessé en fait.

naie dépréciée, c'est-à-dire à un moindre prix réel. L'argent peut devenir, en effet, léger et portatif même pour les gros paiements, lorsqu'il est *déposé* (banques hollandaises, Banque de France) et qu'il circule sous forme de billets.

D'ailleurs que nous ménagent les inventions chimiques? Le bimétallisme français semble une assurance, « on a *dit* un contrepoids des circulation monétaires, » *toujours dominées par la circulation des produits* [1].

Remarque. — La *balance du commerce* est intéressante à consulter, avons-nous dit. C'est une sorte de manomètre indiquant la force de la circulation extérieure et sa direction (du dedans au dehors ou du dehors au dedans). Toutefois [2], il ne faut pas imiter les journalistes qui considèrent les estimations à l'entrée et à la sortie comme rigoureusement exactes et qui en déduisent une crise aiguë, au moment même du bien-être. « *Les exportations doivent être accrues d'un quart, a-t-on dit, et les importations diminuées d'un quart.* » La raison de cet axiome doit être cherchée dans le mode d'évaluation usité par les statistiques et dans le « moment » de l'estimation (dans un cas au départ, dans l'autre à l'arrivée).

En outre, la balance du commerce ne peut suffire : il faut y joindre la balance des *métaux précieux*.

Mais ce nouvel instrument ne suffit pas à corriger les erreurs possibles. Il faut y ajouter la « divination » (les hypothèses) sur deux autres phénomènes : 1° les dépenses des étrangers à l'intérieur et ce que nous avons appelé « l'importation à l'intérieur », les achats, si importants pour Paris; 2° les placements des nationaux à l'étranger payés à l'étranger, sans laisser de trace à la frontière (1 milliard d'arrérages annuels pour la France).

La balance réelle du commerce est le résultat de tous ces mouvements distincts. Elle a toujours eu un indice sûr sans erreur possible : le change du papier de commerce.

(1) C'est déjà une assurance contre les mouvements de l'escompte. Voir comment la Banque de France empêche les sorties d'or en opérant des versements d'argent entre les mains des spéculateurs internationaux (Discours de M. Ribot, séance de la Chambre du 30 mai 1897).

(2) Voir *Ébénistes du faubourg Saint-Antoine*, ch. v, n° 12.

VI. — LA MORT DES NATIONS (QUESTION SOCIALE)

L'Antiquité nous offre l'exemple de nations entièrement massacrées par une nation ennemie (récits bibliques). D'autres sont absorbées par leur vainqueur (Mèdes et Perses).

Les « grands empires », ainsi que le disaient les prophètes, meurent aussi de leur belle mort : par exemple la Grèce et Rome, d'où est sortie notre « culture latine ».

Examinons leur crise finale, qui dans les deux cas se manifeste par le même phénomène : l'anéantissement des classes moyennes, la *Question sociale*.

En Grèce, riches et pauvres, — les riches entourés de leurs auxiliaires-esclaves, et les pauvres unis entre eux, petits propriétaires ruraux et petits industriels — forment deux armées de force à peu près égale. Les textes de Thucydide et de Polybe souvent cités, nous montrent le face à face des deux partis, les luttes, les exils, les massacres. La conquête étrangère fut la conclusion : le monde grec reprit le calme extérieur, après l'imposition de la « paix romaine ».

A Rome, la politique des grands fut autrement habile. Là aussi, les rouages économiques — la maison romaine qui se suffisait à elle-même par l'esclavage et s'était emparée de toute l'industrie et le commerce (*actio institoria et exercitoria*) — — avaient anéanti la classe moyenne des citoyens libres, relégués dans quelques collèges d'artisans, le fonctionnarisme inférieur et les métiers interlopes [1]. En face des riches se trouvait le prolétaire, nourri gratis par les *largitiæ* et amusé par les *jeux de cirque*. Surtout après la crise des Gracques et de Marius, la bataille sociale ne fut plus à craindre parce que, grâce à la conquête du monde, les grands purent jeter dans l'émigration (commerçants et publicains) les plus remuants du tiers état et acheter le silence des inférieurs par la paresse et l'assistance légale. Le système dura si bien que le « peuple romain » s'usa sur lui-même par épuisement, jusqu'aux infiltrations et aux conquêtes de la barbarie septentrionale.

(1) Voir Allard, *l'Esclavage*, t. II, et *le Jouet Parisien*, ch. vi, in-foli

VII. — LA QUESTION SOCIALE DANS LES SOCIÉTÉS CHRÉTIENNES

Les barbares septentrionaux ont formé ce que l'on a appelé la « chrétienté ». Les documents diplomatiques ont conservé la distinction des pays de « chrétienté » et des pays « hors chrétienté ».

a. QUESTION OUVRIÈRE. — Lorsque les plus éloquents orateurs de la « conservation » sociale, M. Paul Deschanel entre autres, démontrent que la fortune mobilière se divise et *que par suite* la question ouvrière n'a pas de raison d'être, ils laissent échapper le véritable sens de cette question.

La question ouvrière n'est pas un problème de *répartition de richesses;* mais un problème de *répartition de pouvoir.*

Elle est motivée par la *concentration des rouages industriels*, qui interdit, dans les grands ateliers de 100, 500, 1 000, 10 000 ouvriers, l'accès au rang suprême, et supprime la classe moyenne industrielle.

Partout où cette concentration est absente, la question ouvrière n'existe pas.

Au moyen âge, et pendant tout l'ancien régime du travail, l'étroitesse des débouchés défend le petit atelier. D'ailleurs la jurande a pour but de maintenir entre les maîtres une égalité relative. L'ouvrier n'est qu'un apprenti qui se perfectionne et qui prend sa subordination en patience — comme aujourd'hui la servitude militaire — parce qu'il sait qu'elle cessera. Avec la création de la manufacture sous Colbert, les deux camps patrons et ouvriers se dessinent : on voit poindre les grèves. Jusqu'alors les difficultés des régions de tissages (travaillant en vue de l'exportation) avaient consisté en querelle de marchands et de petits patrons asservis. Il y avait une nuance. Aujourd'hui encore, dans les milieux ruraux, la petite industrie se conserve dans le bâtiment, maçonnerie, charpente, serrurerie, chez le tailleur, le coiffeur, etc. Il peut se rencontrer dans ces villages des questions religieuses, politiques, ou des *imitations irraisonnées* de la grande ville, mais l'accès au patronat est aisé. Il n'y a pas de question ouvrière.

Partout où la concentration s'opère, la question ouvrière surgit.

Parcourez les mines, les forges et hauts fourneaux, les filatures et tissages, les transports. Un patron correspond à des centaines ou des milliers de sous-ordres. La lutte éclate. Les meneurs « classes-moyennes-dépossédées » prennent la tête des journaliers « loueurs de force ». Rien n'est curieux comme l'observation de ces « meneurs », qui constituent le levier nécessaire de la révolution [1]. Les croire « débauchés et ivrognes » est la plus grande erreur; le plus souvent leur prestige est fait d'honnêteté et de capacité professionnelle [2]. S'imaginer que le « gain » est leur unique préoccupation n'est pas moins inexact : la plupart des meneurs sont des ouvriers à haut salaire. « Un bon révolutionnaire, nous disait un prud'homme collectiviste, doit avoir le ventre plein. » Ils sont dans l'état d'esprit de ces sous-officiers espagnols qui se révoltaient périodiquement, parce qu'ils voyaient se fermer devant eux l'accès des hauts grades. Sous-officiers de l'armée ouvrière, en effet, l'étiquette leur appartient : sous-officiers déchus d'une indépendance ancienne, qu'ils veulent reconquérir en proclamant « leur émancipation » (le terme semble consacré), c'est-à-dire — toujours d'après leur langage — « l'autonomie » et « l'intégralité du produit fabriqué ». Leur vœu est tellement net qu'ils ne sont assagis que par le fonctionnarisme, le petit commerce, les dignités des syndicats, le directorat des associations de production, soit un degré de plus vers la dignité, beaucoup plus que vers la richesse. — Quant à la foule, aux artisans résignés (oublieux de la maîtrise des arts manuels de jadis) et aux hommes de peine et journaliers de toute sorte, elle ne s'agite violemment que sous le coup de souffrances physiques trop aiguës, qui permet à la semence des meneurs de « lever », comme en un terrain préparé.

Si vous concevez la question ouvrière comme une répartition

______

(1) Cela est tellement reconnu qu'on cherche à leur opposer aujourd'hui de « bons meneurs ».

(2) Le « meneur » est *taré,* lorsqu'il appartient à la classe bourgeoise, parce qu'il est *descendu.*

de pouvoirs, posée par la « concentration » des rouages producteurs (sans.vous soucier outre mesure de la répartition de la
richesse), il vous devient aisé de saisir tout le sens du mouvement industriel contemporain. Le véritable rôle du *machinisme*,
que l'on charge bien à tort de tous les maux, vous apparaît
avec une netteté parfaite : la *mécanique* et la *chimie* — nous
disons l'une et l'autre — ont contribué à agglomérer dans la
caserne industrielle le troupeau des travailleurs libres autour
de l'outillage, ce travailleur-esclave ; l'asservissement s'en est
accru, asservissement vis-à-vis des contremaîtres, qui présentent souvent la tournure d'esprit du commandeur des
anciennes plantations ; asservissement vis-à-vis des égaux,
parfois encore plus pénible. D'où la crise. Mais, tout en para-
chevant la sujétion, le mécanisme ne l'avait pas causée : la
manufacture à domicile, la « fabrique collective » (tissages en
chambre, ouvrières de l'aiguille, de l'article de Paris, etc., etc.)
avait déjà amené auparavant la « décapitation » des autonomies. La gradation est établie spontanément par les « asservis »
entre les deux étapes décroissantes : 1° la fabrique collective ;
2° l'usine. Pendant que les enquêteurs relèvent la dureté com-
parative de la « fabrique collective », — zone par excellence
du « sweating system » — pendant que certains publicistes
réclament la réduction obligatoire de la fabrique collective en
usines, les populations ouvrières s'y montrent plutôt attachées :
c'est bien la *liberté* qui les sollicite, puisque pour les attirer, il
suffit qu'elles en voient le fantôme.

Si vous admettez que le mal se cache dans la répartition de
la richesse, vous augmentez les salaires, vous diminuez les
heures de travail ; vous organisez l'assurance contre la maladie,
les accidents, la vieillesse — et le malaise ne cesse pas. Le
« meneur » mieux payé accroît ses « revendications » ; l'artisan
ou le journalier, plus libre de son temps, sent naître de nouveaux besoins et passe dans le camp des meneurs ; « l'assistance
légale nouvelle » (l'assurance n'est pas autre chose), calme cer-

---

(1) Congrès de la réglementation du travail, à Bruxelles (1897). Ouvrage
déjà cité du Dr E. Schwiedland. « Sweating system » veut dire « système
de la sueur ».

taines souffrances matérielles, mais ne produit pas une accalmie morale, puisque abaissant encore la petite industrie libre par des charges nouvelles, elle agrandit le fossé qu'elle devrait combler.

Il faut se représenter la Société inégale des grands patrons et de leurs ouvriers comme la Société inégale des anciens patriciens et de leurs esclaves [1] — il faut voir dans les survivants de la petite industrie (encore nombreux) les hommes libres qui avaient fait la force de Rome primitive, en constituant les réservoirs des classes supérieures.

La question ouvrière est constituée par ce fait que beaucoup d'esclaves se souviennent de leur origine libre — et qu'ils ne peuvent se reclasser parmi les hommes libres saisis de plus en plus par l'esclavage.

Vouloir la résoudre *est utopique*, parce que sa raison d'être est l'amplitude des organisations économiques, suite de l'amplitude des débouchés. Mais toute une série de débouchés dépendent de l'état moderne (travaux publiés en fournitures) et à ce titre il est possible de ne pas imprimer à la crise une acuité *artificielle*. Il est possible même de l'adoucir.

b. Question des employés. — Elle est nouvelle et par cela même plus instructive.

Mais elle n'est pas différente. L'employé est un sous-ordre qu'il s'agit de faire vivre en paix avec son chef. Il faut une analyse juridique pour distinguer les appointements du salaire.

Qui a posé cette question? La concentration des entreprises commerciales : les Grands Magasins et les Grands Bazars. Lorsque le *Bon Marché* réunit sous trois gérants 4 200 personnes, l'accès du patronat se trouve fermé; lorsque le mouvement ajoute au *Louvre*, au *Printemps*, etc., etc., les 45 fondations de la *Société des Grands Bazars et Nouvelles Galeries*, on voit se former une *Chambre syndicale des employés* acceptant *in extenso les programmes ouvriers*.

Mais, comme ici le tiers état libre (milieu entre les riches et

_____

(1) La « menace du renvoi » est souvent une sanction aussi efficace que la contrainte de jadis. La participation aux bénéfices est un mode de constitution du « pécule » de l'esclave.

les pauvres) présente une vigueur tout autre que dans l'industrie, une ligue formidable s'est organisée qui entend résoudre la « question des employés » en supprimant la nouvelle concentration des employeurs. Tel est le sens de la campagne en faveur de la réforme des patentes[1]. « Maintenir » par une sorte de prohibition fiscale, les « autonómies » commerciales contre « l'accaparement et la spéculation » ; et par suite le « stage » d'employé à ce qu'il avait continué d'être : une sorte de préambule au patronat; voilà ce que nous lisons à chaque page des brochures de la ligue de 195 000 membres et de son journal *la Revendication*. Peut-on placer plus nettement le problème sur le terrain du « *pouvoir* » ? Et d'ailleurs l'identité de haine portée aux coopératives de consommation, qui « concentrent » le rouage, tout en « pulvérisant » les dividendes, n'achève-t-elle pas de démontrer que la « question des employés » — simple prolongement de la « question ouvrière » — n'a jamais été une question de « répartition de richesses ».

c. QUESTION AGRAIRE. — On parle de la question agraire en Irlande, en Andalousie, en Sicile. Sous la Révolution française, les « jacqueries » l'ont posée sur une multitude de points du territoire français.

Depuis cent ans, on n'en parle plus en France — non plus d'ailleurs qu'en Belgique. Et, pendant que nous envions à l'Angleterre son mouvement commercial et sa « politique » d'affaires, les Anglais jalousent la stabilité sociale de notre monde agricole.

Pourquoi? C'est que la Révolution a affranchi la terre, *qu'elle l'a rendue accessible à tous*, et qu'étant donnée la coïncidence ordinaire de la propriété et de l'atelier rural[2], l'affranchissement de la terre équivaut à l'accès *possible pour tous du petit patronat rural*.

D'ailleurs, la nature du travail agricole entraîne cette conséquence, que même dans les cas extrêmes de « concentration d'entreprises » (fermes-distilleries du Nord, culture betteravière

---

(1) Voir *Jouet Parisien*, ch. IX, n° 25.

(2) Ordinaire, bien que le Nord de la France soit semé de grandes fermes composées avec le sol de dix, vingt, trente propriétaires.

de sucrerie) le personnel utilisé par le fermier (entrepreneur naturellement autonome) est peu nombreux, sans cesse *drainé par les établissements indépendants*, et souvent déjà doublé de propriétaires, pour les auxiliaires temporaires de l'été. Le métayage, nous l'avons démontré à différentes reprises, n'est qu'une forme archaïque de coopération de production, où « l'associé ouvrier, grâce à l'isolement et au défaut de surveillance, exerce la véritable maîtrise. » Partout encore, « l'autonomie[1] ».

La différence entre la concentration industrielle (ou commerciale) et la non-concentration des ateliers ruraux est marquée d'ailleurs, par la volte-face soudaine du « collectivisme » d'origine allemande. En vain, la « mise en commun du sol et des instruments de travail » — adoptée sans efforts par les ouvriers du Creusot ou de Roubaix — a été proposée au « travailleur de la terre ». Ce « remède » suppose une nature de mal qu'il ne connaît pas. Sous peine d'avortement politique et malgré les réclamations des purs disciples de Marx (notamment le très logique Kautsky), Vandervelde pour la Belgique et Jaurès pour la France ont adopté : le *néo-collectivisme*, qui « soutient par diplomatie la phase transitoire de la petite propriété ».

La chimère sociale du paysan est placée ailleurs : il rêve volontiers de l'*égalisation forcée des autonomies voisines*. Certaines révolutions lui ont donné raison (Norvège, Suisse, France), il a pu même, à l'aide des moyens anarchiques, *dépecer* les propriétés plus grandes que la sienne et *développer ainsi avec excès son autonomie* (toujours le sentiment identique). Il est « partageux » volontiers, c'est-à-dire le contraire du communiste. Qu'une crise agricole survienne, la famine, la misère, il peut avoir des sursauts ou de lents mécontentements. Mais ces agitations ne méritent plus le nom de « Question agraire » — celle de la terre libre, accessible à tous[2].

d. QUESTION DES DOMESTIQUES. —Jamais on n'y a songé sérieu-

----

(1) Ajoutez ce fait de l'émigration vers les villes, qui enlève au milieu rural les individualités les plus « remuantes », et vous aurez la raison de leur stabilité relative.

(2) La « terre » surchargée de dettes n'est pas « libre » puisqu'elle va être expropriée. De là vient que la *question agraire* se présente fréquemment sous la forme de la *question des dettes*.

sement en France, malgré les livres comme « les Domestiques d'aujourd'hui ». Elle se rencontre en Angleterre — et par ricochet dans les colonies anglaises, en Australie[1].

Le voyageur français, fort surpris, retrouve là-bas — pour les serviteurs attachés à la personne — les syndicats des sous-ordres de l'industrie et du commerce ; le tarif des salaires (ou gages) ; la limitation des heures de travail et la détermination exacte des fonctions.

Quelle est la raison de ce phénomène, pour nous anormal ?

L'impossibilité ou la difficulté pour les classes inférieures de se classer vers l'établissement indépendant.

En France, la domesticité est, pour les *plus capables*, la préparation transitoire au petit commerce (alimentation), à l'achat de la terre (domestiques des châteaux), au mariage (pour la femme)[2]. Quant aux autres, ils n'ont guère la possibilité de s'unir comme en certaines « grandes maisons » anglaises ; d'ailleurs leur *individualité* s'y oppose, et le nombre des contradicteurs les en dissuade.

Mais, au fur et à mesure de la concentration *ascendante* — bien que la mobilisation de notre sol constitue un contrepoids de garantie — le problème apparaîtra.

VIII. — L'ÉGALITÉ

(CELLE QUI DÉVELOPPE — CELLE QUI DÉTRUIT)

La mise en relief du sens contemporain de la « Question sociale » dégage la véritable signification du mot *Egalité*.

C'est la suppression de tout obstacle artificiel à la libre initiative de chacun, de telle sorte que tout individu puisse, en cas de valeur suffisante, *se classer dans l'aristocratie naturelle*.

L'*égalité* des jouissances (ou des fortunes) — cette éternelle utopie — suppose l'égalité des aptitudes. Or cette égalité des aptitudes ne peut guère se soutenir, surtout *dans une nation où quarante millions d'Européens de race blanche agran-*

---

(1) Voir *Life and Labour of the People*, par Charles Booth.

(2) Jadis les cochers de Paris s'établissaient très souvent comme « conducteurs-propriétaires » de cabriolet. La concentration des transports parisiens a fermé cette issue.

*dissent sans cesse le nombre de leurs subordonnés kabyles,
arabes, nègres, indous, chinois, polynésiens.*

L'expansion coloniale fait de la nation conquérante un groupe d'aristocrates inconscients.

D'ailleurs, les deux conceptions d'égalité absolue : *Collectivisme* et *Anarchisme* sont contradictoires.

1° Le collectivisme est surtout préoccupé de la concurrence et du moindre prix (sans observer que la coexistence de la consommation et de la production chez chacun de nous détruit l'importance du point de vue). Réformée d'après le plan collectiviste, une cité contemporaine verrait tous ses ateliers réduits à un seul par spécialité, et sa banlieue soumise à une seule régie agricole (le tout gouverné par des administrations nationales). Chaque rouage obéirait à des chefs délégués par ce pouvoir omnipotent. Jadis, en un manuscrit non encore publié, nous avons montré que cette Cité du Soleil existe : c'est l'Assistance publique de Paris, avec son magasin central, sa boucherie, sa meunerie-boulangerie, etc. Comparée à une cité égale de 35.000 âmes (Angoulême par exemple), cette ville socialiste de l'Assistance montre l'*anéantissement des autonomies*, la toute-puissance despotique des chefs, l'asservissement des subordonnés. *Il faut pour maintenir un tel ordre de choses une contrainte extérieure*, qui n'existerait pas avec le collectivisme et qui ferait bientôt disparaître la combinaison sous l'invasion étrangère.

2° Le communisme anarchiste vise l'auto-production et l'auto-consommation. Kropotkine, en décrivant l'organisation des 3 millions d'habitants du département de la Seine suivant les rites communistes, a reproduit le tableau précédent. Néanmoins il se dégage un élément nouveau : tandis que la cité collectiviste n'est qu'un compartiment de l'*État*, la commune-anarchiste est une souveraineté. C'est, en fait, le renouveau du duel entre le centralisme et le fédéralisme (avec cette nuance que le lien fédéral devient presque invisible et nullement nécessaire). La conquête étrangère se ferait un jeu d'anéantir ces républiques lilliputiennes.

L'anarchie — aussi impuissante que le collectivisme au point

de vue de la reconstitution — puise une force spéciale dans sa
théorie de la destruction universelle. Chaque grande phase de
l'humanité se termine et commence par un chaos anarchique
(fin de l'Empire romain) [1].

IX. — LE BUDGET DES ÉTATS ET L'IMPÔT

De plus en plus — chaque crise nouvelle de la politique
internationale semble le proclamer avec une force croissante
— la « richesse, c'est le pouvoir ».

Le budget d'une nation indique l'état plus ou moins satisfaisant de sa puissance *nerveuse*, de même que sa *circulation*
de produits (et de monnaies) détermine l'intensité de sa reconstitution *sanguine*. Le déficit ou autres détraquements d'équilibre constituent des « lésions ».

La familiarité que le lecteur a liée avec les budgets de
familles, d'ateliers, de maisons de commerce, de cités, de communes rurales, de provinces, etc., lui permet de juger rapidement et sans effort de ces tableaux chiffrés, où recettes et
dépenses se contre-balancent en une symétrie obligatoire. Bien
vite il s'aperçoit que ce budget national, à l'encontre du plus
petit budget d'entreprise bien portante, présente deux vices
fondamentaux — vices de netteté et de sécurité.

1° Le budget national n'est *pas réel*. Un budget réel établit
le vis-à-vis des *ressources* et des *emplois*. Ici, les « dépenses »
correspondent aux emplois. Mais les « recettes » demeurent fort
distinctes des ressources. Par un raisonnement emprunté à ces
prodigues, que la législation « interdit » depuis l'époque
romaine, la recette budgétaire est « l'ouverture du crédit » et
non « l'argent disponible ou à rentrer » — « ce que je voudrais
avoir, et non ce que j'ai réellement ». Comment résister et ne
pas remplacer les « existences » par des « signatures », exactement comme les fils de famille ? Situation du « Trésor » d'une
part, dépenses nécessitées par chaque compartiment des administrations nationales, d'autre part, voilà la structure véritable

---

(1) Le français individualiste éprouve presque toujours une tendance à
l'anarchie et une répulsion pour le collectivisme.

d'un budget qui voudrait imiter la loyale et prudente clarté du premier venu des bilans commerciaux ou industriels.

2° A supposer que le budget national soit *réel*, il ne constitue qu'un « ordre » des représentants du pays. Cet ordre se transformera-t-il en « acte » par une exécution fidèle? C'est la question du *contrôle*, et il est évident qu'à l'heure actuelle le défaut de contrôle ouvre la fissure par laquelle s'écouleraient sans fin les ressources les plus « liquides ». Avons-nous oublié que le ministre des finances de l'ancienne Monarchie portait le titre de *Contrôleur général*[1]? Est-il si difficile de transposer dans les finances publiques les admirables contrôles des grandes organisations économiques modernes, *Bon Marché* ou *Crédit Lyonnais*, basés sur la responsabilité personnelle et l'*opposition des intérêts*.

Mais ces tares, appelées cependant fondamentales, disparaissent devant une erreur plus grave, qui pénètre jusqu'à la moelle toutes nos discussions budgétaires, comme la vie publique du pays tout entier. Cette erreur, qui réapparaît presque fatalement à l'agonie des nations, ainsi que le prouve l'histoire des *décurions* de l'Empire romain, est la *déviation de l'idée de l'impôt*.

Le vieil édifice fiscal, dessiné par les Assemblées de la Révolution et achevé par les administrations du Premier Empire, ne répond plus aux besoins de celui qui l'habite... La vie nationale y a changé, un peu comme la vie privée dans les palais de Venise, qui furent bâtis pour des doges et où maintenant des usines sont installées. Une oscillation lente a déplacé depuis cent ans les sources de richesse ; la terre qui, pendant les deux premiers tiers du siècle, haussait parfois de toute sa valeur à chaque génération, s'est épuisée financièrement par l'extension des transports et le contact des pays neufs ; la grande industrie a partiellement absorbé la moyenne et la petite ; le grand commerce s'est accru des ruines du moyen et du petit commerce ; la fortune mobilière démesurément grossie, d'une sou-

---

(1) Certains États centralisent toute la comptabilité en un ministère distinct. Dans chaque ministère la « Comptabilité » est donc l'agence du contrôle, la délégation du « régulateur » suprême.

plesse qui défie les évaluations et les « indices », répandue sur la surface du monde et insaisissable pour le législateur de son « point d'attache », donne le spectacle de « grands riches internationaux » qui sont loin d'atteindre le niveau de leur part contributive. Et cependant, les charges augmentent : la « paix armée » accumule les dettes nouvelles sur le legs des défaites passées ou des victoires coûteuses ; les expéditions coloniales préparent l'avenir par des embarras présents, et la destruction même des activités économiques moyennes provoque l'engorgement du fonctionnarisme, qu'accroît encore les divisions religieuses par la dualité de deux administrations de l'instruction publique : l'une libre, l'autre soumise à l'État.

Il faut refondre le système entier, s'écrie chacun, désaffecter à la fois et reconstruire. Mais dans quel sens ? C'est alors que les partis opposés acclament, l'un l'impôt sur le revenu progressif et inquisitorial, l'autre ce que parfois il ose appeler « l'impôt sur la richesse acquise ».

Qu'il nous suffise de rappeler la notion fondamentale de l'impôt, en laissant le champ libre aux combinaisons et adaptations nouvelles. *L'impôt est une part du produit (annuel). L'impôt est le gage matériel qui cimente l'union entre citoyens d'une nation.*

1° L'impôt est une part du produit. — La complication d'une feuille d'impôt ne doit pas faire perdre de vue l'élément permanent du « don volontaire » qui s'est assez vite transformé pour tous en « tribut imposé ».

Prenez une petite circonscription féodale du moyen âge où spontanément s'organisèrent la « dîme » et le « champart » — deux impôts perçus en nature. Chaque année les communautés paysannes recueillent les froments, seigles, avoines, le croît des bestiaux, la laine, le chanvre ; tel est le produit annuel. Mais deux individualités ne peuvent se suffire à elles-mêmes, parce que la nécessité sociale tourne leur activité loin du travail de la terre : le prêtre, le seigneur. Sans le premier, les colères et les châtiments du principe souverain de toutes choses viendrait anéantir récoltes et troupeaux. Sans le second, gardien héréditaire des forêts et pâturages communs,

l'ennemi aurait bientôt multiplié les incendies et les massacres. *L'un et l'autre produisent, puisqu'ils constituent des
conditions nécessaires de la production.* Une part de la production annuelle leur revient donc : un dixième, un onzième,
suivant l'usage.

L'État moderne est le successeur du seigneur féodal, et il a
transformé le prêtre en un rentier « au nom du peuple ». Peu
importe, l'essence de l'impôt n'a pas été touchée.

Supposez, pour continuer la comparaison précédente, que le
tant p. 100 soit basé sur les semences ou sur les mères des
troupeaux ; c'est l'impôt sur le *capital*, sur l'instrument de la
production future. La nation marchera à sa ruine; il ne faut
pas tuer la poule aux œufs d'or. — Tout impôt qui a une tendance à se confondre avec l'impôt sur le capital devient la
forme fiscale de la saignée lente.

L'impôt est donc une part du produit. Sa difficulté contemporaine d'établissement dérive des formes compliquées de la
production. L'ampleur des détails déroute le législateur; les
plus grosses pièces passent à travers les mailles du filet
devenu trop large. L'art suprême consisterait d'ailleurs à *stimu-
ler cette production en la frappant.* On connaît la « guelte »
des vendeurs, la remise graduée d'après le succès... Il faudrait
atteindre quelque chose d'analogue : l'impôt *prime d'atelier.*

2° L'impôt est le ciment de l'union nationale. — Ainsi la coti-
sation est la matérialisation du lien moral entre mutualistes,
syndiqués ou coopérateurs.

Si l'on admet un seul instant la notion de l'impôt - procédé pour égaliser les fortunes, de l'impôt-guillotine fiscale, le
gage d'union devient un instrument de discorde et de séparation. L'état social des villages corses où le parti vainqueur
essaie d'imposer au parti vaincu la presque totalité des charges
publiques, ne peut pas être proposé comme un exemple de
grandeur. La guerre de famille à famille est cependant préfé-
rable à la guerre des riches et des pauvres — crise dernière des
civilisations — que les projets actuels attisent sciemment et
inconsciemment.

La théorie de la destruction systématique des riches équivaut à l'amputation volontaire de la nation par elle-même. Il est bon de savoir où va porter le couteau. Sur les étrangers riches ? L'impôt qu'ils paient, c'est leur dépense : ils vous apportent en tribut une part de la production du dehors. S'ils s'enfuient ou se restreignent, c'est une recette qui vous échappe. — Sur les nationaux riches? Pourquoi la qualité de citoyen correspondrait-elle pour eux à une déchéance? Les mêmes représailles sont à craindre; sans parler de la « dénationalisation » du goût par le « snobisme », puisqu'il faut des riches de « civilisation » française pour maintenir cette « civilisation » française et l'enchaînement de sa production. — S'agit-il, non plus seulement des détenteurs de fortunes acquises, mais des chefs d'organisations économiques, du grand commerce et de la grande industrie? On sait avec quelle facilité ces rouages se transplantent, et on n'ignore pas leur aptitude à rejeter sur les sousordres les impôts exorbitants.

De toutes parts, l'issue est la même : « Réduire tous les citoyens à trois mille livres de rente » n'est qu'en apparence la thèse du triomphe des pauvres. En réalité, c'est le triomphe de la *pauvreté générale*, de l'*anémie nationale* — autrement dit la conquête par les nations, moins éprises des visées théoriques, plus unies et mieux commandées.

CONCLUSION

LA CARTE D'ÉTAT-MAJOR DE LA FRANCE AU POINT DE VUE ÉCONO-
MIQUE ET SOCIAL ; LA CARTE D'ÉTAT-MAJOR *COMMERCIALE* DES
DIVERS PAYS.

Un livre empirique ne doit pas se borner à hausser la science
générale[1]. L'économie nationale du pays doit en profiter.

« Le commerce (au sens vaste du mot qui comprend com-

(1) Le lecteur remarquera le soin avec lequel nous avons écarté les
applications des « procédés d'enquête » aux études historiques. Le chapitre II de la première partie a nettement tranché à cet égard la différence
d'orientation, qui sépare l'école allemande et l'école française.

Cependant, nous demeurons convaincu que l'observation des peuples
contemporains, qui *reproduisent à l'état vivant les différentes étapes des
civilisations*, formera le point de départ d'un nouvel essor des sciences
historiques. Si le passé éclaire le présent, le présent révèle le passé.
Cuvier ne serait jamais arrivé aux reconstitutions des ossatures préhisto-
riques, s'il ne s'était lui-même imprégné de la vision des liaisons nécessaires
des os, en étudiant les espèces contemporaines. Il en est de même pour
l'anatomie des nations, si l'on nous permet cette métaphore un peu
démodée.

Il faut retourner au « Désert », en « Galilée », à Jérusalem, pour se
pénétrer du sens de la Bible et des Évangiles. Un voyage dans l'Inde, au
Japon, en Chine, fait défiler devant nous la religion des ancêtres, les
« familles patriarcales », les superpositions de peuples, en un mot les
éléments cachés de l'histoire de la Grèce et de Rome. La psychologie des
paysans russes, si profondement chrétiens, illumine bien des obscurités
des « âmes françaises » aux XIIe et XIIIe siècles.

Le principe une fois posé, rien n'est plus facile que d'appliquer les
divisions et les cadres des « Enquêtes ».

La « Cité Moderne » devient la Cité antique, ou simplement celle du
moyen âge, Florence, Gênes, Venise, par exemple. Monographies de
métier (atelier et famille), monographies de marché et de rouage public
s'y succèdent tout naturellement.

La « Région rurale » n'offre pas plus de difficulté ; plaines de la Russie
ou campagnes chinoises. Monographies de « pays » (ateliers et familles) ;
monographies de marché et de rouage public y ont encore leur place
marquée.

Mais deux difficultés nouvelles se présentent : 1º la critique des sources ;

merce, industrie, agriculture) est une guerre silencieuse. »
L'exactitude du proverbe anglais commence à nous frapper.

Mais pourquoi dès lors combattre en individualités dissé-
minées, comme les peuplades primitives et ne pas organiser la
« guerre » à la moderne ?

Il nous faudrait, comme au temps de Colbert — qui fut le
symétrique de Louvois — un « grand état-major » commercial, un grand état-major centralisant les renseignements,
construisant les « cartes économiques et sociales » de France
et d'étranger, pour en faire le point de départ de manœuvres
raisonnées et d'une stratégie d'ensemble.

L'*Office du commerce*, qui s'installe luxueusement rue
Feydeau, sous le double patronage de l'État et de la Chambre
de commerce de Paris, sera-t-il ce « grand état-major » ? Il ne
nous est pas permis de le savoir encore.

Nous pouvons cependant affirmer que son « service des
cartes et des renseignements » est à peu de chose près contenu
dans le présent livre. La « géographie commerciale » officielle
y trouvera ses instruments les plus rapides et les plus exacts,
pour tracer la topographie d'un coin de la France continentale,
d'une colonie, d'une région étrangère — pays ancien ou pays
neuf. Le futur personnel pourra s'y dégager des abstractions
du livre et acquérir le *sens* de la « formation empirique » de
l'esprit, ce qui n'est pas toutefois la même chose que cette formation elle-même. On peut lire pendant toute sa vie un traité
de gymnastique, sans savoir exécuter un rétablissement.

2º le « choix du moment » historique, puisqu'il s'agit non plus du *présent*, mais d'une longue suite de moments passés.

1º La critique est fournie : *a*, pour les documents écrits, par l'École des
Chartes ; *b*, pour les « fouilles sur place » par les Écoles d'archéologie ;

2º On doit choisir dans une évolution historique *trois* moments successifs : moment du début — moment de la phase culminante — moment
de la fin. Par exemple : pour l'histoire du meuble à Paris ; le moyen âge,
le xvii° siècle, la veille de la Révolution (*Ébénistes*, ch. 1er) ; ou pour
l'histoire du « Parquet de la Marée », le règne de saint Louis, la reconstitution du Premier Empire, l'époque actuelle (*Halles Centrales*, ch. iii).

Le *sens de la vie* impose trois descriptions *concrètes*, dont les transformations intermédiaires se devinent. L'isolement d'un détail à travers les
âges empêche de suivre les rapports de ce détail avec le « milieu ambiant »
(à moins de ne survenir qu'*après* les descriptions synthétiques).

Quant à la « stratégie » sur les cartes une fois terminées, c'est une tâche différente. L'*art* et l'instinct se substituent ici à la science et au savoir. Apercevoir le point du sol national où une industrie doit être transplantée ; établir la correspondance entre telle colonie et telle classe de la population ; annexer telle nation étrangère à l'industrie et au commerce français, s'en faire le tuteur, écarter les rivaux moins habiles ; savoir utiliser les impôts intérieurs, les tarifs de chemin de fer, l'hygiène, les tarifs de douane, les traités pour la garantie et la *marche en avant* de l'économie nationale — choisir enfin les hommes nécessaire et les mettre en leur place, tout cela est affaire de connaissances profondes, d'informations constantes, de souplesse infinie. C'est une illusion que de vouloir codifier la « politique commerciale », pas plus que la politique.

Et cependant l'énumération des moyens employés, avec l'exact exposé de la situation où ces moyens furent employés, pourrait constituer un « Manuel » nouveau, — un manuel secret comme les traditions techniques des anciens métiers, et destiné à une élite. L'auteur devrait avoir été lui aussi secrétaire de Florence et l'ouvrage formerait la « suite », très modernisée du *Prince*, de Machiavel.

APPENDICE I

LA MONOGRAPHIE D'ATELIER

D'après le cadre de M. E. Cheysson [1].

I. — ORGANISATION COMMERCIALE

Généralités sur la région :
Les lieux, le sol, l'air et les eaux.
Population. — Données monographiques et ethnographiques.
Répartition professionnelle des habitants.
Réseau des voies de communication. — Cartes.

Généralités sur l'industrie :
Importance de cette industrie. — Sa distribution géographique.
    — Son histoire, son acclimatation dans la contrée, ses phases
    principales;
Ses procédés, ses transformations;
Ses tendances et son avenir. — Ses crises, leurs causes, leur
    intensité et leur durée.
Législation douanière et fiscale, ses conséquences.
Desiderata de cette industrie. -- Symptômes de déclin ou de
    prospérité.

Organisation financière :
Fondation de l'atelier, sa forme légale. — Constitution et impor-
    tance de son capital. — Résultats financiers des divers exer-
    cices.

Organisation commerciale :
Approvisionnement des matières premières. — Voies suivies;
    moyens de transport adoptés. — Prix aux lieux d'achat et à
    l'usine.
Débouchés. — Leur rayon d'action; leur modification par suite
    de celle des transports. La lutte avec les producteurs similaires
    du pays et de l'étranger. Les moyens employés pour conserver

(1) *Réforme sociale*, du 15 mai 1887.

les anciens débouchés et en conquérir de nouveaux (corres-
pondants, voyageurs, syndicats, dépôts, comptoirs).
Prix de vente, avec leur fluctuation et leur crise. — Syndicats
contre la surproduction.
Importance des affaires depuis un certain nombre d'années.

II. — ORGANISATION DU TRAVAIL

Divisions principales de l'atelier :
Services. — Comptoirs. — Rayons. — Rapports de ces divisions entre elles et avec la direction. — Comptabilité économique.

Recrutement et répartition du personnel :
Origine des ouvriers. — Leurs aptitudes physiques et profes-
sionnelles.
Cadres. — Équipes. — Leur constitution.

Salaires :
Mode de fixation des salaires : à la journée, à la tâche, marchan-
dages ; primes et gratifications ; participation aux bénéfices. —
Formules de ces divers modes.
Taux des salaires par catégorie : leurs fluctuations.
Périodicité des payes. — Payement en argent, en nature.

Durée du travail :
Durée — légale — en fait ; ses modifications successives. — Jours
fériés.

Institutions créées en faveur des ouvriers :
a. Par l'État : Caisses d'assurance : leur mécanisme et leurs
effets réels, mesurés par leur application pratique dans les
familles ouvrières.
b. Par les ouvriers eux-mêmes : Associations coopératives, leur
organisation et leurs résultats. — Part de l'intervention des
patrons. — Sociétés de secours mutuels. — Associations
syndicales. — *Trade-Unions.* — Caisses de résistance. —
Corporations.
c. Par les patrons : Caisses de secours de diverses sortes ; organisation et résultats. — Économats pour la vente des denrées. — Cantines. — Maisons ouvrières : description, loyers,
combinaisons adoptées. — Écoles. — Hôpitaux. — Services
médicaux et pharmaceutiques. — Chauffage. — Allocations
pour femmes en couches. — Droits d'usage et subventions
diverses.

Habitudes générales de la famille ouvrière [1] :

Habitation. — Tenue du logement. — Les ouvriers sont-ils locataires ou propriétaires? — Loyers, taux et mode de paiement.

Nourriture. — Cabarets. — Consommation des boissons alcooliques. — Mesures prises contre l'alcoolisme.

Situation de la femme et de l'enfant. — La femme reste-t-elle au foyer? Industries domestiques qu'elle exerce ; leur profit. — Si elle est ouvrière, quelles sont les mesures prises par les patrons et par les lois pour la protéger? — Même question pour les enfants. — Moralité. — Socialité de la famille. — Natalité légitime et illégitime.

Mortalité des ouvriers ; accidents. — Maladies professionnelles. — Influence de la profession sur la longévité.

Épargnes : dans les caisses publiques, dans celles du patron, en immeubles. — Situation des vieillards. — Prévoyance ou imprévoyance.

Division du travail. — L'ouvrier s'adonne-t-il par moments à des industries domestiques, à des travaux agricoles? — Possède-t-il un champ, un jardin? Récréations principales.

Rapports entre le capital et le travail :

Durée du séjour dans l'atelier. — Classer les ouvriers d'après cette durée (de 0 à 6 mois ; 6 mois à 1 an ; 1 an à 2 ; 2 à 5 ; 5 à 10 ; 10 à 20 ; 20 et au-dessus.) — Mesures prises pour encourager et récompenser cette ancienneté.

Chômages. — Mortes-saisons : leur importance ; leur périodicité et leurs effets. — Émigrations périodiques.

Grèves : leur histoire ; leurs causes ; leurs effets.

Situation de la famille ouvrière : au point de vue de la stabilité, du bien-être et de l'harmonie avec les patrons.

---

(1) Pour éclairer ce chapitre, ajoute l'auteur en note, il serait très utile de dresser, parallèlement à la monographie d'atelier, une monographie de famille sur un « type » bien choisi.

SOURCES DES RECETTES	ÉVALUATION approximative des sources de recettes.
	VALEUR des propriétés.
	fr.
SECTION Ire	

Propriétés possédées par la famille.

Art. 1er. — Propriétés immobilières.

(La famille ne possède aucune propriété immobilière.)	»

Art. 2. — Valeurs mobilières

Matériel spécial des travaux et industries :	
Pour les travaux de la mine (le matériel est fourni presque en entier par la société ouvrière)	4,00
— la culture du jardin	5,50
— la couture.	3,50
— le blanchissage du linge	5,00
Titres et valeurs :	
1 action de la mine aux mineurs de Monthieux, valeur nominale.	100,00
1 action de la coopérative de Monthieux	50,00
Argent :	
(La famille ne possède même pas de fonds de roulement.)	

Art. 3. — Droit aux allocations de sociétés d'assurances mutuelles

Avant juillet 1895 assurance libre contre les accidents; depuis juillet 1895 assurance obligatoire contre les accidents, la maladie et la vieillesse (loi Audiffred) [§ 13].

Valeur totale des propriétés.	167,00

SECTION II

Subventions reçues par la famille.

Art. 1er. — Propriétés reçues en usufruit

(La famille ne reçoit aucune propriété en usufruit.)

Art. 2. — Droits d'usage sur les propriétés voisines

Droit de cueillir des airelles dans la montagne . . . .

Art. 3. — Allocations d'objets et de services

Allocation concernant le chauffage par la société ouvrière. . . . .
Allocation concernant l'instruction par la ville. . . . .
Allocation concernant l'hygiène et le service de santé par le bureau de bienfaisance . . . .

RECETTES	MONTANT DES RECETTES	
	Valeur des objets reçus en nature.	Recettes en argent.
	fr.	fr.
SECTION Ire		

Revenus des propriétés.

Art. 1er. — Revenus des propriétés immobilières

(La famille ne jouit d'aucun revenu de ce genre.)

Art. 2. — Revenus des valeurs mobilières

Intérêt (5 p. 100) de la valeur de ce matériel	»	0,20
Aucun intérêt ne peut être attribué à ce matériel. (§ 14, section IV.)	»	»
— —	»	»
— —	»	»
Aucun intérêt ne peut être attribué à cette valeur	»	»

Art. 3. — Allocations des sociétés d'assurances mutuelles

Allocation en cas d'accident, maladie ou vieillesse supposée égale au prélèvement opéré sur le salaire et comme telle omise en recette et en dépense (§ 15, section V)	»	»
Totaux des revenus d propriétés	»	0,20

SECTION II

Produit des subventions.

Art. 1er. — Produits des propriétés reçues en usufruit

(La famille ne jouit d'aucun produit de ce genre.)

Art. 2. — Produits des droits d'usage

Airelles cueillies dans la montagne.	5	»

Art. 3. — Objets et services alloués

Charbon et bois.	54	»
Instruction et fournitures classiques pour les 3 filles	72	»
Visites de médecin, médicaments et trousseau du nouveau-né.	28	»
Total des produits des subventions	159	»

§ 14. — BUDGET DES RECETTES DE L'ANNÉE (*suite*).

SOURCES DES RECETTES (*suite*).

DÉSIGNATION DES TRAVAUX ET DE L'EMPLOI DU TEMPS	QUANTITÉ DE TRAVAIL effectué.		
	Père.	Mère.	Fils aîné.
	Journées.	Journées.	Journées.
SECTION III — **Travaux exécutés par la famille.**			
Travail principal de l'ouvrier :			
Travail du fond de la mine comme piqueur	228	»	».
Travail principal de l'ouvrière :			
Soins du ménage, soins des enfants, raccommodage, lavage, etc.	»	250	»
Travail principal du fils aîné :			
Travail de la mine.			
À la surface	»	»	194 1/2
Au fond	»	»	71
Travaux secondaires :			
Culture du jardin	4	»	»
Travaux de couture et de blanchissage du linge et des vêtements	»	42	»
Totaux des journées de tous les membres de la famille	232	292	265 1/2

SECTION IV

Industries entreprises par la famille

(à son propre compte).

Culture du jardin (elle ne peut donner lieu à un compte spécial, elle n'est commencée que depuis six mois . . . .

La confection des vêtements des enfants par la femme est plutôt du raccommodage que de la couture proprement dite; le blanchissage est sommaire.

PRIX DES SALAIRES journaliers.			RECETTES (*suite*).	MONTANT des recettes.	
Père.	Mère.	Fils aîné.		Valeur des objets reçus en nature.	Recettes en argent.
fr.	fr.	fr.		fr.	fr.
			SECTION III — **Salaires.**		
6,25	»	»	Salaire attribué à ce travail (déduction faite de l'intérêt du matériel.)	»	1 424,80
»	»	»	(Aucun salaire ne peut être attribué à ce travail.)	»	»
»	»	2,25	Salaire total attribué à ce travail	»	437,55
»	»	3,09	— — —	»	262,50
»	»	»	Aucun salaire ne peut être attribué à ce travail (§ 14, section IV).	»	»
»	»	»	Aucun salaire ne peut être attribué à ce travail.	»	»
			Totaux des salaires de la famille	»	2.124,85
			SECTION IV — **Bénéfices des industries.**		
			Le bénéfice de cette industrie ne peut encore être calculé.	»	»
			(Il n'a pas été possible de dresser un compte spécial de ces travaux.)	»	»
			Totaux des bénéfices résultant des industries	»	»
			Totaux des recettes de l'année (balançant les dépenses) . . (2 284 fr. 05).	159,00	2 125,05

§ 15. — BUDGET DES DÉPENSES DE L'ANNÉE

DÉSIGNATION DES DÉPENSES	POIDS ET PRIX DES ALIMENTS		MONTANT DES DÉPENSES	
	Poids consommé	Prix par kilog.	Valeur des objets consommés en nature.	Dépenses en argent.
	kil.	fr.	fr.	fr.
SECTION Iʳᵉ				
Dépenses concernant la nourriture.				
Art. 1ᵉʳ. — Aliments consommés dans le ménage (Par les 7 personnes composant le ménage (§ 2) pendant 365 jours.)				
Céréales :				
Pain de froment (couronnes de 2 kil.).	1 150,0	0,32	»	368,00
Vermicelle	12,0	0,80	»	9,60
Riz	12,0	0,60	»	7,20
Poids total et prix moyen	1 174,0	0,33		
Corps gras :				
Beurre	30,0	2,60	»	78,00
Lard	50.0	1,70	»	85,00
Huile	12,0	1,20	»	14,40
Poids total et prix moyen	92,0	1,93		
Laitage et œufs :				
Lait	270,0	0,20	»	54,00
Fromages : gex, 20 kil. à 1 fr. 70, 34 fr.; forme (fromage du pays), 10 kil. à 2 fr., 20 fr.; gruyère, 10 kil. à 2 fr., 20 fr.	40,0	1,85	»	74,00
Œufs, 10 douzaines	7,5	0,93	»	7,00
Poids total et prix moyen.	317,5	0,42		
Viandes et poissons :				
Viande (morceaux inférieurs) : bœuf, 60 kil. à 1 fr. 40; veau, 35 kil. à 1 fr. 70; mouton (assez souvent tête), 50 kil. à 0 fr. 52.	145,0	1,17	»	169,50
Lapins	5,6	1,60	»	9,00
Volailles : 1 oie pour la fête de la Sainte-Barbe (patronne des mineurs	3,5	1,60	»	5,60
Poids total et prix moyen	154,1	1,19		
A reporter.	. . . .	. . . .	. . . .	881,30

§ 15. — BUDGET DES DÉPENSES DE L'ANNÉE (*suite*).

DÉSIGNATION DES DÉPENSES (*suite*).	POIDS ET PRIX DES ALIMENTS		MONTANT DES DÉPENSES	
	Poids consommé	Prix par kilog.	Valeur des objets consommés en nature.	Dépenses en argent
	kil.	fr.	fr.	fr.
SECTION Ire — **Dépenses concernant la nourriture** (*suite*).				
A<small>RT</small>. 1er. — A<small>LIMENTS CONSOMMÉS DANS LE MÉNAGE</small> (*suite*).				
Report	. . .	. . .	. . .	881,30
Légumes et fruits :				
Tubercules : pommes de terre : en gros 5 « boges » (100 kil.) à 3 fr., 15 fr. ; au détail 100 kil. à 8 fr. .	600,0	0,03	»	23,00
Légumes farineux secs : haricots'.	24,0	0,30	»	7,20
Légumes verts à cuire : choux.	80,0	0,17	»	14,00
Légumes racines : carottes 120 kil. à 0 fr. 20, 24 fr. raves, 24 kil. à 0 fr. 10, 2 fr. 40; poireaux 27 kil. à 0 fr. 15, 4 fr. 05	171,0	0,17	»	30,45
Légumes épices : oignons 60 lit. à 0 fr. 20, 12 fr.; ail 0 kil. 500 à 1 fr. 50, 0 fr. 75 ; persil, cerfeuil (pour mémoire).	60,5	0,21	»	12,75
Salades : pissenlit, cresson, romaine	10,0	0,30	»	3,00
Châtaignes	12,0	0,25	»	3,00
Fruits : raisins, fraises, 15 kil. à 0 fr. 20, 3 fr. . . .	15,0	0,20	»	3,00
Airelles	30,0	0,20	5,00	1,00
Poids total et prix moyen	1 002,5	0,10		
Condiments et stimulants :				
Sel.	26,0	0,20	»	5,20
Épices : poivre	0,5	4.00	»	2,00
Vinaigre pour salade et cuisine.	6,0	0,50	»	3,00
Chocolat	1,0	3,60	»	3,60
Boisson aromatique : café	6,0	6,00	»	36,00
Sucre blanc	52,0	1,20	»	62,40
Poids total et prix moyen	91,5	1,22		
Boissons fermentées :				
Vin acheté surtout à la « Coopérative » par bonbonnes de 20 litres (en dehors de l'octroi)	1 460,0	0,30	»	438,00
A<small>RT</small>. 2. — A<small>LIMENTS PRÉPARÉS ET CONSOMMÉS EN DEHORS DU MÉNAGE</small>				
Le mineur et le fils aîné « emportent » leur déjeuner (voir pour les autres consommations énoncées la section IV).				
Totaux des dépenses concernant la nourriture.			5,00	1 528,00

§ 15. — BUDGET DES DÉPENSES DE L'ANNÉE (*suite*).

DÉSIGNATION DES DÉPENSES (*suite*).	MONTANT DES DÉPENSES	
	Valeur des objets consommés en nature.	Dépenses en argent.
	fr.	fr.
SECTION II		
Dépenses concernant l'habitation.		
Logement :		
Loyer d'une partie de maison isolée composée de deux petites pièces, d'une cave et d'un jardin de 60 centiares.	»	80,00
Mobilier :		
Réparation du mobilier et achat d'ustensiles divers	»	12,00
Chauffage :		
Charbon de terre, 4 000 kil. à 11 fr. 50 la tonne, plus 2 fr. de transport ; bois provenant des boisages et destiné à « éclairer le charbon », 400 kil. à 2 fr. les 100 kil., 8 fr..	54,00	»
Éclairage (pour l'habitation) :		
Pétrole, 29 litres à 0 fr. 50	»	14,50
Allumettes.	»	3,50
Totaux des dépenses concernant l'habitation . .	54,00	110,00
SECTION III		
Dépenses concernant les vêtements.		
Vêtements :		
Vêtements de l'ouvrier	»	56,71
— de l'ouvrière.	»	31,70
— du fils aîné	»	33,35
— des trois fillettes.	»	28,80
— du petit garçon	8,00	»
— communs.	»	8,55
Blanchissage :		
Blanchissage et repassage du linge : savon 12 kil. à 1 fr. (sert également aux soins de propreté).	»	12,00
Raccommodage, fil, aiguilles, etc.	»	5.00
Totaux des dépenses concernant les vêtements .	8,00	176,20
SECTION IV		
Dépenses concernant les besoins moraux, les récréations et le service de santé.		
Culte :		
Le service du culte ne donne lieu à aucune dépense (le baptême de l'enfant n'a entraîné aucun frais)	»	»

§ 15. — BUDGET DES DÉPENSES DE L'ANNÉE (*suite*).

DÉSIGNATION DES DÉPENSES (*suite*).	MONTANT DES DÉPENSES	
	Valeur des objets consommés en nature.	Dépenses en argent.
	fr.	fr.
SECTION IV (*suite*).		
Dépenses concernant les besoins moraux, les récréations et le service de santé (*suite*).		
Achat de livres et de journaux :		
Plumes, encre, papier, timbres, 3 fr.; journaux locaux, 10 fr. 50. . .	»	13,50
Instruction des enfants :		
Enseignement à l'école communale, 60 fr.; fournitures, 12 fr.	72,00	»
Récréations et solennités :		
Tabac du père (tabac à fumer, à chiquer et à priser), 73 fr.; tabac du fils, 17 fr. 05 ; pièces au fils, 36 fr.; consommation de vin aux jours de paie (très peu d'alcool), 70 fr.	»	196.05
Service de santé :		
Soins de propreté (achat de savon compris dans les frais de blanchissage)	»	»
Médicaments et médecin demandés au bureau de bienfaisance.	20,00	»
Totaux des dépenses concernant les besoins moraux, les récréations et le service de santé.	92,00	209,55
SECTION V		
Dépenses concernant les industries, les dettes, les impôts et les assurances.		
Dépenses concernant les industries :		
(L'entretien du matériel incombe à la société ouvrière.) Fourniture de l'huile de la lampe du mineur et du fils aîné, pendant la « journée au fond », 62 litres à 0 fr. 75.	»	46,50
Intérêt des dettes :		
La famille a un arriéré assez considérable, impossible à évaluer, mais elle ne paie aucun intérêt.	»	»
Impôts :		
La famille ne supporte aucun impôt	»	»
Assurances concourant à garantir le bien-être physique et moral de la famille :		
Chaque année, sur le salaire brut est prélevée la « caisse » ou retenue pour les accidents : 28 fr. 50 pour le père, 28 fr. 20 pour le fils, soit 56 fr. 70 somme supposée remboursée par les allocations éventuelles et comme telle omise en recettes et en dépenses (§ 14, section I).	»	»
Total des dépenses concernant les industries, les dettes, les impôts et les assurances.	»	46,50
Épargne de l'année. (Épargne apparente, par suite de 200 fr. de salaire non payés et portés en compte.).	»	53,90
Totaux des dépenses de l'année (balançant les recettes) . (2 284 fr. 05)	159,00	2 125,05

§ 16.

COMPTES ANNEXÉS AUX BUDGETS

SECTION I

Comptes des bénéfices.

RÉSULTANT DES INDUSTRIES ENTREPRISES PAR LA FAMILLE
(à son propre compte).

La culture du jardin, le blanchissage et la confection de vêtements seuls, industries au compte de la famille, n'ont pu faire l'objet d'un compte spécial (§ 14, section IV).

SECTION II

Comptes relatifs aux subventions.

Ces comptes donnant lieu à des opérations très simples ont été établis dans le budget lui-même.

SECTION III **Comptes divers.**	PRIX d'achat. fr.	DURÉE	DÉPENSE annuelle. fr.
A. — COMPTE DE LA DÉPENSE ANNUELLE CONCERNANT LES VÊTEMENTS ACHETÉS			
ART. 1er. — VÊTEMENTS DE L'OUVRIER			
Vêtements du dimanche :			
1 complet veston bleuté (laine et coton).	35,00	2 ans.	17,50
1 chapeau noir à grands bords	3,50	1	3,50
1 tricot de laine.	40,00	12	3,33
1 paire de souliers.	15,00	1	15.00
Vêtements de travail :			
1 veste en toile	2,75	1 1/2	1,82
2 pantalons de toile.	4,50	1	4,50
1 courroie de cuir	0,95		0,31
2 chemises de coton de couleur.	4.00	1	4,00
1 cravate coton	0,50	1	0,50
2 calottes en coton pour la tête.	0,50	1	0,50
1 chapeau de paille	1,25	1	1,25
3 paires de sabots.	2,10	1	2,10
6 mouchoirs	2,40	1	2,40
Totaux	112,45		56,71

A. — COMPTE DE LA DÉPENSE ANNUELLE CONCERNANT LES VÊTEMENTS ACHETÉS (*suite*).	PRIX d'achat.	DURÉE	DÉPENSE annuelle.
	fr.		fr.
ART. 2. — VÊTEMENTS DE L'OUVRIÈRE			
1 robe (brune)	15,00	5 ans.	3,00
2 jupons coton	7,00	2	3,50
3 camisoles coton	7,50	1 1/2	5,00
3 tabliers coton	3,00	1	3,00
4 chemises coton	6,00	1 1/2	4,00
1 brassière tenant lieu de corset	1,50	2	0,75
2 foulards	1,00	1	1,00
1 fichu de laine	4,00	2	2,00
1 chapeau de paille	1.40	1	1,40
1 paire de souliers	10,00	4	2,50
1 paire de sabots	1,75	1	1,75
1 paire de bas de laine (seulement de laine)	2,30	1	2,30
1 paire de pantoufles	1,50	1	1,50
Totaux	61,95		31,70
ART. 3. — VÊTEMENTS DU FILS AÎNÉ			
1 veste	7,00	2	3,50
1 gilet	3,50	1	3,50
1 pantalon	5,00	1	5,00
1 courroie	0,75	1	0,75
3 chemises en coton	5,40	1	5,40
1 tricot de laine	10,00	4	2,50
1 casquette	1,50	1	1,50
1 chapeau	3.60	2	1,80
1 paire de souliers	14,00	2	7,00
1 paire de sabots	2,40	1	2,40
Totaux	53,15		33,35
ART. 4. — VÊTEMENTS DES FILLETTES (pour chacune).			
Étoffe de robe de coton	3.00	1 1/2	2,00
Étoffe pour tablier	2,00	1	2,00
Toile pour chemises	0,50	1	0,50
1 chapeau	0.50	1	0,50
1 mouchoir de laine	0,50	1	0,50
Laine pour bas	2,30	1	1,53
1 paire de bottines	4,00	2 1/2	2,00
1 paire de sabots	0,60	1	0,60
Totaux	13.40		9,63
ART. 5. — VÊTEMENTS DU PETIT GARÇON (Fournis par le bureau de bienfaisance.)			
ART. 6. — VÊTEMENTS COMMUNS			
Mouchoirs 12	6.00	2	3.00
Chaussettes (pour le père et le fils) 6 paires à 0 fr. 80	4,80	1	4,80
1 parapluie	0,75	1	0,75
Totaux	11,55		8,55

B. — COMPTE DES SALAIRES (1er juillet 1894 — 30 juin 1895).

I : J.-B. M..., père de famille. — II : A. M..., fils.

I	N. DES QUINZAINES	NATURE DU TRAVAIL	N. DES JOURNÉES [1]	SALAIRE par journée.	SALAIRE BRUT	CAISSE	SALAIRE NET
				fr.	fr.	fr.	fr.
1re quinz. juillet 1894.	Au fond (fendue).	11	5	55,00	1,10	53,90
2e — — —	—	12 1/2	5	62,50	1,25	61,25
1re — août —	—	14	5	70,00	1,40	68,10
2e — — —	—	15	5	75,00	1,50	73,50
1re — sept. —	—	15 1/2	5	77,50	1,55	75,95
2e — — —	—	19	5	95,00	1,90	93,10
1re — oct. —	—	13	5	65,00	1,30	63,70
2e — — —	—	17	5	85,00	1,70	83,30
1re — nov. —	—	4	5	20,00	0,40	19,60
2e — — —	—	»	»	»	»	»
1re — déc. —	—	15	5	75,00	1,50	73,50
2e — — —	—	12	5	60,00	1,20	58,80
1re — janv. 1895.	—	8	5	40,00	0,80	39,20
2e — — —	—	12	5	60,00	1,20	58,80
1re — févr. —	—	9	5	45,00	0,90	44,10
2e — — —	—	11	5	55,00	1,10	53,90
1re — mars —	—	15	5	75,00	1,50	73,50
2e — — —	—	13	5	65,00	1,30	63,70
1re — avril —	—	11	5	55,00	1,10	53,90
2e — — —	—	12	5	60,00	1,20	58,80
1re — mai —	—	14	5	70,00	1,40	68,60
2e — — —	—	13 1/2	5	67,50	1,35	66,15
1re — juin —	—	10	5	50,00	1,00	49,00
2e — — —	—	8 1/2	5	42,50	0,85	41,65
		285	5	1 425,00	28,50	1 396,50

[1] Les journées sont ici comptées telles qu'elles sont en réalité pratiquées dans la mine, c'est-à-dire de 8 heures ; au budget des recettes au contraire elles ont dû pour l'uniformité des monographies être ramenées à 10 heures.

II	N. DES QUINZAINES	NATURE DU TRAVAIL	N. DES JOURNÉES [2]	SALAIRE par journée.	SALAIRE BRUT	CAISSE	SALAIRE NET
				fr.	fr.	fr.	fr.
1re quinz. juillet 1894.	A la surface (fendue).	11	2,25	24,75	1,10	23,65
2e — — —	—	13 1/4	2,25	29,80	1,30	28,50
1re — — —	—	12 1/2	2,25	27,55	1,20	26,35
2e — — —	—	15	2,25	33,75	1,50	32,25
1re — sept. —	—	12	2,25	27,00	1,20	25,80
2e — — —	—	14	2,25	31,50	1,40	30,10
1re — oct. —	—	13	2,25	29,25	1,30	27,95
2e — — —	—	15	2,25	33,75	1,50	32,25
1re — nov. —	—	12 1/2	2,25	28,10	1,25	26,85
2e — — —	—	13	2,25	29,25	1,30	27,95
1re — déc. —	—	12	2,25	27,00	1,20	25,80
2e — — —	—	10	2,25	22,50	1,00	21,50
1re — janv. 1895.	—	12	2,25	27,00	1,20	25,80
2e — — —	Au fond (fendue).	5	2,25	11,25	0,50	10,75
1re — févr. —	—	13 1/2	3,00	40,50	1,35	39,15
2e — — —	—	12	3,00	36,00	1,20	34,80
1re — mars —	—	16	3,00	48,00	1,60	46,40
2e — — —	—	5	3,00	15,00	0,50	14,50
	Au fond (puits).	10	3,00	30,00	1,00	29,00
1re — avril —	Au fond (fendue).	12	3,00	36,00	1,20	34,80
2e — — —	—	13	3,00	39,00	1,30	37,70
1re — mai —	—	2 1/4	3,00	6,75	0,20	6,55
2e — — —	—	»	»	»	»	»
1re — juin —	A la surface (puits).	14 1/4	2,25	32,05	1,40	30,65
2e — — —	—	15 1/4	2,25	34,30	1,50	32,80
		233 1/4 dont 88 j. 3/4 au fond.	»	700,05	28,20	671,85

[2] Les journées sont ici comptées telles qu'elles sont en réalité pratiquées dans la mine, c'est-à-dire de 10 heures pour le travail de surface et de 8 heures pour le travail de fond ; au budget de recettes, elles sont ramenées au chiffre uniforme de 10 heures.

B. *Le Fermier montagnard du Forez.*

§ 14. — BUDGET DES RECETTES DE L'ANNÉE

SOURCES DES RECETTES	ÉVALUATION approximative des sources de recettes. VALEUR des propriétés. (fr.)
SECTION Ire	
Propriétés possédées par la famille.	
ART. 1er. — PROPRIÉTÉS IMMOBILIÈRES	
(La famille ne possède aucune propriété de ce genre.)	"
ART. 2. — VALEURS MOBILIÈRES	
Animaux domestiques entretenus toute l'année : 4 vaches laitières, 500 fr.; — 3 brebis mères, 60 fr.; 8 poules et 1 coq, 21 fr. 70; — 1 lapine, 3 fr.; — 1 chien de garde.	584,70
Animaux domestiques entretenus seulement une partie de l'année : 1 truie, valeur calculée.	100,00
Matériel spécial des travaux et industries : Pour l'exploitation des champs, des prairies et des arbres épars	400,00
— des bêtes à cornes et des bêtes à laine	112,00
Pour la fabrication du beurre et du fromage.	15,00
— du pain de ménage.	20,00
Pour la confection des vêtements.	0
Argent : Somme gardée dans le ménage comme fonds de roulement.	10,00
ART. 3 — DROIT AUX ALLOCATIONS DE SOCIÉTÉS D'ASSURANCES MUTUELLES	
Droit éventuel à une indemnité d'une compagnie d'assurance contre l'incendie.	"
Valeur totale des propriétés.	1 316,70
SECTION II	
Subventions reçues par la famille.	
ART. 1er. — PROPRIÉTÉS REÇUES EN USUFRUIT	
(La famille ne reçoit aucune propriété en usufruit.)	
ART. 2. — DROIT D'USAGE SUR LES PROPRIÉTÉS VOISINES	
Droit d'affouage sur les forêts communales; cueillette du bois mort et des herbes	
— sur les baies récoltées.	
ART. 3. — ALLOCATIONS D'OBJETS ET DE SERVICES	
Allocations concernant la nourriture	
— — les vêtements	
— — l'instruction des enfants	

RECETTES	MONTANT DES RECETTES	
	Valeur des objets reçus en nature. (fr.)	Recettes en argent. (fr.)
SECTION Ire		
Revenus des propriétés.		
ART. 1er. — REVENUS DES PROPRIÉTÉS IMMOBILIÈRES		
(La famille ne jouit d'aucun revenu de ce genre.)	"	"
ART. 2. — REVENUS DES VALEURS MOBILIÈRES		
Intérêt (5 p. 100) de la valeur de ces animaux. (§ 16, A)	17,73	11,50
— — (§ 16, A)	3,03	1,97
— de la valeur de ce matériel. (§ 16, A)	14,22	9,23
— — (§ 16, A)	3,40	2,20
— — (§ 16, C)	0,19	0,56
— — (§ 16, D)	1,00	"
— — (§ 16, F)	0,30	"
(Cette somme ne produit point d'intérêt.)	"	"
ART. 3. — ALLOCATIONS DES SOCIÉTÉS D'ASSURANCES MUTUELLES		
(L'assurance n'a produit cette année aucun revenu.)	"	"
Totaux des revenus des propriétés.	39,87	25,40
SECTION II		
Produit des subventions.		
ART. 1er. — PRODUIT DES PROPRIÉTÉS REÇUES EN USUFRUIT		
(La famille ne jouit d'aucun produit de ce genre.)	"	"
ART. 2. — PRODUITS DES DROITS D'USAGE		
Valeur à attribuer aux produits avant la récolte (§ 16, II)	90,50	"
Valeur des baies	38,10	"
ART. 3. — OBJETS ET SERVICES ALLOUÉS		
Dons provenant du château : 1 repas entier : mouton, 2 kil. à 1 fr. 40, 2 fr. 80; — pain, 2 kil. à 0 fr. 375, 0,75; — vin, 2 lit. à 0 fr. 35, 0 fr. 70; — légumes : choux, 10 kil. à 0 fr. 04, 0 fr. 40; — carottes, 5 kil. à 0 fr. 20, 1 fr.; — salades, 10 kil. à 0 fr. 20, 2 fr.	7,65	"
Étoffes reçues en cadeau, 0 fr. 75; — dons en argent (du château) transformés surtout en achats de vêtements, 10 fr.	0,75	10,00
Fournitures scolaires de l'école des Frères.	6,00	"
Totaux des produits des subventions.	143,00	10,00

§ 14. — BUDGET DES RECETTES DE L'ANNÉE (*suite*).

SOURCES DES RECETTES (*suite*).

DÉSIGNATION DES TRAVAUX ET DE L'EMPLOI DU TEMPS	QUANTITÉ DE TRAVAIL EFFECTUÉ				PRIX DES SALAIRES JOURNALIERS			
	Père.	Mère.	2 filles.	3 fils.	Père.	Mère.	2 filles.	3 fils.
	Journées.	Journées.	Journées.	Journées.	fr.	fr.	fr.	fr.
SECTION III — **Travaux exécutés par la famille.**								
Exploitation des champs, des prairies et des arbres épars.	50	3	10	10	2,50	1,50	0,40	0,40
Exploitation des bêtes à cornes et à laine, des porcs, lapins et poules.	85	90	70	70	1,00	0,50	0,20	0,20
Exploitation du jardin potager.	3	10	"	"	2,00	1,10	"	"
Travaux de terrassier et de bûcheron.	135	"	"	"	2,03	"	"	"
— de passementerie, effectués par la fille aînée dans une usine du bourg.	"	"	300	"	"	"	0,84	"
Emplois de berger des deux fils aînés dans les exploitations voisines.	"	"	"	290	"	"	"	0,12
Fabrication du beurre et du fromage.	"	15	"	"	"	0,85	"	"
— du pain de ménage.	21,6	"	"	"	2,00	"	"	"
Exercice accidentel du métier de boucher.	1	"	"	"	2,00	"	"	"
Travail de bûcheron effectué dans les forêts communales et cueillette des bois et des herbes.	42	"	"	"	1,70	"	"	"
Travaux domestiques.	"	110	40	"	"	"	"	"
Confection des vêtements et du linge.	"	40	7,8	"	"	1,50	1,50	"
Totaux des journées de tous les membres de la famille.	337,6	273	427,8	370				

SECTION IV

Industries entreprises par la famille
(à son propre compte).

Industries entreprises au compte de la famille :
Exploitation des champs, des prairies et des arbres épars; exploitation de l'étable et des animaux.
Exploitation du jardin potager.
Fabrication du beurre et du fromage.
— du pain de ménage.
Exercice accidentel du métier de boucher.
Confection des vêtements et du linge.

RECETTES (*suite*).

	MONTANT des recettes	
	Valeur des objets reçus en nature.	Recettes en argent.
	fr.	fr.
SECTION III — **Salaires.**		
Salaire total attribué à ce travail . . .(§ 16, A)	87,94	57,06
— — — . . .(§ 16, A)	91,58	59,42
— — — . . .(§ 16, B)	17,00	"
— — —	"	274,00
— — —	"	252,00
— — —	"	35,00
— — — . . .(§ 16, C)	3,21	9,54
— — — . . .(§ 16, D)	43,20	"
— — — . . .(§ 16, E)	0,13	1,87
— — — . . .(§ 16, H)	71,50	"
(Aucun salaire n'est attribué à ces travaux.) . .	"	"
Salaire total attribué à ce travail . . .(§ 16, F)	71,78	"
Totaux des salaires de la famille	380,34	688,89
SECTION IV — **Bénéfices des industries.**		
Bénéfice résultant de ces exploitations . . .(§ 16, A)	177,39	115,08
— de cette exploitation . . .(§ 16, B)	"	7,48
— de cette fabrication . . .(§ 16, C)	2,52	"
— . . .(§ 16, D)	91,10	"
— de cette industrie . . .(§ 16, E)	0,87	12,13
— de cette confection . . .(§ 16, F)	"	"
Totaux des bénéfices résultant des industries.	271,88	134.69
Totaux des recettes de l'année (balançant les dépenses). .(1 700 fr. 13).	641,09	859,04

Nota. — Outre les recettes portées ci-dessus en compte, les industries donnent lieu à une recette de 2975 fr. 37 (§ 16, G), qui est appliquée de nouveau à ces mêmes industries; cette recette et les dépenses qui la balancent (§ 15, section V) ont été omises dans l'un et l'autre budget.

§ 15. — BUDGET DES DÉPENSES DE L'ANNÉE

DÉSIGNATION DES DÉPENSES	POIDS ET PRIX DES ALIMENTS		MONTANT DES DÉPENSES	
	Poids consommé	Prix par kilog.	Valeur des objets consommés en nature.	Dépenses en argent.
	kil.	fr.	fr.	fr.
SECTION Iʳᵉ				
Dépenses concernant la nourriture.				
Aʀᴛ. 1ᵉʳ. — Aʟɪᴍᴇɴᴛs ᴄᴏɴsᴏᴍᴍÉs ᴅᴀɴs ʟᴇ ᴍÉɴᴀɢᴇ (Par les 8 membres de la famille pendant 365 jours.)				
Céréales :				
Pain de froment. . . . .(§ 14, section II)	2,0	0,375	0,75	»
Pain de seigle pur, en tourtes rondes de 7 kil. 5 à 10 kil. . . . . : . . . .(§ 16, D)	1 560,0	0.250	220,50	169,50
Farine de froment.	10,0	0,500	»	5,00
Riz	5,0	1,200	»	6,00
Poids total et prix moyen	1 577,0	0,255	—	
Corps gras :				
Beurre. . . . .(§ 16, C)	7,5	2,500	18,75	»
Petit-beurre. . . . .(§ 16, C)	25,0	0,200	5,00	»
Lard. . . . .(§ 16, A)	50,0	1,500	75.00	»
Huile de graines	20,0	0,900	»	18,00
Poids total et prix moyen	102,5	1,139		
Laitage et œufs :				
Lait non écrémé. . . . .(§ 16, A)	180,0	0,200	36,00	»
Fromage blanc en forme de chèvreton . . .(§ 16, C)	7,5	0,600	4,50	»
Fromage de forme (lait de vache fermenté)	12,0	1,500	»	18,00
Œufs de poules, 20 douzaines à 0 fr. 80 la douz.(§ 16, A)	15,0	1,067	16,00	»
Poids total et prix moyen	214,5	0,347		
Viandes et poissons :				
Bœuf.	0,5	1,600	»	0,80
Veau, acheté les jours de fêtes	3,0	0,500	»	1,50
Veau : abattu et consommé en partie, par suite de la baisse des bestiaux (exceptionnel). . . . . .(§ 16, E)	2.0	0,500	1,00	»
Viande de mouton. . . . . (§ 14, section II)	2,0	1,410	2,80	»
Viande de porc, salée : saucissons . . . . .(§ 16, A)	77.5	1,500	116,25	»
— — — jambons . . . . . .(§ 16, A)	14,0	1,500	21,00	»
— — fraîche . . . .(§ 16, A)	1,0	1,500	1,50	»
(Il n'entre dans la consommation du ménage ni volailles, ni poissons.)	»	»	»	»
Poids total et prix moyen	100,0	1,448		
A reporter.	. . . .	. . . .	. . . .	218,80

§ 15. — BUDGET DES DÉPENSES DE L'ANNÉE (*suite*).

DÉSIGNATION DES DÉPENSES *(suite)*.	POIDS ET PRIX DES ALIMENTS		MONTANT DES DÉPENSES	
	Poids consommé	Prix par kilog.	Valeur des objets consommés en nature.	Dépenses en argent.
	kg.	fr.	fr.	fr.
SECTION Iʳᵉ **Dépenses concernant la nourriture** (*suite*).				
Report.	. . . .	. . . .	. . . .	218,80
Légumes et fruits :				
Tubercules : pommes de terre . . . . . . (§ 16, A).	1 200,0	0,050	60,00	»
Légumes verts à cuire : choux fourragers (feuilles tendres) (§ 16, B), 25 kilogr. à 0 fr. 04, 1 fr. ; — Choux pommés (§ 14, section II et § 16, A), 165 kilogr. à 0 fr. 04, 6 fr. 60.	190,0	0,040	7,55	0,5
Légumes racines : carottes (§ 14, A, section II, et § 16, B)	15,0	0,200	2,90	0,10
Légumes épices : ciboule (§ 16, B), 0 kilogr. 5 à 0 fr. 60, 0 fr. 30 ; — ail, 1 kilogr. 5 à 0 fr. 50, 0 fr. 75 ; — oignons (§ 16, B), 10 kilogr. à 0 fr. 40, 4 fr..	12,0	0.421	4,07	0,98
Salades : escarole, etc. (§ 14, section II et § 16, B).	35,0	0,200	6,74	0,26
Fruits farineux : châtaignes	50,0	0,140	»	7,00
Fruits à pépins et à noyau : pommes et poires, 3 kilogr. à 0 fr. 20, 0 fr. 60 ; — griottes (cerises sauvages) (§ 16, B), 10 kilogr. à 0 fr. 10, 1 fr.	13,0	0,123	0,95	0,65
Fruits baies : framboises sauvages et airelles (myrtiles) . . . . (§ 14, section II).	125,0	0,300	37,50	»
Poids total et prix moyen.	1 640,0	0,079		
Condiments et stimulants :				
Sel commun	12,0	0,140	»	1,80
Epices : poivre	0,3	5,000	»	0,15
Vinaigre.	6.0	0,300	»	1,80
Matières sucrées : sucre.	3,0	1,200	»	3,60
Chocolat.	0,5	3,600	»	1,80
Boissons aromatiques : café	1,0	6,000	»	6,00
Poids total et prix moyen.	23,7	0,639		
Boissons fermentées :				
Vin rouge (Algérie, Aude), à 35 fr. l'hectolitre rendu, 3 hectolitres achetés, 105 fr. ; 2 litres donnés — (§ 14, section II), 2 fr.	302,0	0,350	0,70	105,00
Vin d'airelles (myrtiles) . . . . . (§ 14, section II).	6,0	0,100	0,60	»
Eau-de-vie	1,0	1,550	»	1,55
Poids total et prix moyen.	309,0	0,349		
ART. 2. — ALIMENTS PRÉPARÉS ET CONSOMMÉS EN DEHORS DU MÉNAGE				
Nourriture fournie (avec le coucher) par l'école de filles pendant les 6 mois d'hiver.			»	27,00
Totaux des dépenses concernant la nourriture			640,06	376,54

§ 15. — BUDGET DES DÉPENSES DE L'ANNÉE (*suite*).

DÉSIGNATION DES DÉPENSES (*suite*).	MONTANT DES DÉPENSES	
	Valeur des objets consommés en nature.	Dépenses en argent.
	fr.	fr.
SECTION II		
Dépenses concernant l'habitation.		
Logement :		
Loyer de l'habitation (déduit par ventilation du fermage total). . . .	»	60,00
Mobilier :		
Achats d'objets neufs et dépenses diverses relatives à l'entretien, 15 fr. ; — achat de linge, 15 fr. ; — réparations faites avec le bois d'œuvre ramassé (§ 16, H), 10 fr.	10,00	30,00
Chauffage :		
Bois de chauffage provenant des bois communaux, 300 fagots à 0 fr. 10, 30 fr. ; — fagots et écorces ramassés par les enfants, 700 fagots à 0 fr. 10, 70 fr. . . . . (§ 16, H).	100,00	»
Éclairage :		
Pétrole, 26 lit. à 0 fr. 50, 13 fr. ; — huile de colza, 2 kilogr. à 0 fr. 90, 1 fr. 80 ; — mèches, 0 fr. 20 ; — allumettes (de contrebande), 1 paquet, 0 fr. 50	»	15,50
Totaux des dépenses concernant l'habitation.	110,00	105,50
SECTION III		
Dépenses concernant les vêtements.		
Vêtements de la famille :		
Vêtements du père . . . . (§ 16, J).	1,80	59,95
— de la mère. . . . . (§ 16. J).	15,75	70,58
— des deux fillettes. . . . . (§ 16, J).	28,33	02,17
— des trois garçons. . . . . (§ 16, J).	25,90	60,85
— de l'enfant le plus jeune . . . . (§ 16, J).	5,25	7,20
Réparation de vêtements : achats de fournitures	»	3,50
Blanchissage du linge :		
Savon, 3 pains, 7 fr. 50 (il n'y a pas lieu à des lessives proprement dites, mais à de simples savonnages hebdomadaires)	»	7,50
Totaux des dépenses concernant les vêtements :	77,03	301,75
SECTION IV		
Dépenses concernant les besoins moraux, les récréations et le service de santé.		
Culte :		
Chaises louées à l'église, 9 fr. ; — messes pour les défunts (2 par an), 2 fr.	»	11,00
Instruction des enfants :		
Fournitures pour la fille cadette, en pension l'hiver chez les sœurs, 4 fr. ; — fournitures délivrées gratuitement par les frères Maristes aux trois garçons (§ 14, section II), 6 fr.	6,00	4,00
A reporter.	. . . . .	15,00

§ 15. — BUDGET DES DÉPENSES DE L'ANNÉE (*suite*).

DÉSIGNATION DES DÉPENSES (*suite*).	MONTANT DES DÉPENSES	
	Valeur des objets consommés en nature.	Dépenses en argent.
	fr.	fr.
Report.	. . . .	15,00
Secours et aumômes :		
Peu d'aumônes en argent, 1 fr.; — surtout des dons d'aliments (déjà évalués dans la nourriture de la famille, section I) ; — 4 lapins offerts en cadeau (§ 16, A), 8 fr..	8,00	1,00
Récréations et solennités :		
Tabac du père (pour la pipe), 16 fr.; — eau-de-vie consommée par le père au sortir de la messe du village et quelquefois dans des journées prolongées, dites de « ribottes », 10 fr.; — dépenses de la famille aux fêtes du village et lorsqu'elle va chercher l'argent du lait à Saint-Etienne, 5 fr. 25	»	31,25
Service de santé :		
Tisanes achetées à la pharmacie de « l'hôpital ».	»	2,50
Totaux des dépenses concernant les besoins moraux, les récréations et le service de santé	14,00	49,75

SECTION V

Dépenses concernant les industries, lès dettes, les impôts et les assurances.

Dépenses concernant les industries :		
Nota. — Les dépenses concernant les industries entreprises par la famille montent à. . . . . (§ 16, G). 3 541,36 fr.		
Elles sont remboursées par les recettes provenant de ces mêmes industries, savoir :		
Argent et objets employés pour les consommés du ménage ou faisant partie de ses épargnes et portés à ce titre dans le présent budget. . . . . 565 fr. 99.		
Argent et objets appliqués de nouveau aux industries (§ 14, section IV), comme emploi momentané du fonds de roulement, et qui ne peuvent conséquemment figurer parmi les dépenses du ménage (§ 16, G) . . . . 2 075 fr. 37. } 3 541,36		
Intérêt des dettes :		
La famille a été obligée, à une époque d'épizootie, d'emprunter 300 fr. dont elle paie l'intérêt à 3 fr. 50 p. 100	»	10,50
Impôts :		
Impôt personnel et mobilier: portes et fenêtres, prestations (l'impôt foncier reste à la charge du propriétaire). . . . . `	»	7,00
Assurances concourant à garantir le bien-être physique et moral de la famille :		
Assurance contre l'incendie.	».	8,00
Total des dépenses concernant les industries, les dettes, les impôts et les assurances	»	25,50
Épargne de l'année :		
La famille ne peut encore penser à l'épargne; les bénéfices réalisés par elle seraient appliqués au paiement de la dette qui la grève d'un poids très lourd, malgré sa modicité.	»	»
Totaux des dépenses de l'année (balançant les recettes). (1 700 fr. 13).	841,09	859,04

§ 16

COMPTES ANNEXÉS AUX BUDGETS

SECTION I

Comptes des bénéfices

RÉSULTANT DES INDUSTRIES ENTREPRISES PAR LA FAMILLE
(à son propre compte).

	VALEURS	
	En nature,	En argent.
	fr.	fr.
A. — EXPLOITATION DES CHAMPS, DES PRAIRIES ET DES ARBRES ÉPARS ; CUEILLETTE DU BOIS ET DES HERBES SUR LES TERRAINS VAGUES ; EXPLOITATION DE L'ÉTABLE.		
Recettes.		
Grains récoltés :		
Seigle (blé d'hiver) [1] 575 kilogr. à 0 fr. 16. . . . 92 fr. 00	92,00	»
Avoine. . . . . . . 100 — à 0 19. . . . 19 90	9,50	9,50
675 111 fr. 00		
Légumes récoltés :		
Pommes de terre. . . . 5 000 kilogr. à 0 fr. 05. . . 250 fr. 00	250,00	»
Choux-raves (*rutabagas*) 600 · · à 0 04 . . 24 00	24,00	»
Choux pommés. . . . . 800 — à 0 04. . . 32 00	32,00	»
6 400 306 fr. 00		
Paille de seigle, 1 150 kilogr. à 0 fr. 04 (actuellement 0 fr. 08)	46,00	»
— d'avoine, 150 kilogr. à 0 fr. 04.	6,00	»
Foins, 2 500 kilogr. à 0 fr. 08 (aujourd'hui 0 fr. 16).	200,00	»
Regains, 100 kilogr. à 0 fr. 08.	8,00	»
Herbes des pâtures, consommées par les vaches et les moutons (vaches attachées à la ferme ou prises en nourrissage) 13 000 kilogr. à 0 fr. 08 .	1 040,00	»
Fougères fauchées, 100 kilogr. à 0 fr. 04.	4,00	»
Bois : fagots et écorces de sapins, abandonnés au fermier dans la partie du bois de réserve qui correspond à son exploitation, 600 fagots à 0 fr. 10.	23,00	37,00
Produits des vaches :		
Lait (non écrémé, c'est-à-dire écrémé à raison d'un litre de crème par 20 litres), 3 780 lit. à 0 fr. 20.	196,00	560,00
Lait écrémé, 180 lit. à 0 fr. 10	4,54	13,47
Crème, 200 lit. à 0 fr. 50	25,18	74,82
1 veau de 60 kilogr. à 0 fr. 40, 24 fr. ; présure, 0 fr. 50. . . . . (C et E)	0,12	24,38
Travail des vaches, 20 journées à 4 fr.	80,00	»
Nourrissage de 3 vaches (appartenant à un voisin) pendant les 5 mois d'été sur les pâturages.	»	20,00
Produits des brebis :		
1 bélier, vendu	»	25,00
Laine en suint, 3 kilogr. à 1 fr. 40	4,20	»
Nourrissage de 2 brebis et 3 agneaux (appartenant à un voisin) pendant les mois d'été sur les pâturages.	»	6,00
Produits de la truie achetée :		
Lard. . . . . . . 50 kg. à 1 fr. 50	75,00	»
Saucissons . . . . 77 5 à 1 50	116,25	»
Jambons . . . . . 14 à 1 50	21,00	»
Viande fraîche . . 1 à 1 50	1,50	»
Produits des poules :		
10 poulets vendus (jeunes, 1 fr. 80 le kilogr. ; vieux, 1 fr. 20 le kilogr.).	»	18,00
Œufs, 70 douzaines, à 0 fr. 80 la douzaine	16,00	40,00
Produits de la lapine :		
8 lapins (4 donnés, 4 vendus), 16 kilogr. à 1 fr..	8,00	8,00
Fumier, 9 000 kilogr. à 0 fr. 005.	45,00	»
Totaux.	2 327,23	836,17

[1] On sème aussi du seigle de printemps, dit blé de mars.

Dépenses.	VALEURS En nature.	VALEURS En argent.
	fr.	fr.
Semences :		
Seigle d'hiver . . . 115 kilogr. à 0 fr. 16 . . . 18 fr. 40	18,40	»
Avoine . . . . . 25 — à 0 19 . . . 4 75	4,75	»
23 fr. 15		
Pommes de terre . . . . . 250 kilogr. à 0 fr. 05 . . . . 12 fr. 50	12,50	»
Plants de choux pommés. 800 à 0 fr. 30 le 100 . . . 2 40	»	2,40
— raves . . 400 à 0 35 le 100 . . 1 40	»	1,40
Frais de la vente du lait : abandon d'une « biche » de 25 mesures (1/2 lit.) par semaine, plus une autre par mois, même lorsqu'on est obligé de compléter la « biche » à ses frais, soit 800 lit.	160,00	»
Prix payé au « laitier » (pour le transport) : 0 fr. 05 par biche au laitier du sentier, et 0 fr. 15 au laitier de la grande route.	»	73,00
Prix de la monte : 4 montes à 0 fr. 50.	»	2,00
Achat de la truie	»	100,00
Nourriture des animaux :		
Fourrages : foins, 2 500 kilogr. à 0 fr. 08 (prix de l'année 1892, date de la récolte ; actuellement, 0 fr. 16).	260,00	»
Regains, 100 kilogr. à 0 fr. 08	8,00	»
Herbes des pâtures, 13 000 kilogr. à 0 fr. 08	1 040,00	»
Fougères fauchées. 100 kilogr. a 0 fr. 04.	4,00	»
Branches de sapins (pour les moutons) 50 kilogr. à 0 fr. 04	2,00	»
— de frênes (pour les vaches), 25 kilogr. à 0 fr. 04.	1,00	»
Paille de seigle, 1 150 kilogr. à 0 fr. 04, 46 fr. ; — achetée, 600 kilogr. à 0 fr. 04, 24 fr	46,00	24,00
Paille d'avoine, 150 kilogr. à 0 fr. 04	6,00	»
Petit-lait, 150 kilogr. à 0 fr. 05	7,50	»
Pommes de terre, 3 550 kilogr. à 0 fr. 05	177,50	»
Choux fourragers, 775 kilogr. à 0 fr. 04.	29,39	1,61
Choux-raves, 600 kilogr. à 0 fr. 04, 24 fr. ; — choux pommés, 645 kilogr. à 0 fr. 04, 25 fr. 80	49,80	»
Seigle, 10 kilogr. à 0 fr. 16.	»	1,60
Avoine, 25 kilogr. à 0 fr. 19.	4,75	»
Blé noir, 5 kilogr. à 0 fr. 25	»	1,25
Son et farine : provenant de l'exploitation agricole, 151 kilogr. 8 à 0 fr. 075, 11 fr. 40 ; — provenant de la mouture du seigle, acheté, 361 kilogr 350 à 0 fr. 075, 27 fr. 10 ; — son acheté directement, 100 kg. à 0 fr. 07, 7 fr.	11,40	34,10
Sel, 23 kilogr. 929 à 0 fr. 14.	»	3,35
Litière : 2 500 kilogr. de fougères (mélangées de terre), à 0 fr. 02.	50,00	»
Main-d'œuvre de la famille :		
Culture des champs : père, 25 journées à 2 fr. 50, 62 fr. 50 — des prairies : père, 8 journées à 2 fr. 50, 20 fr. ; — mère, 8 journées, à 1 fr. 50, 12 fr.		
Récolte des fougères : enfants, 20 journées, à 0 fr. 40, 8 fr.		
Conduite des fumiers : père, 2 journées, à 2 fr. 50, 5 fr.		
Abatage des bois : père, 15 journées, à 2 fr. 50, 37 fr. 50.		
Salaires totaux : père, 125 fr ; — mère, 12 fr.; — enfants, 8 fr. . . .	87,94	57,06
Soins donnés aux animaux : père, 85 journées à 1 fr. ; 85 fr.; — mère 90 journées (y compris la tonte) à 0 fr. 50, 45 fr.; — enfants, 100 journées (garde des animaux), 40 journées (pour aller chercher les biches à lait), à 0 fr. 20, 28 fr.		
Salaires totaux : père, 85 fr.; — mère, 45 fr. : — enfants, 28 fr. . .	91,58	59,42
Travail des animaux : vaches, 18 journées, à 4 fr.	72,00	»
Engrais : fumier (terre et fougères), 4 000 kilogr. à 0 fr. 50 les 100 kilogr.	20,00	»
— 1 sac de cendres du foyer (sur les prés).	7,00	»
Fermage des terres (déduction faite de la location de l'habitation), 300 fr. au propriétaire principal ; — 20 fr. à un propriétaire voisin, en échange d'une prairie supplémentaire	»	320,00
Intérêt (5 p. 100) du matériel agricole (469 fr.)	14,22	9,23
— — de la valeur (684 fr. 70) des animaux	20,76	13,47
— — — (112 fr.) du mobilier des étables	3,40	2,20
Travaux d'entretien du matériel : charron, maréchal.	»	15,00
Bénéfice résultant de l'industrie.	177,39	115,08
Totaux comme ci-contre.	2 327,58	836,17

B. — Exploitation du jardin potager
(Superficie : 3 ares)

	VALEURS	
	En nature.	En argent.
	fr.	fr.

Recettes.

	En nature.	En argent.
Choux fourragers (servant surtout à l'alimentation des animaux, moins les feuilles tendres réservées pour la nourriture de la famille), 800 kilogr. à 0 fr. 04.	30,34	1,66
Salades, 25 kilogr. à 0 fr. 20	4,74	0.26
Carottes, 10 kilogr. à 0 fr. 20	1,90	0,10
Oignons, 10 kilogr. à 0 fr. 40	3,79	0,21
Ail (n'a pas réussi)	»	»
Ciboule, 0 kilogr. 05 à 0 fr. 60.	0,28	0,02
Fruits (6 arbres), griottes (cerises sauvages), 10 kilogr. à 0 fr. 10	0,95	0,05
Totaux.	42,00	2,30

Dépenses.

	En nature.	En argent.
Plants de choux cabus, achetés au marché du bourg, 400 à 0 fr. 35 le 100.	»	1,40
Semences de salades, 100 à 0 fr. 10 le 100.	»	0,10
— de carottes, 100 à 0 fr. 10 le 100.	»	0,10
— d'oignons, 100 à 0 fr. 50 le 100.	»	0,50
— d'ail, 100 à 0 fr. 20 le 100.	»	0,20
Fumier : 5 000 kilogr. à 0 fr. 50 les 100 kilogr.	25,00	»
Main-d'œuvre de la famille :		
Arrachage des herbes : homme, 3 journées à 2 fr., 6 fr. ; — femme, 10 journées à 1 fr. 10, 11 fr.	17,00	»
Intérêt (5 p. 100) de la valeur du matériel (compris dans le compte A), pour mémoire	»	»
Bénéfice résultant de l'industrie	»	»
Totaux comme ci-dessus.	42,00	2,30

C. — Fabrication du beurre et du fromage

Recettes.

	En nature.	En argent.
Beurre, 50 kilogr. (7 kilogr. 5 consommés, 42 kilogr. 5 vendus) à 2 fr. 50.	18,75	106,25
Petit beurre, 25 kilogr. à 0 fr. 20.	5,00	»
Petit-lait, 150 lit. à 0 fr. 05.	7,50	»
Fromage, 7 kilogr. 5 à 0 fr. 60	4,50	»
Totaux.	35,75	106,25

Dépenses.

	En nature.	En argent.
Crème, 200 lit. (prélevés sur la traite du soir) à 0 fr. 50	25,18	74,82
Lait écrémé, 180 lit. (pour le fromage) à 0 fr. 10	4,53	13,47
Présure.	0,12	0,38
Main-d'œuvre : travail de la femme, 15 journées à 0 fr. 85	3,21	9,54
Intérêt (5 p. 100) de la valeur du matériel, 15 fr.	0,19	0,56
Bénéfice résultant de l'industrie.	2,52	7,48
Totaux comme ci-dessus.	35,75	106,25

D. — Fabrication du pain domestique

Recettes.

	En nature.	En argent.
1 560 kilogr. de pain bis (seigle pur) en tourtes rondes de 7 kilogr. 5 à 10 kilogr., à 0 fr. 25 le kilogr. (prix actuel).	220,50	169,50

	VALEURS	
	En nature.	En argent.
Dépenses.	fr.	fr.
Seigle de la récolte, 460 kilogr., réduits par la mouture à 308 kilogr. 2 de farine à 0 fr. 201, 62 fr. 20.	62,20	»
Seigle acheté, 1 095 kilogr., réduits par la mouture à 733 kilogr. 650 de farine à 0 fr. 202, 148 fr. 10	»	148,10
Somme versée au meunier pour la mouture et le blutage, 1 fr. par 100 kilogr.	»	15,55
Perte à la mouture, 25 kilogr. à 0 fr. 16.	»	4,00
Sel, 13 kilogr. 2 à 0 fr. 14.	»	1,85
Fagots de sapin, 230 à 0 fr. 10.	23,20	»
Main-d'œuvre du père, 21 journées 6 à 2 fr.	43,20	»
Intérêt (5 p. 100) de la valeur (20 fr.) du matériel	1,00	»
Bénéfice résultant de l'industrie.	91,10	»
Totaux comme ci-contre . .	220,50	169,50

E. — EXERCICE ACCIDENTEL DU MÉTIER DE BOUCHER
(Conséquence de la sécheresse de 1893).

Recettes.	En nature.	En argent.
Viande de veau, consommée par la famille, 2 kilogr. à 0 fr. 50, 1 fr.; — vendue au détail, 37 kilogr. à 1 fr., 37 fr.	1,00	37,00
Peau de l'animal	4,00	»
Déchets divers (engrais) vendus 20 kilogr. à 0 fr. 05	»	1,00
Totaux.	5.00	38,00

Dépenses.	En nature.	En argent.
1 veau de 60 kilogr. (poids brut) à 0 fr. 40.	»	24,00
Salaire du boucher : la peau de l'animal	4,00	»
Travail du père : temps consacré à la vente, 1 journée à 2 fr.	0,13	1,87
Bénéfice résultant de l'industrie.	0,87	12,13
Totaux comme ci-dessus. . .	5,00	38,00

F. — CONFECTION DES VÊTEMENTS DE LA FAMILLE
ET DU LINGE DE MÉNAGE

	En nature.	En argent.
2 paires de chaussettes de laine pour le père	1,80	1,00
1 jupe (durant 2 ans) pour la mère.	0,45	6,73
2 « casaquots » de cotonnade pour la mère.	3,00	3,20
1 jupe de coton pour la mère	0,75	6,30
18 chemises en toile écrue (durant 10 ans) pour la mère	2,70	3,85
2 tabliers de cotonnade pour la mère.	0,60	3,60
2 paires de bas de coton pour la mère.	4,50	2,00
1 paire de bas de laine pour la mère.	2,25	1,30
2 paires de chaussons de laine pour la mère	1,50	1,00
1 jupon de mérinos noir (durant 2 ans) pour la fille aînée	0,38	3,72
1 corsage pour la fille aînée.	1,50	2,75
1 jupe et corsage se tenant (durant 2 ans) pour la 2e fille	1,50	4,75
4 chemises pour les deux filles	4,50	6,30
2 pantalons pour les 2 filles.	3,00	3,00
4 paires de bas de laine pour les 2 filles	9,00	4,00
2 paires de bas de coton (durant 2 ans) pour les 2 filles	2,25	0,65
4 tabliers de cotonnade pour les deux filles.	1,20	7,20
4 paires de chaussons de laine pour les deux filles.	5,00	»
3 pantalons de velours pour les 3 garçons.	4,50	9,75
3 paires de bretelles pour les 3 garçons.	1,20	0,60
3 blouses noires pour les 3 garçons	2,25	4,35
6 chemises de coton pour les 3 garçons	6,75	6,75
6 paires de chaussettes pour les 3 garçons	11,20	1,40
1 petite robe pour l'enfant le plus jeune	1,50	1,80
2 paires de bas pour l'enfant le plus jeune	3,00	1,00
1 tablier bleu	0,75	1,15
Totaux	77.03	88,15

	VALEURS	
	En nature.	En argent.
Dépenses.	fr.	fr.
Etoffe de laine : mérinos ou cachemire noire.	»	9,00
Etoffes de coton :		
Colonnades diverses.	0,75	38,50
Velours.	»	6,00
Etoffe en lin et chanvre : toile	»	9,60
Fils de laine : 3 kilogr. provenant des 3 brebis, 4 fr. 20; — payé à la fileuse, 0 fr. 90, et 0 fr. 60 par 1/2 kilogr., soit 3 fr. 60; — achetés 5 fr. 20.	4.20	9,70
Fils de coton	»	2,65
Fournitures : fil, aiguilles, boutons, doublures, etc.	»	12,70
Travail de la famille : mère, 40 journées à 1 fr. 50, 60 fr.; — filles, 7 journées à 1 fr. 50, 11 fr. 78	71,78	»
Intérêt (5 p. 100) de la valeur (6 fr.) du matériel	0,30	»
Bénéfice résultant de l'industrie.	»	»
Totaux comme ci-dessus.	77,03	88,15

G. — Résumé des comptes des bénéfices résultant des industries (A a F)

Recettes totales.

	En nature.	En argent.
Produits employés :		
Pour la nourriture de la famille	594,31	170,19
Pour l'habitation	5,18	»
Pour les vêtements	77,03	88,15
Pour les besoins moraux.	8,00	»
Recettes en argent appliquées aux dépenses de la famille ou converties en épargne.	»	29,70
Produits en nature et recettes en argent à employer de nouveau pour les industries elles-mêmes (2 975 fr. 37)	2 023,04	952,33
Totaux.	2 707,56	1 240,37

Dépenses totales.

	En nature.	En argent.
Intérêts des propriétés possédées par la famille et employées par elle aux industries	39,87	25,46
Produits des subventions reçues par la famille et appliquées par elle aux industries.	32,69	»
Salaires afférents aux travaux exécutés par la famille pour les industries.	314,84	127,89
Salaires afférents à d'autres travaux exécutés par la famille pour les industries.	25,24	»
Produits des industries employés en nature et dépenses en argent, qui devront être remboursés par des recettes provenant des industries (2 975 fr. 37).	2 023,04	952,33
Totaux des dépenses (3 541 fr. 36).	2 435,68	1 105,68
Bénéfices totaux résultant des industries (406 fr. 57).	271,88	134,69
Totaux comme ci-dessus.	2 707,56	1 240,37

	VALEURS	
	En nature.	En argent.
	fr.	

SECTION II
Comptes relatifs aux subventions.

H. — CUEILLETTE DES BOIS ET DES HERBES
(fournis par les bois communaux et les propriétés voisines).

Recettes.

	En nature.	En argent.
300 fagots fournis par les bois communaux comme part des « droits d'affouage »	30,00	»
Bois d'œuvre	10,00	»
Bois ramassé dans les forêts voisines, du consentement du propriétaire : fagots et souches. déracinées, équivalent de 700 fagots	70,00	»
Fougères et herbes, coupées pour confectionner la litière des animaux, 2 500 kilogr. à 0 fr. 02	50,00	»
Branches de sapins (pour les moutons), 50 kilogr. à 0 fr. 04.	2,00	»
— de frêne (pour les vaches), 25 kilogr. à 0 fr. 04.	1,00	»
Engrais des cendres du foyer, 1 sac à 7 fr.	7,00	»
Total.	170,00	»

Dépenses.

	En nature.	En argent.
Travail des vaches : 2 journées d'attelage à 4 fr.	8,00	»
Main-d'œuvre de la famille :		
Abatage du bois dans les bois communaux : père, 2 journées à 2 fr., 4 fr.		
Ramassage du bois mort, cassage du bois : père, 30 journées à 1 fr. 75, 52 fr. 50 ; — enfants (temps compris dans la garde des bestiaux).		
Fauchage des herbes : père, 10 journées à 1 fr. 50, 15 fr.		
Salaire total : père, 71 fr. 50.	71,50	»
Valeur à attribuer aux produits avant la cueillette	90,50	»
Total comme ci-dessus.	170,00	»

SECTION III
Comptes divers.

J. — COMPTE DE LA DÉPENSE ANNUELLE CONCERNANT LES VÊTEMENTS

ART. 1er. — VÊTEMENTS DU PÈRE

	Prix d'achat.	Durée.	VALEURS	
			En nature.	En argent.
	fr.	ans.		fr.
Vêtements du dimanche :				
1 veston, 1 gilet et 1 pantalon de drap noir.	60,00	15	»	4,00
1 chapeau de feutre noir à larges bords.	7,00	5	»	1,40
1 paire de bottes à haute tige	20,00	2	»	10,00
3 cravates de soie noire.	1,50	1	»	1,50
1 paire de mitaines de laine.	1,20	4	»	0,30
1 parapluie en coton.	2,50	2	»	1,25
Vêtements de travail :				
1 pantalon de velours côtelé.	6,00	1	»	6,00
1 gilet-veste (veston ayant la « patte » d'un gilet ordinaire) de velours marron.	12,00	2	»	6,00
2 foulards de coton	1,00	1	»	1,00
1 blouse en toile bleue.	4,00	1	»	4,00
1 courroie de cuir.	1,00	2	»	0,50
A reporter.	116,20		»	35,95

	Prix d'achat.	Durée.	VALEURS	
Art. 1er. — Vêtements du père (suite).			En nature.	En argent.
	fr.	ans.	fr.	fr.
Report	116,20		»	35,95
1 tricot de laine	5,00	1	»	5,00
2 gilets en coton (sous la chemise)	2,00	1	»	2,00
12 chemises blanches en toile, à col et manchettes empesés	36,00	10	»	3,60
4 chemises de coton de couleur	10,00	2	»	5,00
2 paires de chaussettes de laine (pour l'hiver, remplacées l'été par de la paille)	2,80	1	1,80	1,00
18 mouchoirs de coton, avec vignettes en couleur	12,00	10	»	1,20
3 paires de sabots	2,40	1	»	2,40
1 paire de brides	0,80	1	»	0,80
1 chapeau de paille	1,00	1	»	1,00
Raccommodage de souliers	2,00	1	»	2,00
Totaux	190,20		1,80	59,95

Art. 2. — Vêtements de la mère

	Prix d'achat.	Durée.	En nature.	En argent.
Vêtements du dimanche :				
1 chapeau fermé	5,50	5	»	1,10
Rubans pour la préparation du chapeau	1,00	5	»	0,20
1 corsage (*casaquot*) en mérinos ou cachemire noir	12,00	2	»	6,00
1 jupe	24,35	2	0,45	6,73
1 fichu de laine noire	6,00	4	»	1,50
1 foulard	1,50	2	»	0,75
1 corset	7,00	2	»	3,50
1 paire de gants de laine pour l'hiver	1,25	1	»	1,25
1 paire de souliers	12,00	2	»	6,00
1 paire de pantoufles	1,25	1	»	1,25
1 parapluie en coton	2,50	2	»	1,25
1 ombrelle en soie	3,00	10	»	0,30
Vêtements des jours ordinaires :				
2 casaquots de coton	6,20	1	3,00	3,20
1 jupe de coton	7,05	1	0,75	6,30
18 chemises en toile écrue	65,50	10	2,70	3,85
6 camisoles blanches et de couleur en percale imprimée	9,00	15	»	0,60
3 pantalons en calicot	6,00	2	»	3,00
2 tabliers en colonnade à carreaux	4,20	1	0,60	3,60
2 paires de bas de coton	6,50	1	4,50	2,00
1 paire de bas de laine	3,55	1	2,25	1,30
2 paires de chaussons de laine, pour les sabots	2,50	1	1,50	1,00
2 foulards de coton	1,00	1	»	1,00
1 chapeau de paille	1,50	2	»	0,75
12 paires de sabots	9,80	1	»	9,80
1 paire de brides	0,80	1	»	0,80
2 douzaines de mouchoirs en toile	19,80	12	»	1,65
Raccommodages de souliers	2,00	1	»	2,00
Totaux	212,75		15,75	70,58

Art. 3. — Vêtements des deux fillettes

	Prix d'achat.	Durée.	En nature.	En argent.
Vêtements de la fille aînée (pour le dimanche) :				
1 corsage à forme moderne	10,00	2	»	5,00
1 jupe en étoffe mérinos noir	8,20	2	0,38	3,72
Vêtements de la fille aînée (pour les jours ordinaires) :				
1 corsage en coton	4,25	1	1,50	2,75
Vêtements de la 2e fille (pour les dimanches) :				
1 jupe et corsage se tenant	12,50	2	1,50	4,75
A reporter	34,95		3,38	16,22

	Prix d'achat.	Durée.	VALEURS	
			En nature.	En argent.
ART. 3. — VÊTEMENTS DES DEUX FILLETTE (*suite*).	fr.	ans.	fr.	fr.
Report. . . .	34,95	2	3,38	16,22
Vêtements des deux filles (pour le dimanche) :				
2 chapeaux de paille noire, ornés de rubans.	12,00	2	»	6,00
2 fichus de laine noire ou bleue.	8,00	2	»	4,00
2 foulards	1,60	2	»	0,80
2 corsets.	10,00.	2	»	5,00
2 paires de gants d'hiver en laine	2,00	1	»	2,00
2 paires de souliers	16,00	2	»	8,00
Vêtements des deux filles (pour les jours ordinaires) :				
4 chemises	10,80	1	4,50	6,30
2 camisoles en tricot	2,50	1	»	2,50
2 camisoles en cotonnade	2,50	1	»	2,50
2 pantalons	6,00	1	3,00	3,00
4 paires de bas de laine	13,00	1	9,00	4,00
2 paires de bas de coton.	5,80	2	2,25	0,65
4 paires de chaussons de laine.	5,00	1	5,00	»
2 foulards	2,00	1	»	2,00
4 tabliers en cotonnade à carreaux	8,40	1	1,20	7,20
2 douzaines de mouchoirs	12,00	6	»	2,00
24 paires de sabots.	14,40	1	»	14,40
2 paires de brides.	1,60		»	1,60
Raccommodages de souliers	4,00		»	4,00
Totaux.	172,55		28,33	92,17
ART. 4. — VÊTEMENTS DES TROIS GARÇONS				
Vêtements du dimanche :				
3 costumes complets.	36,00	2	»	18,00
3 chapeaux en feutre noir, à larges bords.	9,00	2	»	4,50
6 cravates en coton.	2,00	1	»	2,00
Vêtements des jours ordinaires :				
3 pantalons en velours.	14,25	1	4,50	9,75
3 paires de bretelles.	1,80	1	1,20	0,60
3 blouses noires.	6,60	1	2,25	4,35
3 tricots marron.	3,75	1	»	3,75
6 chemises de coton.	13,50	1	6,75	6,75
6 paires de chaussettes	12,60	1	11,20	1,40
3 chapeaux de paille.	3,00	1	»	3,00
3 bérets (calottes fourrées)	4,50	2	»	2,25
6 paires de sabots.	4,50	1	»	4,50
Totaux.	111,50		25,90	60,85
ART. 5. — VÊTEMENT DU PLUS JEUNE ENFANT				
1 petite robe de coton.	3,30	1	1,50	1,80
1 chapeau de paille	1,50	1	»	1,50
2 paires de bas	4,00	1	3,00	1,00
1 tricot.	1,00	1	»	1,00
1 tablier bleu	1,90	1	0,75	1,45
1 paire de sabots	0,75	1	»	0,75
Totaux.	12,45		5,25	7,20

APPENDICE III

LA CLASSIFICATION SOCIALE DE M. DE TOURVILLE

Les grandes divisions de la classification.

I. La race dans son territoire national.

La vie	Groupe	Subdivision	Auxiliaires / Fait	Fait social	Les vingt-cinq grandes classes de faits sociaux.
La vie privée.	La famille ouvrière	Les moyens d'existence fournis par		Le lieu	A. Le lieu.
				Le travail	B. Le travail.
				La propriété	C. La propriété.
				Les biens mobiliers	D. Les biens mobiliers
				Le salaire	E. Le salaire.
				L'épargne	F. L'épargne.
		Son organisation			G. La famille ouvrière
		Son mode d'existence			H. Le mode d'existence.
		Ses phases d'existence			I. Les phases de l'existence.
	Les groupements superposés à la famille ouvrière	LE PATRONAGE.	Le patronage		J. Le patronage.
			Les auxiliaires du patronage	Le commerce	K. Le commerce.
				Les cultures intellectuelles	L. Les cultures intellectuelles.
				La religion	M. La religion.
		LES ASSOCIATIONS LIBRES.	Le voisinage		N. Le voisinage.
			Les corporations		O. La corporation.
La vie publique.			La commune		P. La commune.
			Les unions de communes		Q. Les unions de communes.
		LES ASSOCIATIONS FORCÉES.	La cité		R. La cité.
			Le pays-membre		S. Le pays-membre.
			La province		T. La province.
			L'État		U. L'État.

II. La race hors de son territoire national. . . . . — V. L'expansion de la race.

III. L'action de l'étranger sur la race . . . . — X. L'étranger.

IV. L'histoire de la race. . . . . — Y. L'histoire de la race

V. Le rang de la race . . . . — Z. Le rang de la race

Classification détaillée.

A. — LE LIEU

I. **Sols et eaux** (*Géographie physique*).
    1° Situation géographique de la famille et superficie étudiée ;
    2° Reliefs et contours du sol ;
    3° Terrains ;
    4° Eaux.
II. **Sous-sol** (*Géologie*).
III. **Air** (*Minéralogie*).
    1° Saisons ;
    2° Accidents atmosphériques.
IV. **Productions végétales** (*Botanique*).
    1° Steppes ;
    2° Forêts ;
    3° Végétations variées.
V. **Productions animales** (*Zoologie*).
    1° De la terre ;
    2° Des eaux.

B. — LE TRAVAIL

(Des divers membres de la famille. — Objet, outillage, atelier, opération, personnel.)

I. **Simple récolte.**
    1° Pâturage ;
    2° Pêche côtière ;
    3° Chasse, pêche fluviale, cueillette.
II. **Extraction.**
    1° Culture en communauté (dite agricole) ;
    2° Culture petite ;
    3° Culture fragmentaire ;
    4° Culture grande (avec les usines agricoles). ⎫ Particula-
    5° Forêts (art des) (avec les usines forestières). ⎬ riste. Quasi patriarcale.
    6° Mines (art des) (avec les fonderies.) ⎭ Instable.
III. **Fabrication.**
    1° A la main ; ⎫ *a.* En communauté ouvrière (dite *Industrie*) ;
    2° A moteurs animés ; ⎪ *b.* D'industrie domestique principale ;
    3° A vent ; ⎬ *c.* D'industrie domestique accessoire ;
    4° A eau ; ⎪ *d.* En petit atelier patronal ;
    5° Au bois ; ⎪ *e.* En fabrique collective ;
    6° A la houille. ⎭ *f.* En grand atelier.

IV. Transports.
    1° Par portefaix ;
    2° Par animaux de bât ou de trait ;
    3° Par glissage ;
    4° Par batellerie ;
    5° Par vapeur.

                                     a. Particuliers.
                                     b. Publics.

C. — La propriété

(Composition des biens, mode de possession, subventions,
transmissions.)

Pr. Sol disponible : sa nature, son parcours, abondance de ses
productions spontanées, sa permanence.

I. Communauté (*ouvrière*).
    1° Du foyer ;
    2° Du domaine ;
    3° De l'industrie.

II. Propriété familiale (*limitée ou illimitée*).
    1° Du foyer ;
    2° Du domaine (petit) ;
    3° Du domaine (fragmentaire).
    4° De la petite industrie principale ;   *a.* Domestique.
    5° De la petite industrie accessoire.   *b.* Patronale.

III. Propriété patronale (*particulière ou collective*).
    1° Du foyer maître ;
    2° Du foyer ouvrier ;
    3° Du domaine chef ;
    4° Du domaine dépendant ;
    5° De la grande industrie en grand atelier ;
    6° De la grande industrie en fabrique collective.

D. — Les biens immobiliers

  I. Animaux domestiques.
 II. Instruments de travail.
III. Mobilier meublant.
IV. Mobilier personnel.

E. — Le salaire

 I. Entente sur le salaire.
II. Objet du salaire.
    1° Salaire en nature ;
    2° Salaire en argent.

III. **Mesure du salaire.**
    1° Salaire à la journée;
    2° Salaire à la tâche;
    3° Salaire avec prime.

F. — L'ÉPARGNE

I. **Objet de l'épargne :**
    1° Épargne en nature;
    2° Épargne en argent.

II. **Aides de l'épargne.**

III. **Emploi de l'épargne.**

G. La famille
(ouvrière.)

I. **Patriarcale.**	1° **Père** :
	   a. Le vice originel;
	   b. L'autorité au foyer;
	   c. La loi de Dieu;
	   d. La tradition des ancêtres.

II. **Particulariste**
(ou famille souche).
	2° **Mère** :
	   a. Les fiançailles;
	   b. Le mariage;
	   c. Le ménage domestique.

III. **Quasi patriarcale**
(ou fausse famille-
souche).
	3° **Enfants** :
	   a. Leur nombre;
	   b. Leurs rapports;
	   c. Leurs aptitudes diverses
	   d. Leur éducation.

IV. **Instable.**	4° *a.* **Enfants mariés au foyer;** *b.* **Le choix de l'héritier associé** ; — Nouvelle génération. 5° **Émigrants,** dans leurs *rapports avec le foyer;* 6° **Célibataires**, demeurant au foyer ; 7° **Domestiques;** 8° **Vieillards;** 9° **Infirmes.** — Ancienne génération.

H. — Le mode d'existence
(matériel.)

I. **Nourriture;**

II. **Habitation;**

III. **Vêtements;**

IV. **Hygiène;**

V. **Récréations.**

I. — LES PHASES DE L'EXISTENCE

I. **Origines :**
    1° Du père;
    2° De la mère.

II. **Survenances notables :**
    1° Naissances;
    2° Instruction;
    3° Solennités et somptuosités;
    4° Établissements et entreprises;
    5° Alliances et noces;
    6° Institution de l'héritier;
    7° Déplacements et départs;
    8° Adoptions, donations, héritages;
    9° Autres survenances notables.

III. **Perturbations :**
    1° Accidents et maladies;
    2° Retraites;
    3° Décès;
    4° Sinistres;
    5° Chômages;
    6° Dettes;
    7° Inconduite;
    8° Condamnations;
    9° Service public;
    10° Calamités sociales;
    11° Autres perturbations.

J. — LE PATRONAGE
(D'après chaque nature de travail.)

I. 1° **Patriarche;**
   2° **Conseil de communauté** (*ouvrière*).

II. **Ouvrier chef de métier.**   *a.* A famille particulariste.

III. 1° **Petit patron;**
   2° **Patron de fabrique collective;**   *b.* A famille quasi patriarcale.
   3° **Grand patron.**

IV. **Société d'actionnaires.**   *c.* A famille instable.

K. — LE COMMERCE

I. **Chef de métier commerçant.**

II. 1º Petit commerçant ;
   2º Grand commerçant ;
   3º Société commerciale.
III. Commis.
IV. Banques.

L. — LES CULTURES INTELLECTUELLES

I. Culture intellectuelle résultant des conditions de vie.
II. Arts libéraux :
   1º L'instituteur primaire ;
   2º Le professeur d'enseignement secondaire ;
   3º Le médecin ;
   4º Le savant ;
   5º L'artiste ;
   6º Le lettré ;
   7º Le légiste.
III. Corporation d'arts libéraux :
   1º Fermées ;
   2º Ouvertes.

M. — LA RELIGION
(Dans toute la série des faits sociaux.)

I. Culte privé.
II. Culte public.
III. Corporations religieuses.
IV. Relations des dissidents.

   1º Personnel actif et passif.
   2º Rites et coutumes.
   3º Enseignement et doctrine.

N. — LE VOISINAGE

I. Proximité des foyers.
II. Extension du voisinage.
III. 1º Diversité et rapports du voisinage.
    2º Autorités sociales.
    3º Gentleman.

O. — LES CORPORATIONS
(De bien public.)

I. Corporations d'intérêts communs.
II. Corporations de bienfaisance.
III. Corporations mixtes.

P. — LA COMMUNE
(Rurale.)

I. La circonscription et ses divisions.
II. Biens et intérêts communaux.
III. Service de la paix publique.
IV. Impositions et contraintes.
V. Participants.
VI. Autorités et agents.
VII. Gestion.
VIII. Contrôle.
IX. 1° Démocratie.
  2° Intervention supérieure.

Q. — LES UNIONS DE COMMUNES

I. Diverses unions communales.
II. Biens et intérêts de l'union communale.
III. Service de la paix publique.
IV. Impositions et contraintes.
V. Participants.
VI. Autorités et agents.
VII. Gestion.
VIII. Contrôle.
IX. 1° Fédération.
  2° Intervention supérieure.

R. — LA CITÉ

I. 1° La ville, ses quartiers et sa banlieue.
  2° Relations des campagnes avec la ville.
II. Biens et intérêts de la Cité.
III. Service de la paix publique.
IV. Impositions et contraintes.
V. Participants.
VI. Autorités et agents.
VII. Gestion.
VIII. Contrôle.
IX. 1° Distinction politique des villes et des campagnes.
  2° Intervention supérieure.

S. — LE PAYS-MEMBRE DE LA PROVINCE

I. La circonscription et ses divisions.
II. Biens et intérêts du pays-membre.

III. Service de la paix publique.
IV. Impositions et contraintes.
 V. Participants.
VI. Autorités et agents.
VII. Gestion.
VIII. Contrôle.
 IX. 1° Autonomie locale.
     2° Intervention supérieure.

T. — LA PROVINCE

  I. La circonscription et ses divisions.
     1° Province générale.
     2° Province spéciale.
     3° Université.
 II. 1° Biens et intérêts provinciaux.
     2°   —   —   universitaires.
III. Services de la paix publique.
IV. Impositions et contraintes.
 V. Participants.
VI. Autorités et agents.
VII. Gestion.
VIII. Contrôle.
 IX. 1° Aristocratie.
     2° Autonomie provinciale.
     3° Privilèges universitaires.
     4° Intervention supérieure.

U. — L'ÉTAT

  I. La circonscription et ses divisions.
 II. Biens et intérêts nationaux.
     1° Domaines.
     2° Affaires intérieures.
     3° Affaires extérieures.
III. Service de la paix publique.
     1° Cours centrales de justice.
     2° Police centrale.
     3° Force armée centralisée.
IV. Impositions et contraintes.
     1° Contributions en service.
     2° Contributions en nature.
     3° Contributions en argent.
 V. Participants.
     1° Nationaux ou résidents : leurs variétés.

2° Représentation nationale.
3° Loi écrite.

VI. **Autorités et agents.**
1° Souverain.
2° Conseil du souverain.
3° Premier ministre.
4° Fonctionnaires, hauts et bas.

VII. **Gestion.**
1° Mœurs administratives.
2° Mœurs politiques.
3° Capitale.
4° Cour et résidence du souverain.

VIII. **Contrôle.**
1° Garanties légales.
2° Garanties sociales.

IX. 1° **Indépendance nationale.**
2° **Protectorat politique.**

V. — EXPANSION DE LA RACE

I. 1° **Essaimage.**
2° **Émigration organisée.**
 1° Temporaire.   ⎫ *a.* A l'intérieur.
 2° Périodique.   ⎬
 3° Définitive.   ⎭ *b.* A l'étranger.
3° **Émigration désorganisée.**

II. 1° **Invasion nomade.**
2° **Colonisation agricole.**   ⎫ *a.* Libre.
3° **Colonisation commerciale.**   ⎭ *b.* Administrative.

III. 1° **Établissement en territoire vacant.**
 1° Avec une race unique.
 2° Avec des races mêlées.
 3° Avec des races subordonnées.
2° **Établissement en territoire peuplé.**

X. — L'ÉTRANGER

I. 1° **Nationaux de passage à l'étranger.**
2° **Étrangers de passage.**

II. 1° **Introduction d'essaims étrangers.**
2° **Immigration organisée.**
 a. Temporaire.
 b. Périodique.
 c. Définitive.
3° **Immigration désorganisée.**

III. Voisinage des races étrangères.
IV. Concurrence des races étrangères.
 V. Annexions.

Y. — L'histoire de la race

 I. Origine historique des faits sociaux actuels.
II. Résultats des mêmes faits aux diverses époques.
III. Variations historiques de la race.
IV. Comparaison avec les races locales antérieures.

Z. — Le rang de la race

 I. Rôle actuel de la race dans le monde.
II. Rapprochement avec les faits similaires.
    1° Actuels.   } Chez les races étrangères.
    2° Passés.   }
III. Reformes.
IV. Avenir de la race.

APPENDICE IV

LA MONOGRAPHIE DE COMMUNE

(D'après le cadre de M. E. Cheysson.)

I. — Introduction historique.

1° *Histoire générale de la commune.*

2° *Histoire démographique.*

Naissances : légitimes.
    —   naturelles.
Mariages.
Décès.
Émigration, immigration.
Répartition professionnelle.

3° *Histoire économique.*

Division de la propriété [1].
Modes d'exploitation. — Particularités coutumières.
Cultures. — Assolement. — Défrichement. — Maladie des productions agricoles.

---

[1] Petites propriétés.   1 à 6 hectares.
    Moyennes. . . . .   6 à 40   —
    Grandes. . . . . . 40 et au-desus.

Prix de la terre. — Fermages.
Prix des denrées. — Débouchés. — Mode de vente. — Syndicats
agricoles.

4° *Histoire sociale.*

Conditions de l'habitation.
      —   du vêtement.
      —   de la nourriture.
Mœurs.
Épargne. — Alcoolisme.
Indigents.
Fondations. — Hospices. — Bureaux de bienfaisance. — Société de
secours mutuels.

II. — Situation actuelle de la commune.

1° *Description physique.*

Les lieux, le climat, le sol et les eaux.
Les moyens d'accès.

2° *La population.*

La répartition par âge.
      —   par sexe.
      —   par état civil.
      —   par profession.

3° *L'émigration et l'immigration.*

Courants d'émigration. — Leurs causes. — Leur destination. —
Leurs effets. — Les émigrants reviennent-ils?
Courants d'immigration. — Sont-ils intermittents, périodiques,
réguliers?

4° *La division de la propriété.*

Grande, moyenne et petite propriété. — Mobilité de la propriété. —
Ventes. — Saisies.
Biens communaux.

5° *Les modes d'exploitation.*

Faire valoir. { Familial.
            { Patronal.
Fermage.
Métayage.

6° *Cultures.*

Diverses cultures de la commune.

7° *Industries rurales.*

Alliance des travaux agricoles et industriels.
Petite industrie.
Industries accessoires.

8° *Salaires et main-d'œuvre.*

Abondance ou rareté de la main-d'œuvre.
Salaire en argent ou en nature, suivant les saisons et les emplois.

9° *Condition du personnel agricole.*

Pour les diverses classes de la population.

Habitation.   ⎧ *a.* Propriétaires.
Vêtement.   ⎨ *b.* Fermiers.
Nourriture.   ⎩ *c.* Métayers.
                    d. Ouvriers.

10° *Résultats économiques.*

Prix de revient et de vente des denrées agricoles. — Protection du cultivateur.

11° *Syndicats agricoles.*

Associations de diverses natures; — de crédit; — d'achat; — de vente; — de production.

12° *Prévoyance.*

Épargne. — Société de secours mutuels ; — de retraites ; — assurances.

13° *Assistance.*

Hospices. — Hôpitaux. — Crèches. — Assistance médicale. — Secours.

14° *Situation générale.*

État de prospérité ou de crise. — Moralité, sobriété ou malaise, matériel et social. — Rapports entre les propriétaires et les ouvriers ou tenanciers.
Avenir de la commune.

APPENDICE V

LA MONOGRAPHIE D'UNE NATION

(La Constitution de l'Angleterre; par F. Le Play et A. Delaire [1].)

Le plan comprend douze livres.

LIVRE I. — *Les lieux et la population* (Aperçu général sur le territoire ; climat ; forêts et cultures ; ressources naturelles ; population ; campagnes et villes ; voies commerciales).

LIVRE II. — *La race et son histoire* (Histoire de l'Angleterre divisée en cinq périodes).

LIVRE III. — *Les subdivisions comparées de l'Angleterre et de son Empire* (l'Angleterre; l'Écosse; l'Irlande; les colonies; le lien de l'ensemble).

LIVRE IV. — *Les principes du bien et la pratique du mal* (Loi morale et religions; les cultes).

LIVRE V. — *La famille et son domaine* (la famille-souche : le foyer domestique et sa transmission ; l'éducation ; l'épargne ; la propriété).

LIVRE VI. — *L'association et la hiérarchie dans la vie privée* (le grand atelier; les corporations de bien public ; le classement social ; la noblesse).

LIVRE VII. — *Les rapports de l'Anglais et de l'étranger dans la vie privée* (les rapports commerciaux; diplomatiques).

LIVRE VIII. — *Le gouvernement local* (la Paroisse ; l'Union de paroisses ; le Comité ; la Cité).

LIVRE IX. — *Le gouvernement provincial* (les Cours de Justice; les Universités).

LIVRE X. — *L'État britannique et son œuvre de paix intérieure* (Angleterre; Écosse, Irlande, colonies).

LIVRE XI. — *La souveraineté et le gouvernement de l'État* (Gouvernement central; le roi et son conseil; les deux Chambres; la force publique; le premier ministre, etc.).

LIVRE XII. — *Conclusion : la prospérité et la souffrance.*

Epilogue en 1875.

Documents annexés (Remarquez les budgets).

____

(1) Paris, Dentu, 1875.

APPENDICE VI

CLASSIFICATION DU TRAVAIL
Par Th. Funck-Brentano.

I. — *Travail producteur :*
    I. Exploitation des mines, minières et sources.
    II. Industries se rattachant à l'exploitation des mines, car-
       · rières et sources.
    III. Industrie agricole.
    IV. Industries se rattachant à l'industrie agricole.
    V. Industries des tissus et du vêtement.
    VI. Industries du bâtiment.
    VII. Industries des transports.
    VIII. Industries du luxe.
    IX. Produits des sciences et des arts.

II. — *Travail commercial :*
    I. Petit commerce de détail.
    II. Commerce local en gros.
    III. Banques locales.
    IV. Grand commerce de détail.
    V. Grand commerce en gros.
    VI. Grandes banques.
    VII. Commerce d'exportation.
    VIII. Commerce d'importation.
    IX. Commerce des colonies.

III. — *Travail spéculateur :*
    I. Travail spéculateur sur les matières commerciales
       (Bourses de commerce).
    II. Travail spéculateur sur les valeurs industrielles (Bourses).
    III. Travail spéculateur sur les valeurs publiques (Bourses).
    IV. Assurances contre les risques et périls naturels (Assu-
       rances maritimes contre l'incendie, la grêle, les inon-
       dations).
    V. Assurances contre les risques et périls de la vie humaine
       (Assurances contre les accidents, la maladie, la vieil-
       lesse, sur la vie).
    VI. Institutions de prévoyance (Sociétés de secours mutuels,
       caisses d'épargne, monts-de-piété).
    VII. Assistance publique et privée.
    VIII. Travail politique et administratif.
    IX. Travail d'enseignement moral et technique.

APPENDICE VII

LES ENQUÊTES APPLIQUÉES AUX SOCIÉTÉS PRIMITIVES :
LES EXPLORATEURS

Le XIXe siècle restera le siècle des explorations. Ce que l'on a appelé la « littérature des sauvages » a pris de notre temps une extension, que les « voyages », tours du monde, revues géographiques, etc., accroissent tous les jours.

Il faut s'entendre sur le mot de Sociétés primitives et sur l'expression de sauvage.

Est considérée comme Société primitive tout groupement humain, qui dans sa manière de penser et de vivre ne se rattache pas aux traditions de l'Europe chrétienne. Chrétienté et pays « hors chrétienté », la distinction n'a donc pas encore disparu; elle se retrouve sous ces expressions vagues : Civilisation, sociétés primitives.

Mais les peuples primitifs peuvent présenter des degrés de complication très divers. Parmi eux, les Turcs, les Persans, les Hindous, les Chinois nous offrent les exemples d'organisations antiques et savantes, parfois analogues à la Grèce ou à la Rome de jadis, parfois agitées de la fièvre d'imitation occidentale, comme le Japon actuel. Les instruments d'enquête, énoncés dans le présent livre, leur sont rigoureusement applicables. Cités et régions rurales s'y opposent et se complètent, comme dans nos États américo-européens.

Au contraire, les « Aouls », Mongols rencontrés par le Transcaspien, les « tribus » du Continent noir, classées par M. de Préville ou les « derniers caraïbes » découverts par M. de Brettes dans la presqu'île Goagyre (Colombie), exigent une simplification de l'outil d'analyse. La simplicité de l'organisme social de ces « nomades » (pasteurs des steppes) et de ces sauvages (chasseurs des forêts) [1] entraîne cette conséquence que seuls, quelques-uns de nos cadres peuvent être utilisés.

C'est la section de la « Région rurale » à laquelle il faut avoir recours. Le milieu naturel domine le pasteur, comme le pêcheur-côtier ou comme le chasseur, et c'est la « Région rurale » qui fait ressortir ce milieu naturel, tandis que la Cité fait ressortir le milieu artificiel.

Mais, après l'enquête générale de la « Région » au point de vue de ses familles, de ses ateliers et de son commerce, il convient de bien

---

(1) Ces définitions appartiennent à Le Play, *Méthode sociale*, p. 91 et suiv.

mettre en relief : *l'organisation d'intérêt public*, qui se confond ici avec la famille du *chef*. La monographie de cette famille d'après le cadre ordinaire — la monographie de la Cour — ramène toute l'énumération des recettes et des dépenses publiques, ce que nous appelons le budget de l'État [1].

A cet égard, une remarque doit intervenir sur le rôle des estimations en « monnaies » chez les peuples primitifs. Certains monographistes ont essayé d'éliminer le chiffre des cadres d'enquête, précisément à cause de la difficulté de chiffrer les récoltes et les consommations des nomades et des chasseurs. Jadis, la statistique avait connu un dissentiment d'ordre analogue. « Pas de peuple sans monnaie, » tel est l'axiome. Du moment qu'une commune mesure des actes économiques existe, pourquoi ne pas l'employer ?

Le tact de l'observateur consiste à ne pas donner l'impression d'une évaluation permanente, identique à la nôtre, lorsque cette idée un peu abstraite n'a pas pénétré les préoccupations ambiantes.

La colonne des « valeurs en nature » garantit l'arithmétique de ses abus, en fixant la limite de l'évaluation réelle et de l'évaluation artificielle.

APPENDICE VIII

LES ENQUÊTES APPLIQUÉES AUX SOCIÉTÉS ANIMALES
LES NATURALISTES

La comparaison entre le squelette de l'homme et le squelette des grands vertébrés a fait faire un grand pas à l'étude de l'homme physique. Le Dr Richet a souvent insisté sur cette considération qui est exacte.

La comparaison entre les Sociétés humaines primitives et les Sociétés animales conduit également à des résultats utiles, au point de vue de la ressemblance et de la différence de la « mentalité » de l'homme et des espèces sociables. M. Espinas a condensé, sur ce point intéressant, des pages attachantes qu'il y a grand profit à méditer.

Nous croyons, en ce qui nous concerne, que les abeilles, les castors, les oiseaux migrateurs, les fourmis enfin — si admirablement décrites par notre ami le Dr Forel, de Zurich — pourraient rentrer dans les cadres de l'Enquête concrète. Un essai dans cette direction obtiendrait certainement un succès de curiosité.

(1) La nomenclature de M. de Tourville, trop compliquée pour les États européens, parce qu'elle ne permet pas détacher les pièces séparées, a donné de bons résultats pour les peuplades simples.

Le point de départ devrait naturellement être emprunté à la
« monographie des populations les plus simples », nègres chasseurs
du Congo ou indigènes pêcheurs des bords de l'Amazone, autrement
dit à la « transformation de la monographie de Région rurale » déjà
indiquée.

Les grands traits se retrouvent :

    1° Milieu ;

    2° Mode général de l'Association (une ruche par exemple) ;

    3° Caractéristique du chef (l'abeille-mère) ;

    4° Installation matérielle et travaux ;

    5° Composition du personnel (mère, faux-bourdons, pour-
       voyeuses, cirières, etc., etc.) ;

    6° Développement de l'association pendant le cycle de l'année ;

    7° Essaimage ;

    8° Guerres.

Ainsi se vérifie une fois de plus la souplesse de ces cadres, obéissant
tous à une même idée générale, mais sans cesse modifiables en face
des sujets nouveaux, comme les appareils du mouleur.

TABLE

—

PREMIÈRE PARTIE
Points de repère et points de vue.

DEUXIÈME PARTIE
La Cité moderne.

TROISIÈME PARTIE

La Région rurale.

QUATRIÈME PARTIE

La Formation empirique de l'esprit.

CONCLUSION

APPENDICES

TABLE ANALYTIQUE

rattachés aux services judiciaires. — Telles sont les grandes lignes de cet intéressant travail qui reproduit les leçons professées par M. Saleilles au Collège libre des Sciences Sociales, leçons de haute vulgarisation ne présentant aucun caractère technique.

II

L'Idéalisme social, par Eugène Fournière, député, professeur au Collège libre des Sciences sociales.

L'auteur ne s'est pas proposé de tracer une construction sociale idéale, mais plutôt une indication des possibilités futures, tirée de l'observation comparée du présent et du passé. Chacun pourra, à son gré, au gré de sa connaissance du réel dans le passé et dans le présent, emplir ce cadre de ce qui lui plaira le mieux.

Il y a d'ailleurs des lois, des principes généraux, qui sont les règles et les conditions du bonheur de chacun et de tous, lesquels sont immuables et assurés de l'éternité. L'auteur pense que l'exposé de ces principes ne doit pas être négligé, qu'il aura toujours sa place marquée dans toute étude sociologique.

L'ouvrage est divisé en quatre parties intitulées : *l'idéalisme social, la propriété idéale, la famille idéale, la cité idéale* : c'est le résumé de conférences faites devant les auditeurs du Collège libre des Sciences Sociales.

Et s'adressant aux jeunes gens, M. Fournière a voulu leur montrer qu'en dehors de toute préoccupation religieuse ou métaphysique, on peut trouver des motifs suffisants de s'extérioriser et de se projeter dans l'espace et le temps, par une plus exacte connaissance des relations de l'individu avec le milieu, et de l'évolution solidaire des phénomènes sociaux et des concepts particuliers et généraux relatifs à ces phénomènes.

III

Ouvriers du temps passé (xvᵉ-xviᵉ siècles), par H. Hauser, professeur à l'Université de Clermont.

Ce livre s'appuie uniquement sur des faits, sur des documents contemporains. Ce n'est pas la conception *a priori* d'un théoricien obéissant à des préjugés d'école, c'est l'exposé impartial et désintéressé de ce qu'était la condition des ouvriers dans les diverses parties de la France, à l'époque où se désagrégea l'ancien régime corporatif. Grâce à cette méthode vraiment historique, l'auteur arrive à établir quelques résultats assez neufs : l'extrême diversité et l'extrême mobilité de l'organisation du travail dans une société que l'on se représente trop facilement comme immuable et uniforme ; l'apparition d'une industrie mécanique et déjà capitaliste ; la fréquence et l'acuité des conflits entre le capital et le travail, etc. On lira avec un intérêt particulièrement vif l'histoire d'une grève au xviᵉ siècle, qui ressemble trait pour trait à nos grèves actuelles, les études sur le travail des femmes, sur l'assistance publique. Bien que l'auteur se défende — et à bon droit — d'avoir voulu fournir des arguments à telle ou telle secte, son livre attirera l'attention de tous ceux que passionnent les questions sociales.

IV

Les transformations du pouvoir, par G. Tarde.

Ce livre est un essai partiel de sociologie politique, où l'auteur a indiqué l'application de sa doctrine générale au côté gouvernemental des sociétés. Après une première partie consacrée à une exploration libre du sujet, à des recherches sur les sources du pouvoir, sur les rapports entre l'invention et le pouvoir, sur la formation des noblesses et des capitales considérées comme des organes de concentration et d'emploi du pouvoir, la science politique est présentée plus méthodiquement dans la seconde partie de l'ouvrage. Tout ce qui concerne la répétition politique, l'opposition politique (lutte des partis, guerre et diplomatie), l'adaptation (ou violation) politique et sa loi, y est traité. Un dernier chapitre sur l'art et

FÉLIX ALCAN, ÉDITEUR

BIBLIOTHÈQUE GÉNÉRALE

DES

SCIENCES SOCIALES

SECRÉTAIRE DE LA RÉDACTION :

DICK MAY, Secrétaire général du Collège libre des Sciences sociales.

Chaque vol. in-8° carré de 300 pages environ, cart. à l'anglaise, **6 fr.**

L'éditeur de la *Bibliothèque de philosophie contemporaine* a toujours réservé dans cette collection une place à la science sociale : les rapports de celle-ci avec la psychologie des peuples et avec la morale justifient ce classement et, à ces titres divers, elle intéresse les philosophes.

Mais, depuis plusieurs années, le cercle des études sociales s'est élargi ; elles sont sorties du domaine de l'observation pour entrer dans celui des applications pratiques et de l'histoire, qui s'adressent à un plus nombreux public.

Aussi ont-elles pris leur place dans le haut enseignement ; elles ont leurs représentants dans les Facultés des lettres et de droit, au Collège de France, à l'Ecole libre des sciences politiques. La récente fondation du *Collège libre des sciences sociales* a montré la diversité et l'utilité des questions qui font partie de leur domaine ; les nombreux auditeurs qui en suivent les cours et conférences prouvent par leur présence que cette nouvelle institution répond à un besoin de curiosité générale.

C'est à ce même besoin que répond la *Bibliothèque générale des sciences sociales*. Quelques-uns des premiers volumes de cette *Bibliothèque* sont la reproduction de leçons professées dans ces trois dernières années au Collège libre. La collaboration de son secrétaire général assure à la *Bibliothèque* la continuation du concours de ses professeurs et conférenciers.

La *Bibliothèque générale des sciences sociales* est d'ailleurs ouverte à tous les travaux intéressants, quelles que soient les opinions des sociologues qui leur apporteront leur concours, et l'école à laquelle ils appartiennent.

Le présent ouvrage est le sixième de la collection fondée en 1898. Nous donnons ci-après une courte analyse des volumes précédemment publiés.

I

De l'individualisation de la peine, par R. SALEILLES, professeur à la Faculté de droit de l'Université de Paris et au Collège libre des Sciences sociales ; préface de M. G. TARDE.

La question traitée par M. Saleilles est de celles qui, depuis nombre d'années, ont préoccupé juristes, hommes d'Etat et sociologues.

Il ne s'agit plus de proportionner la peine au mal matériel commis, ni même seulement de la proportionner au degré de criminalité déployé au moment de l'acte ; on est porté surtout à l'approprier à la nature de la perversité de l'agent, à sa virtualité criminelle qu'il faut empêcher de se réaliser en de nouveaux actes. Cette tendance montre clairement que de plus en plus, on considère le crime comme un effet de causes individuelles et l'individu comme responsable de son exécution : la responsabilité et l'individualisation de la peine n'ont donc rien d'hétérogène, et l'auteur justifie leur rapprochement. Cette individualisation n'a d'ailleurs pas besoin d'être opérée légalement, elle doit être avant tout judiciaire (l'application de la loi Béranger en est une preuve), administrative ensuite, sous la surveillance du juge, les services pénitentiaires pouvant être

la morale politique fait sentir, d'une part, la nécessité d'une rhétorique
supérieure qui soit à l'art de créer l'opinion par la presse, ce que la rhétorique ancienne était à l'art de convaincre un auditoire par le discours,
et d'autre part, montre à quelles conditions la politique peut et doit se
moraliser, à quels signes l'immoralité, en politique, se distingue de
l'innovation morale.

V

Morale Sociale.
Ce volume se compose de 14 conférences données au Collège libre des
sciences sociales par d'éminents professeurs ou publicistes, dans le courant de l'année 1899. On ne saura mieux en marquer l'intérêt qu'en donnant les titres de ces conférences et les noms de leurs auteurs : *Morale
positive, art et science, vues d'ensemble*, par E. DELBET. — *Classification
des idées morales du temps présent*, par A. DARLU. — *L'unité morale*, par
MARCEL BERNÈS. — *De l'orientation morale du temps présent*, par le PASTEUR
WAGNER. — *La justice et le droit*, par le R. P. MAUMUS. — *Charité et
sélection*, par G. BELOT. — *L'éthique du socialisme*, par G. SOREL. — *La
morale de Tolstoï*, par M. KOVALEVSKY. — *Justice et charité*, par CH. GIDE.
— *L'ordre des joies*, par L. BRUNSCHVICG. — *Le devoir présent de la jeunesse*, par F. BUISSON. — *Morale et politique*, par E. DE ROBERTY. — *La
morale individuelle et la morale sociale*, par P. MALAPERT. — *La morale
des Grecs et la crise morale contemporaine*, par L. DAURIAC.
Une préface de M. EMILE BOUTROUX, de l'Institut, montre l'intérêt de ces
leçons qui ne constituent pas un enseignement, mais une sorte d'examen
de conscience auquel furent conviées des personnes de toutes opinions
ayant réfléchi sur les questions morales. A voir ainsi des esprits parfaitement indépendants, sans aucun accord préalable, s'entendre sur plusieurs
points essentiels, M. Boutroux affirme « qu'on ne peut que prendre confiance dans l'efficacité de la libre recherche et espérer voir se réaliser de
plus en plus cette harmonie de l'unité et de la variété, de l'universel et
de l'individuel, qui est la vie et qui est l'idéal ».

COLLÈGE LIBRE

DES SCIENCES SOCIALES

Rue Danton. — Entrée, 28, rue Serpente.

COMITÉ DE PERFECTIONNEMENT :

MM. AULARD, professeur à la Faculté des lettres de l'Université de Paris.
— BERTEAUX, député. — Dr JACQUES BERTILLON, chef des travaux statistiques de la Ville de Paris. — LÉON BOURGEOIS, ancien président du Conseil
des ministres. — FERDINAND BUISSON, professeur à la Faculté des lettres de
l'Université de Paris. — DEBIDOUR, inspecteur général de l'instruction
publique. — Dr E. DELBET, député. — LE PÈRE DIDON. — DOUMER, gouver-
neur général de l'Indo-Chine. — EMILE DUCLAUX, directeur de l'Institut
Pasteur. — ESPINAS, professeur à la Faculté des lettres de l'Université de
Paris. — CH. GIDE, professeur à l'Université de Montpellier, chargé de
cours à la Faculté de droit de Paris. — A. GIRY, professeur à l'Ecole des
Chartes. — RAOUL JAY, professeur à la Faculté de droit de l'Université de
Paris. — ERNEST LAVISSE, professeur à la Faculté des lettres de l'Université de Paris. — L'abbé LEMIRE, député. — H. LORIN. — G. PERROT, direc-
teur de l'école normale supérieure. — RAYMOND POINCARÉ, député. —
TARDE, chef de la statistique au ministère de la Justice. — THALLER, professeur à la Faculté de droit de l'Université de Paris.

DIRECTION :

Dr E. DELBET. directeur ; DICK MAY. secrétaire général : J. BERGERON. secrétaire-trésorier.

Programme des Cours pour l'année 1899-1900.

Démographie. — Professeur : M. le Dr Jacques Bertillon. chef des travaux statistiques de la ville de Paris.

Doctrines sociales allemandes. — M. Georges Blondel, agrégé de l'Université.

Action sociale de la littérature. — M. Charles Brun, agrégé de l'Université.

Le rôle social de l'église. — M. Emile Thénon, professeur à la Faculté de Droit de l'Université de Paris.

Action sociale de l'Art. — I. M. Lionel Dauriac. professeur à la Faculté des lettres de l'Université de Montpellier ; II. M. Maurice Emmanuel, docteur ès lettres.

La sociologie d'après Auguste Comte. — M. le Dr E. Delbet, député.

Sociologie criminelle. — M. Enrico Ferri, député au Parlement d'Italie.

Statistique du travail et de la richesse. — M. Fontaine, directeur du travail.

Les écoles dissidentes en économie politique. — M. Ch. Gide, professeur à l'Université de Montpellier, chargé de cours à la Faculté de droit de Paris.

Théorie technique élémentaire des assurances sur la vie. -- M. Paul Guieysse. député, président de l'institut des Actuaires.

Théorie sociologique du marxisme. — M. T. de Kellès Krauz, associé de l'institut international de sociologie.

La situation économique et les doctrines sociales de la France dans la seconde moitié du XVIIIe siècle. — M. Maxime Kovalevsky, ancien professeur à l'Université impériale de Moscou.

Biologie générale appliqué à la sociologie. — M. Félix Le Dantec, chargé de cours à la Faculté des Sciences de l'Université de Paris.

Histoire du socialisme en France. — M. André Lichtenberger, docteur ès lettres.

Méthodes ethniques et sociales. — M. Louis Marin, secrétaire adjoint de la Société de géographie commerciale.

L'Evolution vers la paix. — M. Gaston Moch, anc. capitaine d'artillerie.

Doctrine sociale catholique. — M. l'abbé Naudet.

Histoire de l'économie politique. — M. Révelin, professeur au collège de Sainte-Barbe.

Constitution de l'éthique — M. E. de Roberty.

Le Droit et la Science sociale. — M. Saleilles, professeur à la Faculté de droit de l'Université de Paris.

Histoire du droit moderne. — M. E. Tarbouriech, docteur en droit.

Psychologie et sociologie professionnelles. — M. G. Tarde, chef de la statistique au ministère de la Justice.

La mise en valeur des pays neufs. — M. Louis Vigouroux. professeur d'économie politique à l'école spéciale d'architecture.

Mathématiques financières. — M. Weber, actuaire de la direct. du Travail.

Cours complémentaires, Conférences et Visites.

Les sociétés coopératives de consommation et de production. — M. Ch. Barrot, enquêteur permanent de l'Office du travail.

L'évolution de la corporation depuis ses origines jusqu'à la fin de l'ancien régime. — M. A. Giry, professeur à l'école des Chartes.

Les écoles pratiques. — M. Emile Rigolage, agrégé de l'Université, ingénieur des arts et manufactures.

Visites dirigées par les inspecteurs de l'assistance publique dans les établissements d'assistance et d'hygiène de la Ville de Paris.

Visites des chantiers de l'Exposition. — Visite de l'Institut Pasteur.